LE
RÉALISME

PAR

CHAMPFLEURY

> Nous n'arriverons à quelque chose de définitif qu'après avoir vécu longtemps de provisoire. Mais ce provisoire ne nous fascinera pas, nous saurons qu'il n'est pas notre dernier but ; et dans le champ de la science les plus hardis travailleurs n'oublieront pas qu'il faut d'abord faire une première vendange.
>
> BACON.

PARIS

MICHEL LÉVY FRÈRES, LIBRAIRES-ÉDITEURS

RUE VIVIENNE, 2 BIS

—

1857

COLLECTION MICHEL LÉVY

LE RÉALISME

OUVRAGES DU MÊME AUTEUR

ROMANS

LES AVENTURES DE Mlle MARIETTE (*en vente*).......	1 vol.
LA MAISON DU CHAT BRULÉ (*inédit*)...............	1 —
LES SOUFFRANCES DU PROFESSEUR DELTEIL.........	1 —
LE MIROIR DU FAUBOURG SAINT-MARCEAU (*inédit*)...	2 —
LES BOURGEOIS DE MOLINCHARD	1 —
LES AMIS DE LA NATURE (*inédit*)................	1 —
LES SENSATIONS DE JOSQUIN	1 —
LES AMOUREUX DE SAINTE-PÉRINE (*inédit*).........	1 —
MISÈRES DE LA VIE DOMESTIQUE : la succession Le Camus..	1 —
LA TRAGÉDIE DU PASSAGE RADZIWIHL (*inédit*)......	1 —
MONSIEUR DE BOISDHYVER.........	2 —

NOUVELLES

LES PREMIERS BEAUX JOURS.....................	1 —
CHIEN-CAILLOU	1 —
SOUVENIRS DES FUNAMBULES...................	1 —
CONTES DOMESTIQUES	1 —

ÉTUDES

LES EXCENTRIQUES (*en vente*).....	1 —

CRITIQUES

LE RÉALISME (*en vente*)	1 —

BIOGRAPHIES

PEINTRES ET POÈTES...........................	1 —
CONTES POSTHUMES D'HOFFMANN (*en vente*)........	1 —

Paris. — Typ. de Mme Ve Dondey-Dupré, rue Saint-Louis, 46, au Marais.

QUELQUES NOTES

POUR SERVIR DE PRÉFACE

Je possède assez la connaissance des hommes pour ne pas ignorer que je ferais mieux de me taire et de laisser en blanc le présent volume.

La meilleure manière de prouver sa force se constate par des œuvres plutôt que par des discussions. Mais les œuvres ne sont pas toujours étudiées avec le soin qu'un auteur a le droit d'exiger; l'écrivain disparaît derrière son roman, il prête à mille interprétations contraires, il faudrait être de sa force pour le critiquer, il serait nécessaire d'avoir passé par ses variations, par ses doutes, par ses incertitudes, par ses travaux, par ses études, avant de le juger.

Le critique n'est pas ainsi bâti : être critique, c'est un emploi, une profession facile à apprendre, qui laisse l'esprit tranquille.

On a très-peu d'exemples d'une critique littéraire sérieuse, instructive, s'attaquant à un livre, en montrant les fautes et les qualités, expliquant les raisons du succès ou de l'insuccès.

Il y a quelques années, une femme distinguée me posa la question suivante : *Chercher les causes et les moyens qui donnent les apparences de la réalité aux œuvres d'art.*

A cette époque, le *réalisme* n'avait pas encore pointé à l'horizon de la critique. Je répondis que je produisais *instinctivement*, et qu'il m'était impossible de résoudre la question, sinon par des œuvres.

Ce ne fut que plus tard, favorisé par le mouvement de 1848, que le *réalisme* vint se joindre aux nombreuses religions en *isme* qu'on pouvait voir apparaître tous les jours, affichées sur les murs, acclamées dans les clubs, adorées dans de petits temples et servies par quelques fidèles.

Tous ces mots à terminaison en *isme*, je les tiens en pitié comme des mots de transition; ils ne me semblent pas faire partie de la langue française, leur assonance me déplaît, ils riment tous ensemble et n'en ont pas plus de raison.

On a été jusqu'à se servir du *naturisme*, des pédants philosophiques disent le *possibilisme*, les économistes emploient l'*absentéisme*, et il n'y a pas huit jours qu'un délicat a trouvé le mot *inouïsme*.

En présence de cette singulière langue, je ne sais pourquoi on ne ferait pas entrer à l'Académie, comme devant travailler spécialement au dictionnaire, M. le professeur Piorry qui appelle la grossesse une hypérendométrotrophie. Une femme n'est plus enceinte, elle est *hypérendométrotrophe*.

Ce qui fait la force du mot *classique*, c'est que malgré les efforts de quelques-uns [1], la désignation de *classicisme* n'a pu être adoptée. En revanche, nous avons eu le *romantisme*, école passagère s'il en fut jamais [2].

Aussi, je le déclare sincèrement, plus le mot *réalisme* gagnera en popularité, moins il aura de chance de durée. Si je l'inscris aujourd'hui en tête d'un volume, c'est qu'étant adopté par les philosophes, les critiques, les magistrats, les

---

[1] Stendhal entre autres.
[2] « J'appelle *classique* le sain, et *romantique* le malade, » a dit Gœthe.

prédicateurs, je m'exposerais à ne pas être compris en parlant de *réalité*.

―

« Sois plutôt à la queue du lion qu'à la tête du renard, » dit un proverbe juif.

Il me serait facile d'ergoter et d'avoir un pied dans les deux camps en criant *réalisme* à droite et *réalité* à gauche.

Je n'aime pas les écoles, je n'aime pas les drapeaux, je n'aime pas les systèmes, je n'aime pas les dogmes; il m'est impossible de me parquer dans la petite église du *réalisme*, dussé-je en être le dieu.

Je ne reconnais que *la sincérité dans l'art* : si mon intelligence s'agrandissant, j'aperçois dans ce qu'on appelle *réalisme* des dangers, des rapetissements, des exclusions nombreuses, je veux conserver toute ma liberté, et donner le premier coup de pioche à une cabane qui ne me semblera pas devoir m'abriter.

J'ai peut-être prononcé quelquefois le mot de *réalisme*, et j'en ai menacé mes adversaires comme d'une machine de guerre formidable[1], mais je l'ai fait dans un moment d'emportement, abasourdi par les cris de la critique qui s'obstinait à voir en moi un être systématique, une sorte de mathématicien calculant des effets de réalité et s'entêtant à restreindre ses facultés.

―

Comme s'il était possible de tromper les intelligences parisiennes, de jouer au plus fin avec elles! Le Paris littéraire

[1] Voir la *Lettre à M. Ampère*.

est composé d'une cinquantaine de personnes qui apportent de leur province une nature d'esprit toute particulière, celle du nord et du midi, le positivisme du Lyonnais, la franchise de la Picardie, la ruse des *montagnons* francs-comtois, l'œil attentif des gens des bords de la mer. Cherchez donc à *enfoncer* tous ces esprits si divers qui sans se réunir, souvent sans se connaître, rendent leurs arrêts dans les journaux et les revues.

Supposons qu'on arrive à tromper la France. Les livres ne se répandent-ils pas dans toute l'Europe? Londres, Berlin, Genève ne se laissent pas toujours convaincre par les jugements français. M. de Balzac était adoré à Saint-Pétersbourg quand on l'insultait en France.

La meilleure ruse, à Paris, est de ne pas ruser.

Une force immense résulte d'une sincérité immense qui étonne et confond les petits esprits, dont l'éducation s'est passée à enchaîner de petites machinations.

Mais du moment où il y a danger à être accusé de *réalisme*, j'accepte le danger. Je ne suis pas de ceux qui louvoient et voudraient accepter les honneurs quand la bataille sera gagnée.

On a dit que le réalisme était une insurrection; j'ai toujours eu une grande sympathie pour les minorités, et je ne crains pas de faire partie momentanément de cette insurrection.

Quand l'idée aura triomphé, on verra des groupes de courtisans et de flatteurs, qui ne manquent jamais en pareille occasion d'acclamer : « Moi aussi je combattais pour le réalisme. » C'est alors que, toute calomnie cessant, il sera honorable de quitter la lutte. Aujourd'hui, il faut ne pas s'inquiéter de légères blessures et ne pas craindre de pousser la tendance à l'extrême.

PRÉFACE

A l'heure qu'il est, le mot *réalisme* a fait son trou dans le dictionnaire, sans qu'aucune force puisse l'en faire sortir. Inventé par les critiques comme une machine de guerre pour exciter à la haine contre une génération nouvelle, l'arme est de celles qui blessent ceux qui l'emploient. Le mot *réalisme*, un mot de transition qui ne durera guère plus de trente ans, est un de ces termes équivoques qui se prêtent à toutes sortes d'emplois et peuvent servir à la fois de couronne de laurier ou de couronne de choux. Nul doute qu'à un moment donné, les critiques, pris dans leurs propres piéges, ne cherchent à diviser les écrivains en *bons* réalistes et en *mauvais* réalistes.

J'ai toujours protesté contre ce mot, à cause de mon peu de goût pour les classifications. La meilleure enseigne d'un écrivain n'est-elle pas son œuvre ? Tout homme qui se dit *réaliste* me paraît aussi fat que celui qui ferait graver sur ses cartes de visite, à la suite de son nom :

M. . . . . .

HOMME D'ESPRIT

Que veut la génération actuelle ? le sait-elle ? Peut-elle le savoir au milieu des tourmentes sociales à travers desquelles elle a fait une rude éducation ?

Qu'il naisse tout à coup quelques esprits qui, fatigués des mensonges versifiés, des entêtements de la queue romantique, se retranchent dans l'étude de la nature, descendent jusqu'aux classes les plus basses, s'affranchissent du *beau* langage qui ne saurait être en harmonie avec les sujets qu'ils traitent, y a-t-il là dedans les bases d'une école? Je ne l'ai jamais cru.

Partout à l'étranger, en Angleterre, en Allemagne, en Suède, en Hollande, en Belgique, en Amérique, en Russie, en Suisse, je vois des conteurs qui subissent la loi universelle et sont influencés par des courants mystérieux chargés de *réalités*.

Je ne crois pas qu'il soit nécessaire de citer Dickens, Tackeray, Currer Bell, Gogol, Tourghenieff, Hildebrand, Conscience, Aüerbach, Gotthelff, mademoiselle Bremer, et cinquante romanciers qui, s'ils pouvaient se réunir en un congrès littéraire, n'hésiteraient pas à déclarer que leur pensée et leur plume sont dirigées vers *l'observation* par une sorte de fatalité à laquelle les écrivains pas plus que les hommes n'échappent ici-bas.

L'époque le veut ainsi.

Cependant, je peux donner un excellent conseil aux jeunes gens séduits et attirés par l'apparence d'une doctrine...

C'est de ne pas dogmatiser et de se laisser entraîner à *produire* sans cesse et toujours, à créer (quoique le mot soit ambitieux), sans s'inquiéter si ce qui coule de leur plume appartient à telle ou telle classification.

J'ai beaucoup écrit de contes, de nouvelles, *sans savoir ce que je faisais :* il a fallu nombre de cris répétés mille et mille fois pour m'apprendre que j'étais *classé*.

La plupart des critiques sont des catalogueurs, des embaumeurs, des empailleurs, rien de plus.

Il est possible qu'ils me transportent demain dans les rangs des *idéalistes*, je les laisserai faire tranquillement.

———

Cependant j'avoue que le parfait ensemble de ces classificateurs m'ayant ému, je me suis cru *réaliste* puisque tous le disaient unanimement, et j'ai voulu savoir si, indépendamment de mon tempérament particulier qui me poussait ici et non là, j'avais raison.

Alors seulement j'ai cherché des *preuves*.

———

Les grands esprits sont toujours de bonne foi : ils pressentent la marche des choses pour avoir beaucoup réfléchi ; ils connaissent le chemin qu'ils ont tracé à leurs successeurs, et ne craignent pas d'avouer qu'ils ont donné tout ce qu'il leur était possible de donner.

Madame Sand écrivait, il y a sept ans déjà, en tête de son drame du *Champy* :

« Il y aura une école nouvelle qui ne sera ni classique ni romantique, et que nous ne verrons peut-être pas, car il faut le temps à tout; mais sans aucun doute, cette école nouvelle sortira du romantisme, comme la vérité sort plus immédiatement de l'agitation des vivants que du sommeil des morts. »

Mais ces sortes d'héritages ne sont pas recueillis sans procès, sans discussions, sans tiraillements.

Une nouvelle génération ne succède pas à l'ancienne sans secousses : les temps semblent passés où le roi venant à mourir, la population tout entière criait : *Vive le roi!*

———

Cependant il faut essayer de donner une idée de ce que j'entends par Art.

L'art n'est-il pas la communication à la foule de mes sensations personnelles ?

Je dois remuer, échauffer des cœurs, faire sourire ou pleurer des individus que je ne connais pas.

L'art sert de trait d'union entre eux et moi.

Longtemps j'ai étudié les aspirations, les désirs, les joies, les chagrins de classes qui me sont sympathiques, et je m'applique à rendre ces sentiments dans toute leur sincérité.

J'écris ce qu'ils ne sauraient écrire : je ne suis que leur interprète.

« Les meilleurs livres, dit Pascal, sont ceux que chaque lecteur croit qu'il aurait pu faire. »

Je prendrai un exemple dans la musique.

Pourquoi Weber est-il compris de tout le monde ? Pourquoi le peuple du boulevard comprend-il *Robin des Bois ?*

Parce que, indépendamment du charme puissant de certaines mélodies, l'harmonie est si naturelle, qu'il semble qu'elle ne peut être autre, et que chacun s'imagine l'avoir trouvée.

Exemple : l'harmonie du chœur des chasseurs.

Le peintre Constable, qui est le père pour ainsi dire de l'école de peinture en France depuis 1830 (car on ne sait pas l'énorme influence qu'il exerça sur Delacroix), a laissé un volume de lettres dans lesquelles il montre la difficulté qui attend les amis de la vérité à pénétrer dans le public. Quoique relatives à la peinture, ces idées n'en sont pas moins applicables à la littérature :

« **Deux routes peuvent conduire à la renommée : la première est** l'art d'imitation, la seconde est l'art qui ne relève que de lui-même, l'art original. Les avantages de l'art d'imitation sont que, comme il répète les œuvres des maîtres que l'œil est depuis longtemps accoutumé à admirer, il est rapidement remarqué et estimé ; tandis que l'art qui veut n'être le copiste de personne, qui a l'ambition de ne faire que ce qu'il voit et ce qu'il sent dans la nature, ne parvient que lentement à l'estime, la plupart de ceux qui regardent les œuvres d'art n'étant point capables d'apprécier ce qui sort de la routine et atteste des études originales. »

Et ailleurs :

« C'est ainsi que l'ignorance publique favorise la *paresse* des artistes et les pousse à l'imitation. Elle loue volontiers des pastiches faits d'après les grands maîtres, parce qu'elle y trouve l'apparence de mérites qu'on l'a habituée à reconnaître : au contraire, elle s'éloigne de tout ce qui est une interprétation nouvelle et hardie de la nature ; c'est lettre close pour elle ; il faudrait qu'elle fît un effort dont elle est incapable pour sortir de la routine. »

Tous chantent la nature, savants, orateurs, philosophes, hommes du monde, même les esprits fatigués des arts plastiques, qui laissent échapper à un moment un cri sincère.

M. Théophile Gautier dit admirablement d'un de ses personnages :

« A force de vivre dans les livres et les peintures, il en était arrivé à ne plus trouver la nature vraie ; *la réalité lui répugnait.* »

Un poëte galant s'est écrié un jour, en parlant des tendances modernes :

Vous voulez donc supprimer les roses ? On aurait pu lui répondre avec raison : — Nous ne voulons supprimer que les parfumeurs ; mais ce n'eût été qu'un sarcasme *ad hominem*.

La vérité est que quelques-uns de ceux qui ont marqué dans ces derniers temps, ont représenté des *bourgeois* et des *paysans* par la raison qu'ils avaient étudié plus spécialement ces deux classes; mais les hautes classes, l'élégance, les charmes subtils de la civilisation ne sont pas repoussés.

Logiquement (le hasard est souvent logique), il valait mieux peindre d'abord les basses classes, où la sincérité des sentiments, des actions et des paroles est plus en évidence que dans la haute société. Aussi, pour avoir représenté des gens de petite condition, les nouveaux venus ont-ils reçu force injures.

Toutes ces qualifications de *trivial*, de *bas*, de *commun*, ont été prodiguées de tout temps aux plus grands génies.

Il n'y a pas longtemps encore qu'un étranger, auteur d'une histoire de la littérature dramatique en Espagne, rabaissant Molière au profit de Lope de Véga, osait imprimer ceci :

« Celui qui cherche dans les comédies des tableaux de conversation prosaïquement empruntés à la nature, des imitations ponctuelles d'une réalité connue, celui-là fera bien de se dédommager avec Molière. »

« Mieux vaut une poignée de naturel que deux mains pleines de science, » dit un proverbe espagnol ; mais la science se prouve, étonne le public, et le *naturel*, timide et discret, ne s'affirme pas et peut toujours être nié.

Mes études, depuis que j'ai su lire Molière, me conduisaient à voir dans l'art le triomphe de la réalité ; mais j'ai voulu trouver des confirmations dans les écrivains que j'aimais.

Diderot, tout d'abord, m'a donné en quelques lignes une théorie de style si claire, si neuve et si saisissante, qu'on ne saurait trop la réimprimer.

« D'où il s'ensuit qu'un écrivain qui veut assurer à ses ouvrages un charme éternel, ne pourra emprunter avec trop de réserve sa manière de dire, des idées du jour, des opinions courantes, des systèmes régnants, des arts en vogue : tous ces modèles sont en vicissitudes ; il s'attachera de préférence aux êtres permanents, aux phénomènes des eaux, de la terre et de l'air, au spectacle de l'univers et aux passions de l'homme, qui sont toujours les mêmes ; et telle sera la vérité, la force et l'immutabilité de son coloris, que ses ouvrages feront l'étonnement des siècles, malgré le désordre des matières, l'absurdité des notions, et tous les défauts qu'on pourrait leur reprocher. Ses idées particulières, ses comparaisons, ses métaphores, ses expressions, ses images, ramenant sans cesse à la nature qu'on ne cesse point d'admirer, seront autant de vérités partielles par lesquelles il se soutiendra [1]. »

Ainsi se trouve renversé une partie du style à la mode qui s'appuie sur des comparaisons empruntées à la peinture, aux arts et métiers, etc., tous termes qui n'ont pas de durée.

« La nature ! étudiez la nature ! » crie Diderot, comme Shakspeare s'est écrié : *Thou, nature, art my goddess!* (Nature, tu es ma divinité !)

« J'ai pris souvent plaisir, disait un orateur du dix-septième siècle, à entendre des paysans s'entretenir avec des figures de discours si variées, si vives, si éloignées du vulgaire, que j'avais honte d'avoir si longtemps étudié l'éloquence, voyant en eux une certaine rhétorique de nature beaucoup plus persuasive et plus éloquente que toutes nos rhétoriques artificielles. » (Préface des *Tropes* de Dumarsais.)

---

[1] Fragment tiré de l'article *Encyclopédie*.

« Jamais peut-être à aucun temps, la phrase et la couleur, le mensonge de la parole littéraire n'ont autant prédominé sur le fond et sur le vrai que dans ces dernières années. » (Sainte-Beuve, *Port-Royal*, II° vol., 1842.)

———

« L'enflure des idées et des sentiments passait dans les expressions, soutenue et fortifiée par l'ignorance des écrivains; car l'ignorance a le privilége de se créer un langage inouï dont elle ne saurait soupçonner l'horreur, et qu'elle débite avec une audace qui vous confond. » (Gozzi, à propos de l'abbé Chiari.)

———

« Je ne puis lire que les faits écrits par ceux à qui ils sont arrivés ou qui en ont été témoins; je veux encore qu'ils soient racontés sans phrases, sans recherches, sans réflexions; que l'auteur ne soit point occupé de bien dire; enfin je veux le ton de la conversation, de la vivacité, de la chaleur, et par-dessus tout, de la facilité, de la simplicité. Où cela se trouve-t-il? Dans quelques livres qu'on sait par cœur, et qu'on n'imite pas assurément dans le temps présent. » (Lettres de madame du Deffant à Horace Walpole, 1774.)

———

« Des phrases ronflantes et des oppositions de mots peuvent remplir la *cavité ordinaire* de la mémoire de sentiments vifs capables d'aider un individu à *briller* dans ses écrits ou la conversation. Mais tout cela manque de la vraie *splendeur* du savoir, du *temperato usu*, tandis que le bon sens et la raison exprimés plus simplement agissent sur nous comme un *altérant*, lentement mais sûrement. » (Sterne, *Koran*.)

———

« Tu ne sais pas que tout prosateur qui aspire aujourd'hui à la réputation d'une plume délicate, affecte cette singularité de style, ces expressions qui te choquent. » (Fabrice à Gil Blas.)

Ne dirait-on pas cette phrase écrite d'hier ?

———

« Je n'ai point de style, mais je pense tout ce que j'écris. » (STENDHAL, lettre de 1825.)

———

« Tel style n'est préférable à tel autre qu'en tant qu'il se prête davantage à l'expression des sentiments de l'écrivain qui l'emploie : d'où il suit que le style par excellence n'existe pas. Il s'agit, avant tout, d'être vrai, d'être soi, et dans l'ordre intellectuel comme dans la nature physique, les rayonnements du beau ne se peuvent calculer. » (HENRI BLAZE.)

———

Je regrette de n'avoir pas noté sur l'heure une conversation tenue sur le pont des Arts, en plein midi, avec un savant de l'Institut, M. B.....t. Nous avons dit des choses excessivement justes.

Le savant se plaignait d'avoir été maltraité par un critique qui lui reprochait son peu de style.

— Je n'écris pas pour les gens de lettres, disait M. B.....t, j'écris pour me faire comprendre.

MOI. — Et vous vous faites très-bien comprendre, puisque vous mettez à la portée du public, des gens du monde, des phénomènes de la nature trop souvent rendus inintelligibles par la plume des savants. Vous êtes clair, que peut-on demander de plus ?

LE SAVANT. — Si je voulais leur lâcher des formules scientifiques, ils prétendraient peut-être me comprendre... Je ne sais rien de plus difficile que la clarté... Il y a même de certains jours où l'homme ne peut arriver à la clarté, malgré de vifs efforts. Aussi un véritable écrivain, pour moi, est-il celui qui a quelquefois des embarras de style, du trouble dans les idées, et qui se relève à quelques pages plus loin et se montre dans tout son éclat.

Moi. — Bravo, monsieur B.....t.

Le Savant. — Aimez-vous M. .....? (Il nommait un critique qui depuis trente ans accomplit régulièrement le métier des Danaïdes en remplissant son feuilleton de phrases vides.)

Moi. — Pas du tout. Voilà justement ce que j'appelle le contraire d'un écrivain. Ah! celui-là écrira toujours avec une élégance superficielle qui peut passer aux yeux de quelques-uns pour du style; mais c'est un procédé, un rouet qui ne s'arrête jamais, une manivelle... Sa phrase ronfle et ronflera toujours comme une toupie d'Allemagne. Elle m'étonne comme un chat qui resterait toute la journée à faire le gros dos.

Le Savant. — Je sais une bonne anecdote sur lui; peut-être la connaissez-vous?

Moi. — Dites toujours.

Le Savant. — J'étais à déjeuner avec ce critique; je ne mangeais pas si vite que lui, et comme le cuisinier se faisait attendre, mon homme demande une plume et de l'encre. Il se met à écrire: « Ah! la belle phrase! » s'écrie-t-il. Puis il la roule dans ses doigts, la jette par la fenêtre, se remet à écrire : « Encore une belle phrase, plus belle que la première. » Il la jette encore par la fenêtre, et recommence ainsi son manége sept ou huit fois.

Moi. — Mais c'est comme un maître d'écriture qui s'applaudit d'un beau paraphe.

Le Savant. — La même chose.

Moi. — Voilà comment, à force de s'enthousiasmer sur

de belles phrases, on finit par ne plus s'inquiéter du noyau qui est l'idée. Tout est sacrifié à l'apparence.

Le Savant. — Il en est ainsi de nos commerçants qui fabriquent *l'article de Paris*. Leurs produits sont élégants, coquets, charmants; mais si on veut des draps solides, il faut s'adresser à l'étranger.

Moi. — Grâce à son procédé, cet homme écrira toujours avec une sorte d'apparence élégante, sur n'importe quel sujet, demain, aujourd'hui et après-demain; qu'il ait la tête creuse, peu lui importe! Il est vrai que ce terrible métier de feuilletoniste doit amener forcément de pareilles maladies d'esprit.

Le Savant. — A quoi bon se faire feuilletoniste!

Dans *l'Aventurier Challes,* on trouvera cette question du style traitée avec plus de développement, mon intention étant de combattre tant que je le pourrai pour défendre ce que Rivarol appelait si justement la *probité* de la langue française.

Les Français sont assez ignorants des langues de leurs voisins: il n'y a pas dix hommes intelligents qui puissent se vanter de lire *Don Quichotte* en espagnol, le théâtre de Shakspeare en anglais, la *Divine Comédie* en italien, le *Faust* en allemand; tous, nous avons été nourris des poëtes et des romanciers étrangers dans des traductions qui, sauf quelques exceptions, sont commandées à des écrivains peu intelligents, respectant rarement le maître, et reproduisant dans un piteux français de grandes pensées qui, loin de leur prêter de la force, les éblouissent.

Comment se fait-il qu'Aristophane, Cervantes, Shakspeare, l'Arioste, Gœthe, Byron aient pu être admirés en France, et nous aient paru de grands génies, forts et vivaces, quoique garrottés par les traducteurs et dépouillés de leurs riches vêtements nationaux?

Un tel exemple ne prouve-t-il pas l'infériorité de la forme et la puissance de l'idée?

De l'idée il en restera toujours quelque chose.

La forme, c'est l'habillement pompeux de Charlemagne, que le temps a détruit; mais la figure de l'homme reste et a traversé les siècles.

Donc, infériorité de la forme tant vantée par les esprits médiocres.

———

On a reproché au réalisme une haine vigoureuse pour la poésie; c'est là que la forme joue l'unique rôle.

Que doit-il rester des *Méditations* traduites et des *Orientales?* ce qu'il reste de Pétrarque, des lakistes anglais, des atomes délicats dans un rayon de soleil vague et mourant.

Les poëtes le savent bien, mais ils ne veulent pas l'avouer.

———

« Qui n'aurait pitié, s'écrie Mercier, de tous ces jeunes gens perdus, abîmés dans la versification française, et qui s'éloignent d'autant plus de la poésie? Je suis venu pour les guérir, pour dessiller leurs yeux, pour leur donner peut-être une langue poétique; elle tiendra au développement de la nôtre, d'après son mécanisme et ses anomalies. Médecin curateur, je veux les préserver de la rimaille française, véritable habitude émanée d'un siècle sourd et barbare; monotonie insoutenable, enfantillage honteux, qui, pour avoir été caressé par plusieurs écrivains, n'en est pas moins ridicule. La prose est à nous, sa marche est libre; il n'appartient qu'à nous de lui imprimer un caractère plus vivant. Les prosateurs sont nos vrais poëtes ; qu'ils osent, et la langue prendra des accents tout nouveaux .. »

J'aime la poésie, mais je ne la comprends que l'esclave de la musique.

Alors elle disparaît presque complétement, et il m'importe peu que le poëte associé au musicien soit un grand poëte. Si le musicien est un homme de génie, il couvrira le vers le plus plat d'une harmonie si riche, qu'il me paraîtra supérieur aux certains vers de Corneille et de Racine, que les vieux amateurs de l'orchestre des Français attendent avec enthousiasme.

Quinaut, à l'aide de Lulli, est un poëte de génie, et aussi M. Scribe protégé par Meyerbeer.

J'aime la poésie patriotique, quand, dans les mouvements de secousse sociale, le peuple, de ses mille voix, entonne *la Marseillaise.*

Sous la révolution de 1848, j'ai toujours été impressionné vivement par ce premier vers d'un chœur que chantaient les ouvriers :

Sonnez, trompettes immortelles !

Voilà ce que j'appelle un beau vers, sonore, éclatant.

Mais je ne saurais comprendre celui-ci :

La fille de Minos et de Pasiphaé,

un vers de Racine qu'un poëte romantique me cite comme l'expression la plus élevée de la poésie. Il le déclame avec emphase, il semble s'en griser : je l'écoute avec stupéfaction, je ne sais quelle singulière musique il voit dans cette

> *Fille de Minos et de Pasiphaé,*

et, pour tout dire, je crois qu'il se moque de moi.

L'hymne à *l'Être suprême*, qui se chantait à la fête de la Raison, me transporte malgré l'enflure des sentiments, quand j'entends de belles voix d'hommes et de femmes dire en chœur :

> Père de l'univers, suprême intelligence,
> Bienfaiteur ignoré des aveugles mortels,
> Tu révélas ton être à la reconnaissance
>   Qui seule éleva tes autels.

Mais Gossec a été inspiré par de beaux accords, et je ne m'inquiète plus du poëte.

J'aime la poésie populaire avec ses rimes en gros sabots et ses sentiments naturels.

J'aime encore la poésie domestique, la chanson d'après dîner, les malices grivoises ou sentimentales de Béranger, Désaugiers et Bérat, parce que cette poésie représente par excellence le sentiment français.

Ils sont deux ou trois cents qui tous les ans poussent régulièrement le même cri : *La poésie est morte !* « Allons, tant mieux, » se dit l'honnête homme; mais ce n'est qu'une feinte : à la suite de ce cri tombe dans votre cabinet un volume gris, bleu-ciel, ou lilas, qui prouve que la poésie vit encore, qu'il y a encore des poëtes et qu'il y en aura toujours. Non-seulement les poëtes ne diminuent pas, mais ils augmentent dans une progression effrayante : un statisticien avait calculé, d'après les tables mortuaires du *Journal de la librairie*, qu'en alignant les uns à côté des autres les feuillets des volumes de vers publiés depuis un demi-siècle, on obtiendrait une bande qui tiendrait l'Europe dans toute sa longueur.

La poésie ne peut mourir, trop de gens ont intérêt à la conserver. Qui chanterait l'avénement des rois, si le vers disparaissait? les prosateurs ne sont pas assez courtisans pour remplir ce métier. Qui ferait des cantates, aujourd'hui en faveur de la paix, demain en faveur de la guerre? qui acclamerait le roi, puis la république, puis l'empire? qui flatterait le peuple pour l'appeler roi? et qui le dirait esclave le jour suivant? personne, sinon les poëtes. Il y aura toujours des X........ pour mettre en gage des tabatières princières.

La tabatière, meuble prosaïque, mot à faire frémir les poëtes, voilà ce qui les tente. Ils courent, un jour de réjouissances publiques, après la tabatière, comme ces malheureux qui montent au mât de cocagne pour attraper une timbale d'argent ou une guirlande de cervelas.

Assez sur les poëles. En deux lignes, le Sage a dit malicieusement tout ce qu'il y avait à en dire :

« Si ce sonnet n'est guère intelligible, tant mieux. Les sonnets, les odes et les autres ouvrages qui veulent du sublime, ne s'accommodent pas du simple et du naturel; c'est l'obscurité qui en fait tout le mérite. Il suffit que le poëte croie s'entendre. » (Fabrice à Gil Blas.)

On dira que les prosateurs sont jaloux des poëtes, mais aucun prosateur n'a imprimé de si audacieuses négations contre les vers que celles de M. de Lamartine qui, à l'âge où l'homme revient de ses illusions et dit la vérité, s'est exprimé sincèrement :

« Si maintenant on nous interroge sur cette forme de la poésie qu'on appelle *le vers*, nous répondrons franchement que cette forme de vers, du rhythme, de la mesure, de la cadence, de la rime ou de la consonnance de certains sons pareils à la fin de la ligne cadencée, nous semble très-indifférente à la poésie, à l'époque avancée et véritablement intellectuelle des peuples modernes.

» Nous dirons plus : bien que nous ayons écrit nous-même une partie de notre faible poésie sous cette forme, par imitation et par habitude, nous avouerons que le rhythme, la mesure, la cadence, la rime surtout, nous ont paru une *puérilité* et presque une dérogation à la dignité de la vraie poésie. » (*Cours familier de littérature*, quatrième entretien.)

M. Max Buchon a publié récemment un curieux article sur Henri Heine, à propos d'une visite qu'il rendit au poëte allemand il y a sept ans. La discussion s'engagea sur la poésie ; M. Buchon, encore jeune, soutenait la cause des vers :

« Ce qui amena M. Heine à nous déclarer qu'il regardait la langue française comme une langue de prose et non de versification, que Béranger et Alfred de Musset étaient, à son avis, nos seuls vrais versificateurs, que toutes les réflexions solitaires qu'il faisait depuis sept ans dans son lit de douleurs sur cette question de marqueterie syllabaire, l'avaient amené à découvrir que la versification était un pur *enfantillage*, et que s'il s'amusait encore néanmoins à enfiler des syllabes, comme les enfants enfilent en automne des baies d'églantiers pour s'en faire des colliers rouges, c'était à titre de simple passe-temps, ne pouvant faire autre chose. »

PRÉFACE

Ceux qui croiraient trouver dans le présent volume une bible, une charte, un codex pour se livrer à la composition d'œuvres réalistes se tromperaient. Les différents morceaux critiques sont purement *personnels :* en littérature, en musique, en art dramatique, en poésie, j'ai imprimé ce que *j'ai* pensé à diverses époques. Il serait peut-être dangereux de se nourrir trop exclusivement de ces idées.

Dans ces derniers temps, il m'a semblé que j'étais passé dans l'écorce d'un pommier. Des nuées de polissons, revenant de l'école, frappaient le tronc à coups redoublés pour faire tomber de l'arbre quelques fruits. « J'avais besoin d'être secoué, » ai-je pensé, et je me suis remis courageusement à l'œuvre.

A l'heure qu'il est, je ne m'inquiète plus des discours qu'on tiendra sur mes fruits et sur la récolte future. Tout romancier devrait être aussi innocent que le pommier : produire toujours, sans souci des lois de la nature qui veulent que l'arbre donne certaines années de brillantes récoltes et rien l'an suivant, qui font que certains fruits sont mangés aux vers, d'autres non arrivés à la maturité, quelques-uns volés par les maraudeurs, d'autres écrasés par les roues des charrettes ; mais jusqu'à ce que l'arbre meure et disparaisse, il n'en a pas moins donné une somme de récoltes qui font qu'on oublie et les années manquées, et les fruits verts, et ceux grignotés par les oiseaux.

CHAMPFLEURY.

25 Mars 1857.

LE RÉALISME

L'AVENTURIER CHALLES

> Quand on voit le style naturel,
> on est tout étonné et ravi.
>
> Pascal.

I

COMMENT JE FIS SA CONNAISSANCE

« Paris n'avoit point encore l'obligation à M. Pelletier, depuis ministre d'État, d'avoir fait bâtir ce beau quai qui va du pont Notre-Dame à la Grève, que sa modestie avoit nommé le quai du Nord, et que la reconnoissance publique continue à nommer de son nom, pour rendre immortel celui de cet illustre prévôt des marchands, lorsqu'un cavalier fort bien vêtu, mais dont l'habit, les bottes et le cheval crottés faisoient voir qu'il venoit de loin, se trouva arrêté dans un de ces embarras qui arrivoient tous les jours au bout de la rue de Gèvres; et malheureusement pour lui, les carosses venant à la file de tous côtés, il ne pouvoit se tourner d'aucun. Un valet qui le suivoit étoit dans la même peine, et tous deux en risque d'être écrasés entre les roues des carosses, si ils avoient fait le moindre mouvement contraire. La bonne mine de ce cavalier le fit regarder par tous les gens des carosses dont il étoit environné. La crainte qu'ils eurent du danger qu'il couroit, les obligea de lui offrir place. Il acceptoit leurs offres, et ne délibéroit plus que du choix d'une des places qui lui étoient offertes, lorsque l'un de ces messieurs, vêtu d'une robe de Palais, l'appela plus haut que les autres. Il le regarda et crut le reconnoître. Il vit bien qu'il ne se trompoit pas, lorsqu'il recommença à crier, en se jetant presque tout le corps hors de la portière : Venez ici, M. des Frans. Ah! monsieur, répondit-il en descendant de cheval, quelle joie de vous voir et de vous embrasser! Il alla à lui, monta dans son carosse, et fit monter son valet derrière, aimant mieux risquer ses chevaux que de laisser ce garçon dans le hasard d'être blessé. Cette action, qui fut remarquée, ne laissa plus douter que ce ne fût un homme de qualité. »

Voilà un excellent livre, pensais-je en feuilletant à l'étalage d'un bouquiniste en plein vent quatre volumes recouverts d'un vieux papier jaune, sans étiquette sur le dos. Rien qu'en lisant ce début, j'étais émerveillé de la manière vive du conteur, qui gardait l'anonyme : je fus tenté...

Il est peut-être nécessaire d'expliquer ce qu'est la tentation en matière de livres, car c'est un vice qui se rapproche furieusement des sept péchés capitaux, et plus particulièrement de la gourmandise. L'homme aux gros yeux, dont les larges lèvres rouges se mouillent rien qu'à regarder la boutique d'un marchand de comestibles, a plus d'un rapport avec ces flâneurs à longue redingote, qui bourrent leurs poches de livres. Il est vrai que l'un ne pense qu'à son ventre, tandis que l'autre songe plus spécialement à son cerveau ; mais il y a des gloutons qui chargent leur esprit et leur estomac sans trop savoir comment se passera la digestion. Et c'est là que se reconnaissent les gens délicats, pleins de prudence dans l'achat des livres et le choix de leurs lectures. Il faut un tact d'une finesse extrême, surtout quand le livre appartient à la nombreuse famille des anonymes, qui a nécessité une bibliographie spéciale. Quelquefois, vous pouvez tomber sur un écrivain qui a eu de l'esprit par hasard, cinq minutes, et qui a mis tout son esprit dans la première page, remplissant le reste de son volume de billevesées ennuyeuses. Ainsi, par exemple, cette excellente plaisanterie qui se trouve à la première page du *Roman bourgeois* : « Je chante ces héros, et cependant je ne sais pas la musique... » Achetez par malheur le livre de Furetière, et vous trouverez, en somme, que la première phrase est la plus gaie du volume ; mais l'homme éclairé y met plus de sagesse ; une longue expérience, fruit de nombreux malheurs en bibliophilie, lui a appris à retourner au moins sept feuillets d'un livre avant de l'acheter. Il lui importe peu que le bouquiniste fronce le sourcil en le regardant lire ses livres en plein vent ; il ne s'intimide pas si ce même bouquiniste remet brutalement en place des volumes qu'il feint avoir été dérangés par le lecteur, il continue ses inquisitions aux versos et aux folios, au cœur du livre, à la première et à la dernière page, pour vérifier si son premier coup d'œil ne l'a pas trompé.

Je continuai à feuilleter :

« Mademoiselle Recard étoit un de ces esprits libres et brusques en apparence, mais en effet une scélérate. Elle étoit d'une taille moyenne, la peau un peu brune et rude, la bouche un peu grosse; mais on lui pardonnoit ce défaut en faveur de ses dents, qu'elle avoit admirables; les yeux bruns et étincelants; un peu maigre et un peu velue, et toujours pâle; tous signes qui montroient son penchant aux plaisirs de l'amour. »

Ce petit portrait en quatre lignes, que je trouvai par hasard dans le volume qui contenait l'*Histoire de M. Dupuis et de mademoiselle de Londé*, me charma beaucoup. Puis, les noms que je découvrais à chaque feuillet du livre étaient fort simples et franchement bourgeois, ce qui est encore rare, même au siècle dernier, qui a abusé de la couleur persane. Les volumes, malheureusement, étaient un peu chers; à cette époque de bourse fort plate, je ne me promenais sur les quais qu'avec des appétits énormes de livres que je ne pouvais satisfaire. Il y a un âge où on lit tout sans distinction, sans parti pris; le cerveau est tendre et propre à recevoir ces prodigieuses lectures dont est folle la jeunesse curieuse. Une promenade sur les quais me donnait chaque fois le désir d'une énorme quantité d'ouvrages différents; et à chaque tournée j'aurais pu rentrer chez moi plus riche d'une centaine de bouquins. C'est ainsi que certains hommes deviennent bibliothécaires de leurs propres bibliothèques. D'un autre côté, le doute est cruel en ces matières; si vous n'achetez pas un livre quand il vous frappe, vous ne l'achèterez jamais. Et cela, pour mille raisons. La plus forte est que si le livre est réellement curieux et bon, il ne restera pas deux jours à se morfondre sur le quai. Ne croyez jamais que vous êtes le seul à vous inquiéter d'une spécialité bibliographique quelconque, même la plus ardue! Il y a au moins dix hommes, parmi les cent travailleurs sérieux des bibliothèques de Paris, qui s'occupent du même sujet que vous, du moment que le sujet ne tient pas à la création absolue. Sur ces dix spécialités qui étudient cinq heures par jour aux bibliothèques publiques, supposez-en un ; ou plutôt ne faites pas de supposition, soyez certain que cet inconnu fait également tous les jours sa promenade sur les quais, quand ce ne serait que pour se défatiguer de ses cinq heures forcément assises. Tout en passant un peu courbé comme tous les savants, l'inconnu voit d'un coup d'œil tout ce que contiennent les boîtes d'étalagiste ; il est peut-être plus riche que vous, il achète le livre. Si la manie des axiomes n'était un peu passée, j'en établirais un sans crainte d'être démenti, à savoir, qu'un livre dont on a besoin et qu'on n'achète pas aujourd'hui, ne se retrouvera jamais demain sur les quais.

Alors, que d'amertumes ne se prépare-t-on pas ! que de colères inutiles contre soi-même ! On s'était levé tout joyeux avec l'idée d'acheter le livre, et le livre ne se retrouve plus, ne se retrouvera peut-être jamais. Je parle, il est vrai, d'une époque éloignée de quelques années, la librairie en plein vent s'étant depuis malheureusement transformée en librairie au rabais.

Je feuilletai toujours les volumes et je lus :

« Je vous dirai que le proverbe qui dit qu'un jeune homme n'a jamais son premier commerce d'amour qu'avec une vieille ou avec une laide, est très-faux à mon égard. La première personne avec qui je me suis senti était belle et bien faite, et n'avoit pas plus de dix-neuf à vingt ans. Il faut vous dire de quelle manière cela arriva. J'étois en pension pendant mes basses-classes ;

lorsque je fus un peu plus grand, je ne fus plus en pension que l'hiver et en demi-pension l'été; c'est-à-dire que je dînois chez mon régent et revenois le soir chez mon père. Je n'avois pas encore treize ans, lorsque ce que je vais vous dire m'arriva; je n'étois qu'en seconde, et j'ai soutenu ma thèse en physique plus de trois ans après, que je n'en avois que seize, et même huit jours moins.

» Je revenois un soir au logis; il faisoit extrêmement chaud. Environ vers le milieu de la rue, je trouvai un éventail à mes pieds. Je le ramassai, et levai la tête en haut pour voir d'où il venoit. Je vis une jeune femme à la première chambre, qui me dit, laissez, laissez, mon bel enfant, voilà un laquais qui va le quérir. Je vous le porterai bien moi-même, madame, répondis-je, et en même temps j'entrai dans la maison. Son laquais, que je trouvai sur le degré, voulut m'ôter cet éventail; je ne voulus pas le lui donner; et comme nous étions à peu près de même âge, je ne lui répondis qu'en le menaçant. Je passai : voilà votre éventail, madame, lui dis-je en le lui rendant.

» Je vous remercie, monsieur, me dit-elle; il ne falloit pas vous donner la peine de monter, mon petit laquais descendoit. Il est vrai, madame, lui répondis-je, mais je n'aurois pas eu le plaisir de vous voir de près. Ma réponse la fit rire; elle me questionna sur mes classes, et je lui répondis, sinon avec esprit, du moins avec une hardiesse qui alloit jusqu'à l'effronterie. C'est encore une bonne qualité que j'ai oublié de me donner. J'ai toujours ouï-dire qu'on n'avoit jamais vu un petit garçon plus hardi et plus effronté que moi pour mon âge; vous verrez si je me suis démenti depuis. Notre conversation finit par une prière qu'elle me fit de venir le lendemain manger des petits pâtés avec elle. Je me souviens fort bien que je lui dis qu'elle ne savoit pas à quoi elle s'engageoit, de promettre à déjeuner à un jeune écolier, qui étoit toujours levé de bon matin. Il n'importe, dit-elle, venez à telle heure qu'il vous plaira, je vous tiendrai parole.

» Je lui promis d'y venir et n'y manquai pas. Il est à propos de vous dire qu'elle m'avoit vingt fois dit que j'étois beau garçon, et que je lui avois répondu qu'elle étoit aussi belle madame. Elle ne prononçoit pas tout à fait bien le françois, quoiqu'elle le parlât fort juste. Elle avoit un petit accent que je trouvois fort agréable ; il l'étoit en effet, et je n'étois pas seul à le trouver de même. Elle n'étoit ni fille ni femme, et elle étoit toutes les deux. C'était une Maltoise qui, sans être mariée, avoit quitté l'Isle pour suivre un homme de qualité qui l'avoit amenée à Paris, et qui, sans scandale, lui fournissoit de quoi vivre et le reste. En un mot, c'étoit la maîtresse d'un commandeur de l'ordre, une grosse réjouie, brune, des gros yeux noirs, la gorge bien fournie et bien blanche, et fort aimable. Ce fut elle qui eut mes gants.

» J'y allai le lendemain à six heures du matin ; heure fort propre pour voir les dames. Je heurtai à sa porte, comme j'aurois heurté à celle de ma classe ou de mon collége. Son petit laquais m'ouvrit. Il ne trouva pas bon que je fusse venu de si bon matin interrompre son sommeil. Il voulut refermer la porte, mais je ne lui en donnai pas le temps. Je le repoussai, et j'éveillai la belle dormeuse, qui demanda qui était là ? C'est moi, madame, répondis-je, qui viens chercher les petits pâtés que vous m'avez promis. Ah, ah, reprit-elle : venez, venez, mon bel enfant. Elle fit ouvrir ses fenêtres par son laquais, et l'envoya chez le pâtissier. Nous restâmes seuls ; je me mis sur une chaise proche d'elle. Elle me questionna comme la veille, et me fit au commencement des discours proportionnés à mon âge. Mais comme j'étois plus éveillé qu'on ne l'est ordinairement si jeune, mes petites libertés la firent bientôt changer de ton. »

Séduit par la manière du conteur, j'achetai immédiatement les livres. Il y a de cela sept ans ; à l'heure qu'il est, je suis loin de me repentir d'avoir fait connaissance avec l'auteur anonyme des *Illustres Françoises*, car en le relisant j'y ai trouvé des qualités particulières : ceux de mes amis qui l'ont lu ont partagé mes idées, et il est curieux de chercher à connaître la raison qui a plongé dans l'obscurité un livre qui vaut certainement beaucoup mieux que certains autres imposés par la tradition, qu'un enseignement académique nous force à admirer un bon tiers de notre vie.

Avant de raconter la vie de l'aventurier Challes, auteur de ces remarquables nouvelles, j'ai cru devoir les analyser, faisant subir au lecteur les phases par lesquelles j'ai passé avant d'avoir une opinion définitive sur un auteur que les hommes de bon sens jugeront, après mon travail, avoir été condamné à une obscurité sans motifs.

L'*Histoire de M. Desronais et de mademoiselle Dupuis* est la première en tête des *Illustres Françoises*. Un jeune homme de bonne famille se prend d'amour pour une jeune fille et la demande en mariage ; mais le père s'y refuse, et menace de déshériter sa fille si elle se marie avant sa mort; il aime son enfant, et il veut la garder pour avoir soin de sa vieillesse. D'un autre côté, il ne veut pas partager ses biens de son vivant. D'abord rigoureux et inflexible, le père consent plus tard à ce que les deux amants se voient et s'écrivent ; peu à peu, il reçoit le jeune homme dans sa famille, il devient plus tolérant et consent à discuter son refus de mariage. C'est un vieillard qui a la plus mauvaise opinion des femmes et des filles, et qui lance à tous moments des propos contre leur vertu. Ces conversations à trois, entre le père et les deux amants, sont très-curieuses, et la fille est obligée de rompre des lances en faveur de son sexe ; mais le vieillard croit à la vertu de Manon Dupuis, par la raison qu'en la laissant libre d'écrire à son amant, de le recevoir, il prétend que les amoureux n'ont pas autant à désirer que s'ils se voyaient ou s'écrivaient en secret. Le vieillard meurt, mademoiselle Dupuis est libre d'épouser son amant, que certaines affaires retiennent en province, et qui arrive tout brûlant d'espoir. Une lettre que Desronais trouve tout d'un coup ne lui laisse aucun doute sur la trahison de sa maîtresse, qui a profité de son absence pour lier des relations avec un inconnu; et ce n'est qu'après quatre mois de souffrances amoureuses que l'amant retrouve sa fiancée fidèle et qu'il l'épouse.

Telle est la donnée de cette histoire charmante, rapide, spirituelle, vive et tout à fait *française* dans la vraie acception du mot. Sauf quelques taches, c'est un petit chef-d'œuvre qui a reçu une éclatante consécration au théâtre, par un arrangement de Collé, joué en 1763.

« Le sujet de *Dupuis et Desronais*, dit l'auteur de la préface en tête des *Mémoires de Collé*, est pris d'un conte qu'on retrouve dans un recueil de petites histoires prétendues véritables, intitulé : *les Illustres Françoises*, dont l'auteur anonyme (M. Challes) est très-peu connu. Collé eut la franchise peu commune de découvrir lui-même la source où il avait puisé, car, à chaque représentation de la pièce, on lisait sur l'affiche : *Tirée du roman des Illustres Françoises*. » Mais Collé, dont les *Mémoires* ont été beaucoup trop vantés, en ce sens qu'ils sont bien orgueilleux pour une si petite figure, Collé le chansonnier ne dit pas quatre mots de l'auteur qu'il a dévalisé, ainsi que le font nos auteurs dramatiques. Collé nous parle de son immense succès de *Dupuis et Desronais*, et ne pense pas qu'il est un simple arrangeur en vers. Il eût été beaucoup plus intéressant de se souvenir qu'il avait existé un pauvre diable sans réputation, gazetier vivant sans doute avec beaucoup de peine de sa plume; il eût été digne à Collé de chercher quel avait été cet homme, et de ramasser des anecdotes et des souvenirs sur son compte, à une époque où beaucoup pouvaient encore l'avoir connu.

La pièce de Collé est presque restée au répertoire, grâce à une certaine facilité de vers et surtout à l'heureuse idée puisée chez Challes; mais ce qu'on ne trouvera pas dans la pièce, c'est le charme des détails, des portraits, tels que celui de mademoiselle Dupuis, par exemple :

« Figurez-vous une taille admirable et un port de princesse; un air de jeunesse, soutenu par une peau d'une blancheur à éblouir, et de la délicatesse de celle d'un enfant, telle qu'on peut l'apporter d'un couvent, où ordinairement on ne se hâle point tant que dans le monde. Elle a les yeux pleins, bien fendus, noirs et languissants, vifs lorsqu'elle le veut, le front admirable, long et uni, le nez bien fait, la bouche petite et vermeille et les dents comme de l'ivoire, la physionomie douce et d'une vierge. Tout cela étoit soutenu par une gorge qui sembloit faite au tour, potelée et charnue; la main très-belle, le bras comme le col, la jambe bien faite, la démarche ferme et fière, et toutes ses actions et ses paroles animées, mais remplies d'une certaine modestie naturelle qui m'enlevoit. En un mot, c'est une beauté achevée. »

Les quelques fautes d'ensemble et de détail que je trouve dans l'histoire de Challes, sont dans le portrait du père, d'abord excessivement bourru, méchant, et qui devient trop faible et trop facile par la suite. Il y a, au début de la nouvelle, un caractère de vieillard irascible qui ne se soutient pas, et qui appartient à un autre type. Quand le père va mourir, il récite tout à coup un morceau de poésie de son invention, qui est également mal placé, et qui ne ressort pas du caractère du personnage, brave bourgeois jusque-là, et qu'on ne soupçonne guère coupable de poésie : Challes aura voulu placer six strophes philosophiques, et il l'a fait maladroitement.

La seconde histoire, celle de *M. de Contamine et d'Angélique*, n'offre pas d'aventures bien saillantes, et je m'en tiendrai à l'analyse qu'en donne Challes lui-même dans sa préface : « L'histoire de Contamine fait voir qu'une fille sage et vertueuse peut prétendre à toutes sortes d'établissements, malgré la bassesse de sa fortune ; » mais l'auteur n'a vanté ni sa manière vive et alerte de raconter, ni la réalité des moyens qu'il emploie. Contamine fait présent d'une maison à sa maîtresse ; la description de cette maison ne tient qu'une page, et la maison se voit comme si elle était en *épure*. Challes a une manière fine d'exprimer les choses les plus difficiles à dire dans notre langue ; parlant d'un homme qui veut séduire une femme : « Il lui a offert toutes choses pour en triompher sans sacrement. » Ces traits abondent à foison dans l'auteur et coulent de sa plume sans effort.

Des amours entre des jeunes gens contrariés par les parents, sont la base de l'*Histoire de M. de Terny et de mademoiselle de Bernay*, ainsi que de la nouvelle de *M. de Jussy et de mademoiselle Fenouil*. La première de ces nouvelles est insignifiante et ne se sauve que par la brièveté du récit. Le cinquième récit, qui traite des amours de *M. des Prés et de mademoiselle de l'Épine*, est un des plus intéressants de Challes, quoique le fond ne diffère guère des précédents : il montre un père s'opposant à l'union de son fils avec une jeune femme de moindre condition ; mais ici le dénoûment est tragique. Si les personnages n'appartenaient pas à la bourgeoisie, on croirait retrouver une certaine ressemblance avec les héros de *Manon Lescaut*, non pas que des Prés ait les sentiments du chevalier Desgrieux et mademoiselle de l'Épine les instincts volages de la charmante Manon ; mais la manière dont est posé le récit, la douleur du héros, sa passion véritable se rapprochent du chevalier Desgrieux par les côtés honorables. Comme d'habitude, Challes a laissé un charmant portrait de la maîtresse, et on ne saurait trop relever une sèche analyse par ce profil charmant, jeté en quelques coups de plume :

« Vous avez vu mademoiselle de l'Épine, elle étoit extrêmement blanche, grande et bien faite, les cheveux du plus beau blond clair qu'on puisse voir au monde. La forme du visage ovale, les yeux bleus, comme les blondes les ont ordinairement. Sa beauté étoit vive, et n'avoit point une certaine langueur fade, si commune à toutes les blondes. Le son de sa voix étoit insinuant et agréable. Ses manières étoient toutes charmantes et sembloient ne demander que de la tendresse et ne respirer que l'amour. Sa physionomie n'étoit pas trompeuse. Il est pourtant vrai que le plaisir des sens ne la dominoit pas. Pour son âme elle méritoit d'obtenir tout ce qu'une femme peut prétendre. Elle l'avoit élevée, sincère, franche et libérale, capable de soutenir un engagement jusqu'au dernier soupir, fertile en inventions, timide à prendre des résolutions, mais hardie à les exécuter. Elle étoit désintéressée, bonne amie et plus fidèle maîtresse: elle étoit si peu ambitieuse, que je lui ai mille fois entendu dire que, si elle avoit été maîtresse d'elle-même, elle auroit préféré une vie pauvre et tranquille à une vie remplie de faste et d'honneur, qu'on ne peut acquérir qu'aux dépens de la sincérité. Elle étoit complaisante pour moi, parce qu'elle m'aimoit, mais elle étoit naturellement brusque. Je lui ai vu mille fois faire des choses qu'aucune considération humaine n'auroit pu lui faire faire ; et elle les faisoit uniquement parce qu'elle savoit qu'elle me faisoit plaisir. Elle étoit sans réserve pour moi, passionnée, mais sans effronterie ; et je l'ai vue assez souvent me recevoir dans ses bras et rechercher même mon embrassement dans des moments où je connoissois que je lui aurois fait plaisir de m'en tenir à ses avances. En un mot, c'étoit la maîtresse et la femme la plus accomplie dont on puisse former l'idée. »

Les parents, chose extraordinaire, ne montrent qu'une faible opposition au mariage de M. des Frans et de Sylvie, quoique cependant l'union soit d'abord secrète. Dans cette nouvelle, Challes a peint un amant trompé par sa maîtresse, ou plutôt un mari trompé par sa femme ; mais ils s'aiment tellement que le premier titre leur sied mieux. Cette Sylvie est encore une créature ravissante, malgré ses défauts, et l'auteur a su employer pour son portrait des couleurs d'une grande fraîcheur. Il faut que la réalité ait un charme toujours nouveau pour qu'avec quelques mots trouvés sans peine, qui semblent couler de la plume tout naturellement, un type de femme se dessine si vivement en quelques lignes ; je ne crains pas plus de rendre monotone mon analyse en découpant cette fine silhouette, que Challes n'a craint de faire deux portraits pareils. A une époque déjà passée, il était de mode, dans la librairie illustrée, de publier un beau volume ayant pour titre *les Femmes de Walter Scott*, ou *les Femmes de Balzac*, ou *les Femmes de Shakspeare*, ou *les Femmes de George Sand*, on a même édité *les Femmes de la Bible*. Le procédé consistait à analyser les différents types des héroïnes de romans, à découper la description faite par l'auteur et à mettre en regard des vignettes anglaises finement travaillées, dont le charme bourgeois consistait généralement à s'éloigner le plus possible de la pensée du romancier ; on pourrait presque faire *les Femmes de Challes,* car sa plume les a définies si délicatement et si visiblement, qu'il n'est pas besoin de vignettes à l'appui :

« Sylvie n'avoit au plus que dix-neuf ans : elle étoit d'une taille un peu au-dessus de la moyenne, mais faite à charmer, si menue que je la prenois facilement entre mes mains toute vêtue en corps. Ses cheveux étoient plus longs qu'elle d'un grand pied, annelés, et du plus beau châtain qu'on puisse voir. Lorsqu'elle se faisoit peigner elle montoit sur une table, et sa tante et sa fille de chambre y étoient occupées. Elle avoit le front blanc et uni; les yeux grands, noirs et languissants, à fleur de tête : ils étoient quelquefois si perçants, qu'on n'en pouvoit soutenir l'éclat; les sourcils comme les cheveux; le nez un peu aquilin et serré, bien fait; les joues toujours vermeilles et couvertes d'un vermillon naturel, qui, sur un teint de neige, faisoit un effet admirable. La bouche fort petite et riante, les lèvres rondes et vermeilles; les dents blanches et bien rangées; le menton rond, une petite fossette au milieu, et le tour du visage ovale; la gorge faite au tour, d'une blancheur à éblouir: la peau unie et délicate. »

La fin de ce portrait est surtout ce qui me frappe le plus comme délicatesse dans la description d'un objet auquel notre puritanisme moderne défend de nous arrêter :

« Le sein montrait, par ses soulèvements réglés, l'agitation du cœur dans sa respiration et indiquait une santé parfaite. Elle en avoit peu, mais ferme; et elle me disoit, quelquefois en plaisantant, qu'une femme en a toujours assez quand elle en a de quoi remplir la main d'un honnête homme. »

Je ne sais si je suis entiché de mon héros, mais je ne me rappelle aucun écrivain du dix-huitième siècle qui ait laissé de portrait aussi fin que celui-ci. Quoique la comparaison entre la peinture et la littérature ait été bien des fois employée, j'oserai encore m'en servir pour comparer ces légers crayons de Challes aux ravissants pastels de La Tour, qu'on voit au musée de Saint-Quentin. La charmante Sylvie n'a qu'un tort : elle se repent de sa faute. J'ai besoin d'expliquer ce paradoxe : dans la nouvelle, Sylvie trompe son amant, il se venge en l'enfermant dans une espèce de prison, puis il lui rend la liberté ; Sylvie entre en religion et meurt. Tout est bien conçu jusque-là, le drame est intéressant, le châtiment naturellement amené ; mais Challes, craignant que son héroïne ne fût pas assez intéressante, a jugé à propos, pour la faire accepter sans doute des personnes prudes, de lui faire écrire une longue lettre qui fait l'effet d'un post-scriptum inutile de femme bavarde. Certes, il n'entre dans l'esprit de personne que Manon Lescaut n'ait expié, par sa fin cruelle, les légèretés de sa vie; elle n'a pas besoin de faire un long discours avant de mourir, l'abbé Prévost l'a bien compris et s'est arrêté à temps. La lettre de Sylvie enlevée, l'*Histoire de M. des Frans et de Sylvie* est un petit chef-d'œuvre de récit. Si je faisais une édition des *Illustres Françoises*, je n'oserais supprimer cette lettre, désirant laisser à mon auteur sa pensée pleine et entière ; mais j'avoue qu'il faut que le principe d'antimutilation et d'anticensure soit bien ancré dans mon esprit pour résister à la tentation.

J'arrive au dernier récit, intitulé : *Histoire de M. Dupuis et de mademoiselle de Londé*, qui se sépare complétement des autres nouvelles, toutes jetées un peu dans le même moule. Ce Dupuis est un libertin fieffé, cynique, qui trompe toutes les femmes avec une rare audace. Peu de romanciers ont osé peindre l'amour de cette sorte qui est décrit dans la nouvelle avec une grande crudité, et qui détaille complaisamment le jeu des sens chez certains êtres. Sans être aussi immoral que le remarquable livre de Chauderlos de Laclos, il y a certaines parties, surtout au début, qui sont trop accentuées pour être réimprimées aujourd'hui ; cependant Dupuis est bien loin d'être aussi *roué* que le chevalier des *Liaisons dangereuses*, il est d'une humeur plus gaie, mais de plus mauvais ton. Challes a poussé la réalité dans ses dernières limites, mais plutôt encore dans le mot que dans la chose. On pourrait même affirmer qu'il n'a pas l'intention de faire un récit voluptueux, mais qu'il se laisse aller à une certaine crudité dans le récit des équipées amoureuses de son héros. Aussi le conteur n'a-t-il pas infligé à Dupuis ce terrible châtiment qui clôt *les Liaisons dangereuses* et qui laisse la réflexion s'ébattre dans le champ du *moral* et de l'*immoral* en art, tout homme de bonne foi se demandant si, après les peintures voluptueuses de Laclos et le châtiment de la fin, l'auteur a eu réellement l'intention de faire un roman d'enseignement.

L'évêque Camus de Belley, le plus fécond des romanciers du dix-septième siècle, écrivait : « Il faut éviter les images déshonnêtes et glisser vivement sur les vices, de peur que, voulant insister sur leur blâme, il n'arrive tout au rebours de ce dessein, et que la description qu'il en faut faire pour en dépeindre la laideur ne laisse des impressions aux âmes faibles, plus attrayantes au péché, que retirantes du mal. » A ce point de vue, *les Liaisons dangereuses* sont un roman condamnable, tandis que *Clarisse Harlowe*, quoique montrant un séducteur aussi vicieux, a échappé à l'immoralité et peut être lue par un plus grand nombre de lecteurs; mais, je le répète, Challes s'en tire par la bonne humeur qui ressort de sa manière de raconter, et la crudité des mots et de quelques situations tient à l'esprit du temps.

Le reproche le plus grave à faire à l'auteur est que sa nouvelle n'est pas conduite avec tout l'art des précédentes : le récit se complique d'autres histoires inutiles. Le libertin Dupuis devient un mari trop vertueux et trop amoureux pour un homme qui a débuté jeune dans la débauche.

Prosper Marchand dit, dans son *Dictionnaire historique*, que ce récit est l'histoire de Challes : « Il seroit à souhaiter pour son honneur, ajoute-t-il, que cette prétention fût mal fondée. » Je ne partage pas l'opinion du compilateur, libraire et gazetier. Après l'étude attentive des œuvres de Challes, ses voyages, le registre exact qu'il a tenu de ses aventures et de ses pensées, je n'ai jamais trouvé trace en lui de cette débauche de jeunesse dont est atteint M. Dupuis dans le récit. Sous l'impression de la première lecture du *Voyage aux Indes orientales*, j'écrivais dans mon livre de notes : « Le caractère de Challes éclate à chaque page du livre. C'est un Français brave, buveur, mangeur, discuteur, philosophe, sincère et ennemi des jésuites. Je me l'étais figuré avec une pointe amoureuse plus prononcée, en lisant *les Illustres Françoises*, où je croyais, comme ses biographes, retrouver ses propres aventures à chaque pas. » Et, en effet, ce n'est pas un seul des héros qui serait le portrait de Challes, et mon opinion est qu'il aurait donné plutôt un peu de son sang et de sa propre existence à tous ses héros, à Desronais, à M. de Contamine, à M. de Terny, à M. des Près, etc.

Quand on veut retrouver un auteur dans un roman, il faut y aller avec prudence, et le meilleur moyen, à mon sens, est d'étudier tous ses livres ; si vous voyez reparaître dans différents ouvrages certaines figures qui ont des airs de parenté, soyez certain que l'auteur est caché sous ces figures homogènes qu'on pourrait croire sorties d'un cerveau peu fertile en types, et qui ne sont en réalité que le *moi* dont ne peut se débarrasser le créateur, malgré qu'il fasse. A de certaines passions peintes avec complaisance dans plusieurs de ses chefs-d'œuvre, vous reconnaîtrez évidemment que ces passions étaient le souci perpétuel de celui qui écrivait, témoin M. de Balzac, et l'*argent* dont il a décrit avec tant de complaisance le roulement dans la société. Je cherche à me rendre compte de Challes avec d'autant plus de plaisir et de difficulté, que sa vie est obscure, que ses livres sont injustement tombés dans l'oubli, et que son biographe, le seul qui, par hasard, ait été mis à même de recueillir des faits précis et intéressants, n'avait pas l'intelligence tournée du côté des esprits vifs et bon conteurs.

Or, dans les sept histoires des *Illustres Françoises*, six traitant d'amour traversé par des parents s'opposant presque toujours au mariage de leurs enfants, je ne regarde pas comme une hypothèse bien audacieuse d'avancer que Challes fut dans sa jeunesse le jouet d'une inclination malheureuse, et que des souffrances de son cœur il a tiré le fond des *Illustres Françoises*. L'*Histoire de M. des Frans et de Sylvie* contient un fait qui se rattache de bien près à la vie de Challes.

L'amoureux trompé s'en va en Hollande, où l'envie qu'il a de trouver la mort le fait battre en déterminé. Il assiste à la défaite des Turcs au passage du Raab; mais, ne cherchant qu'à périr, et la paix étant faite entre l'empereur et les Turcs, il passe en Portugal où la guerre était allumée contre l'Espagne.

On verra dans la seconde partie de cette notice la fureur de voyager qui tenait Challes et qui le poussait dans ces mêmes pays, également en guerre. Il est encore plusieurs motifs puisés dans l'extrême réalité des nouvelles de l'auteur, dans le peu d'invention qui les caractérise (manque de ce qu'on appelle vulgairement *imagination*), et dans le petit nombre de romans qu'a laissés l'auteur. Quand la réalité des détails minutieux est poussée très-loin, elle étonne le lecteur qui ne se rend pas compte comment un auteur peut observer des faits si minimes : effectivement il se passe, dans la journée d'un homme, des montagnes de petits faits aussi minuscules et aussi nombreux que les atomes de poussière traversés par un rayon de soleil. Les grands créateurs ne s'occupent pas de ces faits et ne les regardent pas : ils les verraient qu'ils les jetteraient de côté, car la foule a besoin, pour être émue, d'aventures plus puissantes; mais ceux dont la vie tranquille n'a pas été traversée par des événements extraordinaires et qui n'en sont pas moins doués d'un regard, s'inquiètent des plus petits détails de l'existence intérieure, y portent une attention aussi soutenue que d'autres prennent aux grandes batailles de l'humanité. Ces natures flamandes, quand elles se trouvent lancées dans les arts, n'inventent rien et se servent de leur propre vie : c'est alors que sont décrits les moindres événements de la vie et que la littérature compte le *Voyage autour de ma chambre*, en France, et en Angleterre des quantités de livres plus intimes encore, à la tête desquels se place Charles Lamb. Ainsi est expliqué le charme des Mémoires dans lesquels le valet de chambre d'un grand homme peut quelquefois laisser un livre plus durable que les œuvres de son maître, si la vérité des détails est accusée et mise dans un jour convenable[1]. Qui dit réalité dit sincérité, et la sincérité est le meilleur sauve-gardien d'une œuvre. Entré dans cette voie de détails qui sont, du reste, plus difficiles à manier et à enchaîner que les inventions d'Anne Radcliffe, l'auteur tombe dans le danger de ne plus inventer. L'alliance des faits réels et des faits inventés est d'une soudure tellement délicate, le vrai de l'art et le vrai de la nature qui tendent à se combattre plutôt qu'à se rapprocher, cette fonte de deux éléments opposés exige un ouvrier tellement adroit qu'on rencontre rarement de ces natures assez heureusement douées pour relier ensemble les deux forces. Aussi compte-t-on plus souvent deux sortes d'opérateurs dont la méthode diffère essentiellement, qui comptent d'abord les *créateurs* et en seconde ligne les *observateurs*. Les créateurs sont représen-

---

[1] Dans vingt ans, Byron, qu'on ne lit plus guère aujourd'hui, sera cependant une *figure*, grâce aux Mémoires que ses amis ont écrits sur sa vie.

tés le plus directement par Shakspeare, et les observateurs par l'abbé Prévost. Le beau livre de *Manon Lescaut*, qui n'est qu'un hasard de génie dans la vie de ce romancier aux gages des libraires, n'est dû justement qu'à une observation de soi-même que le fécond écrivain, dont on ne lit plus les autres romans considérables, ne put pas transporter dans des œuvres volumineuses.

Challes appartient à la race des observateurs de soi-même : de sa vie broyée il a tiré sept nouvelles seulement, il ne pouvait guère en tirer davantage, à moins de se lancer dans le roman d'aventures. Cette trame d'amours de jeunes gens contre le gré de leurs parents, qui est la base de six de ses récits, montre combien il avait eu l'esprit frappé de ces obstacles d'hymen qui ont disparu de nos mœurs.

Il est nécessaire maintenant de montrer quelle fut sa vie, et la besogne est facile, puisqu'il a pris soin de nous laisser un mémento de voyage contenant jour par jour ses moindres actions pendant deux années.

II

SES VOYAGES ET AVENTURES

La vie de Challes est d'autant plus curieuse à étudier qu'elle n'a jamais été éclaircie par les biographes ordinaires, ces êtres armés de ciseaux, qui s'en vont chercher dans la dernière biographie connue des faits qu'ils remettent en mauvais français. Les faiseurs de biographies m'ont toujours fait penser à cette phrase de Molière qui se retourne de tant de manières différentes : « Marquise, vos yeux me font mourir d'amour. » L'ouvrier en librairie, payé d'une façon misérable par les libraires, à tant la feuille, se contente de dire : « D'amour vos yeux me font mourir, marquise. » Tel est le procédé habituel ; aussi ce peu de conscience explique-t-il comment certains écrivains courent risque de passer inaperçus pendant un siècle ou deux après leur mort. Ne faisant pas partie des congrégations littéraires, leur mort ne touche personne ; vivants, leurs confrères s'occupaient à peine d'eux, moins encore quand ils sont morts, on le pense. Les gazettes ne relatent pas leurs derniers moments ; les nécrologes de l'année n'en font pas mention, les biographies ne consignent pas leurs noms. Les écrivains qui se copient les uns les autres ne s'occupent guère si un nom est oublié.

Il en est arrivé ainsi pour Challes, dont le nom même est resté pour ainsi dire problématique, car on ne sut jamais s'il était noble ou vilain, s'il fallait l'intituler *de Challes*, *Challes*, ou *Dechales*, si son prénom était *Grégoire* ou *Robert*, et enfin s'il fallait écrire *Chales*, *Chasles* ou *Challes*, questions de peu d'importance, mais qui démontrent la difficulté d'arriver à la parfaite connaissance de sa vie [1].

En faisant la traversée pour aller aux Indes, Challes

---

[1] Causant un jour de mon héros avec M. Philarète Chasles, je crois me rappeler qu'il me dit que l'auteur des *Illustres Françoises* était un de ses aïeux. Il ne me l'eût pas dit que j'eusse incliné vers cette opinion : *l'aventurier* est mort à Chartres, le spirituel professeur du Col-

nous a laissé la date de sa naissance : « C'est à pareil jour de Saint-Laurent, dimanche, 10 août 1659, que je suis né et que ma mère, à ce qu'elle m'a dit, souffrit beaucoup, pour rien qui vaille. J'y étois, mais j'ai beau rappeler mes idées, je ne m'en souviens plus. Tout ce que je sais, c'est que je n'ai jamais valu grand'chose. » Puis il ajoute en note :

« Ceci est faux : je suis né le dimanche, 7 août 1659, à quatre heures quarante-huit minutes du matin, la lune dans sa conjonction. Un vieux registre de feu mon père le dit ainsi. »

Mais la date de sa naissance est ce qu'il y a de plus réel pour l'éclaircissement de sa vie, comme on va le voir. Avocat, écrivain du roi sur les navires, bretteur, philosophe, gazetier, Challes est un de ces Gil Blas spirituels et plus malheureux que leur patron, dont le Sage a tracé un dénoûment si vertueux.

Challes naquit à Paris en 1659 ; en 1677 il se trouvait à la bataille de Mont-Cassel ; en 1679 il était clerc chez l'avocat au conseil Monceaulx ; en 1682 on le retrouve à Amsterdam ; en Espagne et en Portugal en 1683 et 1684. Les Anglais le font prisonnier en 1687 et l'emmènent à Boston ; il visite l'Irlande en 1689 ; il est envoyé aux Indes orientales en 1690 et 1691. Il devient correspondant du journal littéraire de la Haye en 1713, peu après la publication de ses *Illustres Françoises;* on a trace de quelque correspondance inédite de lui, de 1714 à 1718 : enfin il

lége de France est né à Chartres ; tous deux ont certaines analogies dans la manière de raconter qui, je le répète comme un grand éloge, est toute *française.* On démontrera un jour la valeur de ce mot.

est exilé à Chartres en 1719, et les biographes l'ont cru généralement mort en 1720.

Tel est à peu près l'ordre à introduire dans cette vie si remplie d'événements et qui fait regretter que l'auteur n'ait pas laissé de mémoires plus étendus. Avec un caractère aussi vif que le sien, les aventures pleuvaient : coups d'épée et coups de bâton, injures, discussions philosophiques, bombances et grand amour de boisson.

Sans un de ces vieux libraires-gazetiers, tenant des bénédictins par la patience à prendre des notes, on aurait peu de renseignements sur Challes. Mais Prosper Marchand, qui laissa une grande chambre pleine de morceaux de papier dont quelques-uns avaient la grandeur de l'ongle, écrits dans la diabolique et illisible écriture de savant, recueillit heureusement, à l'aide de la conversation de quelques personnes qui avaient connu Challes, des renseignements assez précieux.

« C'étoit, dit le libraire, un fort aimable homme, gai, plaisant, enjoué, ce qu'on nomme d'ordinaire un bon vivant et un agréable débauché; en un mot, un vrai frère de la jubilation et un véritable enfant de Bacchus, ne parlant presque que de *se laver le gosier*, et n'usant guère que de pareilles formules bachiques, que leur trop fréquente répétition rend bientôt fort fades et rebutantes : mais, de l'autre, c'étoit un homme brusque, pétulant, emporté, mordant, satirique, se déchaînant imprudemment, même au milieu de ses parties, contre tout ce qui ne l'accommodoit point. »

En effet, le portrait n'a pas été chargé par le bibliophile, et il sera bon de montrer tour à tour Challes buveur, mangeur, bretteur, philosophe et homme de gaie compagnie. D'après une lettre de Challes, du 8 septembre 1718, tirée d'une certaine collection que le libraire avait entre les mains et qui est aujourd'hui perdue, on voit que Challes montrait quelque orgueil de sa science du droit ; il avait été reçu avocat au parlement de Paris, et il « se donnoit pour entendre assez bien la jurisprudence ecclésiastique, surtout les matières bénéficiales, et en particulier Fra-Paolo. » En tout cas, il avait bien peu conservé l'esprit de robe pendant ses expéditions, et il est permis d'affirmer que son caractère d'aventurier et son naturel emporté produisirent de fâcheux effets parmi ses confrères du Palais.

Challes avait eu pour camarade de classes, au collège de la Marche, un jeune homme, M. de Seignelai, qui plus tard devint secrétaire d'État de la marine ; à l'aide de cette protection il parvint à se faire nommer écrivain de la compagnie sur le vaisseau *l'Écueil*, faisant partie d'une flotte commandée par M. Duquesne-Guiton, neveu du fameux Duquesne. Cette flotte se composait de six vaisseaux de guerre : *le Gaillard*, *l'Oiseau*, *le Florissant*, *l'Écueil*, *le Dragon*, *le Lion*, appartenant à la compagnie des Indes orientales et transportant des marchands et des commis que la compagnie envoyait, plus des prêtres de la congrégation des missions étrangères et des pères jésuites.

La mission tout administrative de Challes consistait à surveiller les marchandises et à délivrer les vivres embarqués sur le vaisseau. L'écrivain du roi tenait les clefs des magasins, où rien n'entrait ni ne sortait sans sa connaissance. Il veillait aux marchandises jusqu'au lieu de leur destination et les remettait au directeur de la compagnie. Quant aux vivres et munitions, il les délivrait sur l'ordre du capitaine de vaisseau.

Il faut croire que M. de Seignelai avait une vive amitié pour Challes et qu'il tolérait les emportements de sa langue, car peu de jours avant de partir, l'écrivain du roi, dans sa rage de s'occuper de ce qui ne le regardait pas, se lança dans des appréciations contre les jésuites qui, à cette époque, pouvaient lui faire perdre sa place. C'est lui-même qui a raconté le fait dans son journal :

« Sur le point de partir pour venir aux Indes, j'allai prendre congé de M. de Seignelai. Je vis sortir des jésuites de son cabinet. Je lui demandai s'il en passoit aux Indes. Il me dit qu'il en venoit six. Je lui dis que l'argent du roi étoit bien mal employé pour ces gens-là, plutôt capables de perdre la France de réputation chez les étrangers que de l'y mettre en bonne odeur... Nous savons tout cela mieux que toi, me dit M. de Seignelai, le meilleur cœur qui fût au monde, mais d'une vivacité et d'une promptitude inexprimable, et qui, dans son feu, rimoit richement en Dieu; et nous en savons encore plus. Nous les haïssons plus que le diable. Trouve le secret de mettre la vie du roi en sûreté contre le poison et le poignard, et je te jure sur ma damnation, qu'avant deux mois il n'y en aura pas un en France. Quoi, lui dis-je, monsieur, il semble que vous voulez me faire entendre que le roi les craint. Oui, il les craint, ajouta-t-il. Il n'a que cette seule foiblesse. Il les hait au fond du cœur, et ne les estime point. Cependant, lui qui fait trembler tout le monde, tremble sous cette exécrable société toujours fertile en Cléments, en Chatels et en Ravaillacs. Il tremble aux morts d'Henri III et d'Henri IV, et n'en veut point courir les risques... étant lui-même convaincu par les lettres interceptées, que le plus grand et le plus juste prince du monde devient, pour cette sanguinaire société, un homme commun et digne de mort, sitôt qu'il s'oppose à ses desseins. »

Quoiqu'il fût sincèrement catholique, Challes était aussi irrité contre les jésuites qu'un journaliste de la restauration ; il leur a consacré, dans les notes de son voyage, beaucoup de passages importants. Dans une lettre inédite, il s'écrie avec un emportement à la Diderot : « Si je tenois le dernier jésuite, je ne ferois aucune difficulté, pour en délivrer une bonne fois le monde, de me jeter à corps perdu avec lui dans le plus affreux des précipices. »

« Cet excessif acharnement, dit Prosper Marchand, vint de ce que Challes ayant un jour donné un soufflet au père Tachard, il fut contraint de lui faire amende honorable. » Je n'ai rien trouvé de relatif à ce soufflet ; mais je sais que la passion a souvent aveuglé Challes et l'a poussé à narrer des faits discutables, comme quand il prétend que les jésuites, pour pénétrer dans le Japon et y faire de gros bénéfices, jettent à terre le crucifix, crachent dessus et le foulent aux pieds, *prétendant ne faire insulte qu'au métal.*

Avec la mobilité de son esprit, Challes ne pouvait rester sur le vaisseau, inoccupé, car ses fonctions d'écrivain du roi ne lui prenaient que peu de temps ; aussi eut-il l'idée de consigner dans un journal les faits curieux qui se passaient autour de lui.

« Me proposant d'écrire tous les soirs ce qui sera arrivé dans la journée, on ne doit pas espérer de trouver un de ces styles fleuris qui rendent recommandables toutes sortes de relations. Mais on peut être certain qu'outre l'exactitude, la pure et simple vérité s'y trouvent. »

L'auteur a parfaitement rempli le mandat qu'il s'était imposé ; curieux, observateur, se repliant sur lui-même et sachant regarder les autres, Challes donne l'idée d'une traversée assez longue, des petits drames qui se passent à bord d'un bâtiment, des phénomènes de la nature dont il cherche à se rendre compte, et de l'état des consciences à cette époque.

Les écrivains du roi ou de la compagnie étaient en général des sortes de fournisseurs ou de détenteurs de vivres, dont le métier consistait à grapiller sur les provisions du vaisseau et à s'enrichir ; ils ne jouissaient pas toujours d'une excellente réputation. Il faut croire que leurs livres étaient mal tenus et chargés à dessein de rendre leurs comptes indiscutables ; mais Challes était un homme d'ordre, un homme à réformes, et à la première inspection, les commissaires n'eurent qu'à louer la manière dont étaient inscrits chaque jour, sur son journal, les procès-verbaux, inventaires et consommations de guerre et de bouche.

L'Écueil était fourni de provisions énormes à donner envie à Sancho de faire la traversée. On n'y comptait pas moins de cinq cents poules en cage, de huit bœufs, de deux vaches à lait, de quatre truies, de treize cochons, de vingt-quatre dindes, de quarante-huit canards, de vingt-quatre moutons, de douze oies, de six veaux, de trente-six pigeons. « Où se mettre pour respirer ? s'écrie Challes. Tout est plein de cages et de porcs. Nous faisons bonne chère et nous buvons de même. » Challes s'était arrangé, sans tromper la compagnie et par une économie bien entendue, à avoir en cachette vingt-quatre barriques de vin d'Anjou blanc qu'il communiquait seulement à

MM. Hurtain et de la Chassée, ses supérieurs, qu'il connaissait avant son embarquement et qu'il tenait pour d'excellents compagnons.

« Il a été résolu que j'aurois toujours trois verres dans ma chambre, de l'eau pour les rincer, du pain et quelque chose pour mettre sous les dents : jambon, pâté, langue, tel que je pourrois ; et que pour nous avertir, quand nous voudrions nous laver le col, c'est-à-dire boire bouteille, le plus altéré de nous trois feroit signe aux deux autres, en se frottant le gosier, ce qui marqueroit qu'il seroit altéré ; et que pour lors je me retirerois dans ma chambre où ils viendroient me trouver, pour y faire la petite joie. »

Quand Challes ne boit pas, il lit tantôt saint Augustin, tantôt saint Bernard, l'*Imitation*, Pétrone, Ovide, Horace, Juvénal, Corneille, Racine, Molière. Ces seuls titres de livres montrent l'amour qu'il avait pour la grande littérature. A la vue du pic des Canaries, toujours couvert de neiges, Challes presse de questions un passager, M. Charmot, philosophe et théologien.

« L'homme est bien malheureux, dit Challes à ce sujet, et en même temps bien orgueilleux de vouloir, avec de foibles lumières et aussi bornées que les siennes, monter et s'élever jusqu'à la connoissance de Dieu, qui est un Être incompréhensible ; lui, qui ne se connoît pas lui-même, et qui ne peut rendre aucune raison solide et convaincante des simples opérations de la nature, qui se passent dans lui-même, et sous ses yeux, qui ne sont cependant que les moindres œuvres de la divinité. Telles sont dans lui-même, sa formation, ses cinq sens, la fièvre et le reste : hors de lui, le flus et le reflus de la mer, les feux qui sortent des montagnes et la neige des pics. »

A cette époque les discussions sur la grâce étaient de saison. M. Arnauld, les jésuites, le libre arbitre et la prédestination formaient le sujet d'une quantité de libelles et de pamphlets que Challes étudiait et commentait; c'est plongé dans les réflexions, que l'auteur des *Illustres Françoises* passait une bonne partie de son temps.

« Je me fais une nécessité de consommer le temps, dit-il, et comment en remplirois-je les moments, sans plume ou sans livre? Je ne fume ni ne joue. C'est l'occupation des marins, à ce qu'on dit : j'en conviens pour les autres, mais ce n'est pas la mienne. Combien passerois-je de moments inutiles, si ma plume et mon papier n'en remplissoient pas le vide? Compte-t-on pour rien les idées tumultueuses et confuses qui frappent l'esprit lorsqu'il est livré à lui-même? »

Cependant il faudrait prendre garde de tenir Challes pour entièrement confit en théologie; les idées se succédaient chez lui avec une certaine rapidité, et il savait être aimable suivant les gens avec lesquels il se trouvait; pourvu toutefois qu'ils ne fussent ni médecins ni chirurgiens, personnages qu'il a traités, s'il est possible, avec moins de ménagement que les jésuites.

« Comme j'écrivois hier dans ma chambre à l'issue du dîné, dit-il, les écrivains du roi, du *Gaillard* et du *Florissant*, me sont venus prendre à bord, pour aller tous ensemble, avec les chirurgiens, arrêter chez Foulquier, apoticaire, l'état des médicaments donnez à nos trois vaisseaux. Je ne m'en sers nullement, et les ai laissés faire comme ils ont voulu, n'y connoissant rien du tout. Je me suis seulement aperçu que les autres n'y connoissent pas plus que moi, et que tous, jusqu'aux chirurgiens entre eux, Foulquier compris, se traitoient de bêtes et d'ignorants. Peut-être qu'aucun ne mentoit ; je ne m'en soucie point, cela ne me regarde pas.

» Pendant que ces excréments d'Esculape ont parlé *Emplastrum*, nous nous sommes mis à table : le vin de Foulquier est bon ; et nous nous y sommes d'autant moins ennuyés, que deux demoiselles du Port-Louis étoient venues tenir compagnie à l'apoticaresse. Quand vous devriez dire que je ne vaux pas mieux que ce que j'ai valu, vous ne m'empêcherez pas d'ajouter que je m'accommoderois fort bien de la femme de l'apoticaire et du vin de sa cave, et que je jetterois dans la rue très-volontiers toutes les drogues de sa boutique. Nous avons fait une partie pour souper. L'apoticaresse a voulu être du jeu, quoiqu'elle se fût taxée à fournir le bois et le service.

» Nous nous sommes mis à la triomphe en deux parties liées ; et ne pouvant y joüer dix, nous avons fait un roi et une reine. La dame de cœur est tombée à mademoiselle Foulquier et à moi le roi de même couleur. Ayant gagné, nous nous sommes, elle et moi, mis dans le coin du feu, et les avons laissés joüer en particulier. Imaginez-vous tout ce qu'un effronté peut dire sur une semblable rencontre ; cette couleur de cœur me donnoit beau champ, et j'entrai en lice avec une femme vive et éveillée, qui ne passe pas pour être parfaitement cruelle. Je ne la ménageai point, et lui parlai avec tant de feu, que je ne sais à quoi le tout se seroit terminé, si nous avions été seul à seul. Les gens qui étoient dans la salle avec nous étoient trop attachés à leur jeu, pour prêter l'oreille à ce que nous disions : ils ne m'empêchoient pas même de mettre mes mains en course et d'aller au pillage ; mais ils auroient vu le reste, et le tout étant animé par une pointe de vin, j'aurois assurément fait mes efforts pour pousser l'aventure à bout, si nous avions été dans un endroit commode. Je ne dis point que j'aurois réussi : je dis seulement que j'aurois fait mon possible pour réussir, au hasard d'être battu, ou du moins égratigné. »

Hélas ! il faut s'embarquer par ordre de M. Duquesne,

et la jolie apoticaresse resta seule avec le souvenir d'un aimable compagnon. Malheureusement ces espèces de rencontres galantes que Challes conte d'une manière si piquante, sont très-rares dans sa relation de voyages; et je les préfère à ses descriptions de poissons, marsouins, dorades, requins et les phénomènes de mer lumineuse, de maladies de l'eau à la mer, qui ne sont plus guère admissibles aujourd'hui avec les progrès qu'ont faits les sciences naturelles.

Près d'aborder à Saint-Yago, *l'Écueil* manque de se briser contre les rochers ; le trouble est sur le vaisseau, les passagers font leurs dernières prières, les matelots perdent la tête, tout est confusion comme dans une maison enveloppée par les flammes. Que fait Challes?

« Pendant ce tintamarre, M. de la Chassée et moi, avons mis dans notre corps chacun une grosse bouteille de vin, afin qu'en cas que nous fussions tous obligés de boire au même tonneau, nous ne bussions pas tant d'eau salée. »

C'est un vrai philosophe, plein de santé, qui se soucie assez peu de la vie, une fois qu'il croit ne pouvoir plus la défendre. Malgré la tempête le vaisseau aborde heureusement à l'île Saint-Yago, et notre aventurier se met à parcourir le pays, à étudier, en arrivant, les maisons, les plantations, sauf à observer plus tard les mœurs. Il a laissé une caricature fort gaie du gouverneur du pays qu'il appelle « le seigneur Goubernador. »

« Lorsque je le vis, il étoit vêtu à la françoise. Je ne sais s'il avoit sué de l'encre, mais son linge étoit bien noir. Il avoit des bas gris de perles, un escarpin couleur de noisettes d'un demi-pied plus long qu'il ne falloit, un justaucorps de drap gris de souris, une veste de satin de même couleur, tous deux brodés de fleurs de soie de toutes couleurs, très-délicatement mises en œuvres, à présent fort fanées et autrefois vives, et c'est ce qu'il avoit de plus beau. Une culotte de damas cramoisi serrée à l'espagnole étoit dessous avec une épée au moins de six pieds de lame, avec une canne très-belle, garnie d'argent, et surtout d'une chaîne très-bien travaillée. Si bien, qu'en ajoutant une reingrave à sa parure, il auroit fort bien représenté l'original du marquis de Mascarille, des *Précieuses* de Molière. »

Les débarqués obtiennent de quoi manger, et on va voir si Challes était un homme de précaution. On apporte sur la table de grands gobelets d'argent portés sur des soucoupes de même métal, l'un et l'autre armoriés. Ces beaux vases contenaient de l'eau parfaitement claire, destinée à faire faire la grimace à un franc buveur ; mais Challes, en débarquant dans un pays nouveau, avait pris la précaution de se faire suivre de quatre bouteilles de vin ; et lui et son supérieur, M. de la Chassée, boivent tranquillement leurs quatre bouteilles à la barbe des insulaires.

« Pour les femmes blanches, dit l'aventurier, on ne les voit point. J'ai vu des femmes noires et mulâtres, parfaitement bien faites. Celle chez qui nous avons soupé est de ce nombre : elle a les traits fort beaux et même délicats, l'humeur agréable, et paroît fort douce et honnête. Son mari est de Lisbonne, aussi vilain mâtin que sa femme est aimable. Il ne la perdit pas de vue ; je ne sais si ce fut par jalousie. Il n'auroit pas eu tout le tort ; il y avoit avec nous un Parisien, nommé Loyer de Renaucourt, lieutenant d'infanterie, qui la regardoit d'un air à mettre martel en tête à tout autre qu'à un Portugais. Elle eut toute la peine ; elle distribua tout, pendant que le magot, assis sur son cul comme un singe, une pipe de tabac à la gueule, en retroussant gravement sa rousse moustache, la regarda faire, en observant tout le monde. »

Challes, au milieu de ses observations dans un pays nouveau, n'oublie pas ses devoirs religieux. Il va rendre visite à l'évêque :

« L'évêque est blanc, de l'ordre de Saint-François et cordelier, du moins son habit le dit ; il est âgé d'environ quarante ans, d'un abord très-affable, bien fait de sa personne et parlant bon latin ; meilleur théologien que le R. P. Tachard, puisqu'il lui a prouvé, par un sec refus, que ce que celui-ci lui demandoit étoit contraire aux préceptes de Jésus-Christ et aux saints canons. Il m'a donné sa bénédiction que je lui ai demandée en particulier. »

Ce qui me plaît le plus dans Challes, c'est cette excessive bonne foi qu'il apporte dans toutes les questions et surtout les questions religieuses ; aussi peut-on lui pardonner ses grandes colères contre les jésuites qu'il accusait d'entretenir la superstition. Il y a dans son journal un sermon sur l'éternité, très-ennuyeux, il est vrai, mais fort orthodoxe. Le sermon dut son insertion aux ennuis de la traversée : quand Challes n'avait aucune actualité importante à décrire, il fouillait dans ses souvenirs, et c'est ainsi qu'on trouve de temps à autre des échappées qui éclaircissent sa vie.

En 1682, Challes rencontra à Amsterdam un abbé qu'il avait eu pour compagnon de classe ; cet abbé faisait partie d'une société de « gens de lettres et d'esprit » qui s'assemblaient deux fois par semaine, et qui, après avoir tiré au sort les thèmes d'un discours, se soumettaient à le prononcer dans la même séance. L'abbé emmena Challes et prononça un fort important plaidoyer sur l'éternité, que notre aventurier essaye de se rappeler de son mieux, car il en avait été frappé, et c'est ainsi que le discours trouve place dans le *Voyage aux Indes orientales*.

Les événements les plus communs de la vie viennent se mêler souvent aux plus belles théories de Challes, et c'est ce qui fait le charme de sa narration. Ainsi, en mars 1690, il nous donne une idée de son économie et de sa pauvreté parisienne :

« Le vaisseau a roulé d'une si grande force, que mon cornet, quoique de plomb, a sauté de ma table sur mon lit, et s'est répandu sur l'habit gris de souris que vous m'aviez vu à Paris. J'en vas faire ôter le galon; du reste, la perte n'est pas grande; car, outre qu'il y a près de quinze mois qu'il me sert, on n'est pas à la mer sur le quant-à-moi pour les habits, et je ne l'avois mis qu'à cause de Saint-Yago. »

Puis ce sont des détails curieux de festins de bord, tels que celui offert au commandant de l'escadre Duquesne, par le capitaine de *l'Écueil* :

« La réception sera magnifique pour un vaisseau en pleine mer. Douze pigeons à la compote, quatre langues de bœuf ou porc, et un jambon en feront l'entrée, en attendant la soupe. Cette soupe sera composée de bœuf frais, de mouton, de deux chapons et d'un morceau de lard, avec du ris pour légumes. Tout cela fera le bouilli. Il sera suivi de deux pièces de four, d'abatis, et de tripes de cochon de lait; après quoi paraîtra le cochon de lait, accompagné de deux dindes, un oye, six poulets à la broche et six autres poulets en fricassée. Ensuite feront figure pour le dessert douze biscuits, un jambon, un pâté de canard, du fromage de Grière et de Hollande et deux salades, l'une de cornichons et l'autre de casse-pierre. Le vin de Cahors à discrétion, mais pourtant l'œil dessus, n'étant pas fait pour tout venant. Nous tâcherons de faire une table où nous ne serons que huit à boire de ce vin-là; et pour les autres du vin de Grave et de Bordeaux en bouteilles. La couleur en est semblable; et il n'y aura que Duval, notre maître-d'hôtel, qui nous servira, qui pourra en faire la différence. »

Quand Challes a quelque fait de nourriture, de boisson, quelque colère contre ces *emplastrum* d'apothicaire, il raconte si bien qu'il est impossible de l'analyser. Aussi ai-je découpé le plus que j'ai pu dans son *Voyage* qui, cependant, sur trois volumes, en offre près de deux sans intérêt. A plus forte raison doit-on citer l'auteur quand, fort de la maxime des anciens : *Cognoscere te ipsum*, il se laisse aller à des méditations qu'en mer l'homme le moins méditatif sent s'amasser en lui.

« Il me suffit de me mettre dans la grande chambre du vaisseau à une fenêtre ou à un des sabords de l'arrière dans la sainte-barbe, et de regarder le gouvernail du navire pour me jeter dans une méditation profonde, et pour m'inspirer une espèce de mélancolie qui, jusqu'ici, m'a été inconnue. Je me suis plusieurs fois arrêté sur cet objet dans mes voyages au Canada, aux îles de l'Amérique, dans le Nord et dans l'Archipel, mais jamais mon esprit n'a été frappé des idées dont il est présentement accablé. Je regardois les mouvements de l'eau autour du gouvernail comme de simples effets naturels d'une eau repoussée ou retenue : mon esprit n'alloit pas plus loin et se bornoit à une petite rêverie qui ne prenoit rien sur sa tranquillité. Présentement, je regarde ces mêmes agitations de l'eau comme une peinture et une image de la vie. Plus j'y fais de réflexions, plus j'y reconnois de rapport. D'où vient que ce qui me paroissoit autrefois très-indifférent ne m'offre à présent qu'une matière de réflexions sérieuses ? Suis-je changé ? Mon esprit n'est-il plus le même ? Et pourquoi ce qui faisoit autrefois un de mes plaisirs fait-il présentement le sujet de ma tristesse ? Est-ce un effet de l'âge ? Non, je suis dans la force de cet âge, et n'ai point encore atteint celui de maturité. Est-ce un effet de quelque maladie ? Non, je n'ai jamais été malade que de blessures dont le mal a cessé avec la douleur, et je jouis d'une santé parfaite. »

A la suite de cette méditation, qui dénote un esprit sérieux, viennent des pensées sur l'âme et nécessairement les doctrines de Port-Royal. Cela amène une assez bonne farce contre Descartes, qui soutient que l'homme seul est doué de la raison :

« Je me souviens qu'étant un jour à dîner avec M. Pirot, docteur de Sorbonne, il prouva, par deux actions faites à nos yeux, que le chien du cocher du maître chez lequel nous mangions avoit plus de raison qu'un homme qui venoit de sortir, et ajouta plaisamment qu'il en connoissoit plusieurs qui n'avoient rien d'humain que la figure, et auxquels il sembloit que la nature n'avoit mis une âme dans le corps que comme un charcutier met du sel dans celui d'un cochon, uniquement pour l'empêcher de mourir. »

Mais il arriva, pendant le commencement de la traversée, un malheur qui priva beaucoup Challes : le capitaine du vaisseau, M. Hurtain, mourut. Avec M. Lachassée et Challes, ils formaient le plus franc trio de buveurs de l'escadre. On voit, par le journal de l'aventurier, qu'il était solide à ses amitiés, car il ne passe pas un jour sans enregistrer le bulletin de la maladie de son ami, et quand son dernier moment fut arrivé, il répandit de véritables larmes qui n'étaient pas des larmes d'ivrogne. Seulement il s'emportait à tout moment contre la tisane et les médecins. « M. Hurtain a été encore saigné ce matin, dit-il, et réduit à la tisane, lui qui n'en but jamais. » Il y revient encore le lendemain : « Au lieu de vin, de la tisane à un corps aviné. Les chirurgiens sont des ânes. Il faut être assidu auprès d'un malade, pour être guéri de la médecine, maladie plus cruelle que toute autre. »

Bientôt le domestique de Challes tomba également malade. Cette fois, entêté dans son système hygiénique, l'écrivain empêcha les médecins d'approcher de son domestique, de le saigner, et surtout de lui donner une certaine tisane dite *royale*. L'homme avait la fièvre, un transport au cerveau. Challes lui fait boire le soir du bon vin d'Espagne, pendant la journée du vin de Tursan, et tous les matins du vin de Bordeaux brûlé avec de la cannelle, du girofle et du sucre, breuvage alors fort à la mode chez les Flamands, qui l'appelaient *chaudeau*. « Mon domestique a sué beaucoup et s'est tiré d'intrigue en huit jours, » s'écrie triomphalement Challes tout fier de sa médecine de franc buveur.

Lecteur intrépide et dans les bonnes grâces du chef de l'escadre, Challes fait une descente dans la chambre de M. Duquesne.

« Je me suis sauvé dans la chambre de M. Duquesne et j'ai fait l'inventaire de sa bibliothèque. J'y ai volé les cinq tomes de *l'Histoire des Juifs*, de la traduction de M. Arnauld d'Andilli. Je les lui ai montrés après que j'ai été embarqué pour revenir à bord. Il a crié au voleur, mais d'une manière qui me fait croire que ses livres ont changé de maître. Sa vue seule est un régal, ne montrant que de la joie. »

A toutes ses qualités, Challes joint une grande bravoure : il arrive que des vaisseaux ennemis se rencontrent avec l'escadre et engagent un furieux combat. *L'Écueil*, qui jusque-là avait échappé à la tempête, au naufrage, faillit disparaître dans une lutte acharnée contre un vaisseau de guerre. Le mât d'artimon fut coupé au tiers, toute la mâture de rechange hors de service. *L'Écueil* reçut soixante-quatre coups de canon dans son arrière; la chambre du commandeur et celle du conseil furent entièrement détruites, et on trouva après le combat près de cent vingt moutons, bœufs et vaches fracassés par les boulets. Quoique la mission de Challes consistât à veiller à la distribution de la poudre et des gargousses, il demanda que son domestique le remplaçât à ce poste peu dangereux, afin de pouvoir assister au combat sur le pont et d'y prendre part.

L'Écueil resta attaché aux flancs de l'ennemi pendant plus de trois heures et demie, et ne tira pas moins de quatre cent quatre-vingts coups de canon. Quelques jours après on rencontra une flûte hollandaise, *le Montfort*, qui paraissait d'une prise facile et dont *l'Écueil* pouvait s'emparer sans difficulté ; malheureusement le capitaine de *l'Écueil*, blessé à la jambe, fut forcé de laisser le commandement à son second lieutenant, qui, après avoir observé l'ennemi, se figura voir sur ce petit bâtiment plus de quarante hommes armés de mousquets et de grenades, et crut devoir continuer paisiblement sa route sans tenter l'abordage. Challes, qui jugeait plus sainement, était d'une fureur inexprimable :

« On ne m'accusera pas d'avoir eu part à cette lâcheté, quand on saura que je lui dis, dans la rage qu'une si infâme poltronnerie me causait : Eh, mort dieu, monsieur, où diable voyez-vous ni mousquets, ni grenades ? Je ne vois que de pauvres diables, assis sur le cul, la pipe à la gueule. Donnons dessus : nous les enlèverons comme des corps saints, ou du moins exécutons nos ordres, et coupons chemin à la chaloupe qui fuit à terre. Eh, f....., monsieur, mêlez-vous de vos écritures, ai-je eu pour toute réponse. Vous avez raison, ai-je repris, nous en vivrons plus longtemps. Ensuite je me suis tû, enrageant dans l'âme. »

L'aventurier avait d'autant plus raison d'enrager, que le petit bâtiment hollandais fut pris par un autre vaisseau de l'escadre. Les Hollandais sont vaincus et se sauvent à terre, en abandonnant leur vaisseau.

Ce qui fâche le plus Challes, c'est que l'écrivain du vaisseau qui a donné la chasse à la flûte *le Montfort* a le droit au pillage ; tout le monde pille, et même plus que les autres, le lieutenant en second de *l'Écueil*, qui a refusé de l'attaquer. C'était un bâtiment de six cents tonneaux, orné de douze petites pièces de canon, chargé de riz, qu'il portait aux comptoirs des Hollandais dans l'île de Ceylan. Les vases, les médicaments, l'argent étaient en abondance sur le bâtiment hollandais. Pour se moquer des matelots et des officiers de *l'Écueil*, le capitaine d'armes de Duquesne vient demander à Challes du papier, de la cire et un cachet, en lui disant qu'il devait en avoir de reste, puisqu'il ne s'en était pas servi. « J'ai outre cela, ce que vous ne savez pas, lui dit Challes, c'est qu'il me reste de quoi payer un insolent et un mauvais plaisant. Et en même temps, je lui ai appliqué le coup de poing le plus rude et le mieux placé que j'aie donné de ma vie. »

Il se passa pendant l'action un petit épisode qui, sans intéresser directement Challes, vaut la peine d'être cité. Pendant que matelots, soldats et passagers du bâtiment hollandais fuyaient à terre, une jolie Hollandaise, que ses forces et son émotion trahissaient, était restée en arrière des fuyards.

« Un matelot s'étoit mis à ses trousses, et comme c'est un égrillard qui va bien des pieds, et que cette fille chargée ne pouvoit pas suivre les autres, il l'a jointe à l'entrée du bois : il l'a déchargée de ses richesses, et lui a ôté jusqu'à un très-beau fil de perles qu'elle avoit au col, ses pendants d'oreilles et ses bracelets de diamants, sans que cette fille, plus morte que vive, ait dit un mot. Si après cela il l'eût laissée aller, toutes ces richesses lui seroient restées ; mais le diable, qui se fourre partout, lui a inspiré de la tentation : il a voulu la satisfaire. Cela se passoit à l'entrée du bois, et cette fille qui n'avoit pas soufflé mot pendant le vol, s'est défendue de toutes ses forces et s'est mise à crier au meurtre et au viol à pleine tête. »

M. de la Chassée, « sac à péchés mortels, » fort ami de la joie et du beau sexe, rend à la jeune fille ses bijoux et sa liberté.

Au milieu de toutes ces aventures, Challes n'en conserve pas moins un souvenir touchant de ses parents, de ses amis. « C'est aujourd'hui les Rogations, écrit-il, et sans le poisson nous ferions assurément mauvaise chère. Il y a aujourd'hui neuf ans que mon père est mort : perte toujours nouvelle pour moi. Je vous demande un *De profundis* pour lui. » C'est à M. de Seignelai qu'il demande ce *De profundis*, car dans le principe, le *Journal du voyage aux Indes orientales* avait été écrit spécialement pour lui; mais Challes en gardait un double pour lui, avec ses sensations intimes; et c'est sur ce dernier que le volume fut imprimé à Rouen en 1721.

Enfin l'escadre arrive à la Martinique, et Challes y apprend diverses histoires galantes qu'il consigne, et dont la conclusion de celle que j'ai à citer fait honneur à Duquesne.

« Je n'aurois jamais fini si je me mettois sur le pied d'écrire ce que je sais de l'histoire scandaleuse de plusieurs nymphes de la Martinique. Je ne puis pourtant en taire une, à qui son indiscrétion a coûté trois cents piastres. C'est une grande veuve, bien faite et assez belle, âgée d'environ trente ans. Un contre-maître de notre escadre avait eu quatre cents écus ou piastres de la *Flûte*, prise le 29 juillet de l'année passée. Il les avoit donnés à une nymphe d'ici, pour une seule nuit. C'était payer un péché trop cher. Comme cette femme veut se remarier, elle acheta un habit neuf complet et fort propre, et dès le lendemain, changea sa figure; et étant en bonne et grande compagnie, la soupe au perroquet la fit jaser et nommer un amant si libéral. M. Duquesne l'a su, et en même temps que cet homme avoit en France une femme et six petits enfants qui ne subsistoient que du travail de leur mère, c'est-à-dire bien pauvrement. Il a fait là-dessus une action très-louable: il a fait mettre aux fers le contre-maître, et dans le même moment, a envoyé son capitaine d'armes avec six soldats chez la charmante, avec ordre de prendre tout ce qu'ils trouveroient d'argent chez elle et sur elle, et pour cela, de fouiller partout. Ils ont trouvé trois cent seize piastres: ils ont eu les seize pour leur peine; et M. Duquesne destine les trois cents autres pour la femme et les enfants de ce contre-maître. La nymphe a voulu faire du bruit et se récrier sur la violence; mais M. Duquesne l'ayant menacée de la faire passer par les baguettes, elle a été obligée de se tranquilliser et de prendre patience en enrageant. Et au bout de huit jours, M. Duquesne a fait appliquer au contre-maître vingt coups de corde sur les épaules et les reins, le ventre sur un canon, tout de même qu'aux voleurs. »

J'avais oublié un trait de Challes, pendant le voyage, qui se plaint d'être obligé de subir un sermon ennuyeux.

« Notre aumônier nous a fait cet après-midi un sermon sur la Passion, et nous a tous menacés de nous en faire encore un autre le jour de Pâques, sur la résurrection du Sauveur. Tant pis, s'il tient parole, et qu'il soit aussi long que celui d'aujourd'hui; car quoiqu'il soit bon religieux, bon ecclésiastique et savant, il n'est certainement pas bon orateur, et je ne suis pas le seul qu'il ait ennuyé : il pense fort juste, mais son élocution ne répond point à son zèle. Il n'a satisfait que les Bretons, ce qui n'est pas difficile. Qu'un prédicateur parle beaucoup des anges, des saints et du diable; qu'il les mêle ensemble en fricassée, ou en salade, comme dit M. de la Chassée, il a toujours fort bien rempli son action. »

Ces Bretons qui paraissent si dévots d'ailleurs, Challes les soupçonne de lui avoir volé vingt-cinq écus dans sa chambre : « Tout le monde va à confesse, dit-il, et personne ne restitue. Est-ce que les Bretons sont en même temps ivrognes, larrons et dévots? Je n'y connois rien, sinon qu'ils devroient opter. »

C'est en arrivant aux îles que sa colère contre les jésuites reprend Challes. Il prétendait avoir examiné attentivement leur conduite dans le Canada, et son opinion était que non le zèle de la propagation de la foi, mais plutôt l'amour du lucre et de la richesse les menait si loin. Suivant Challes, les jésuites étaient possesseurs d'immenses quantités de diamants et de pierres précieuses qu'ils avaient acquis à vil prix des Banians, en les suivant sous le prétexte de les convertir; mais ces trésors les embarrassaient, et, pour les mettre en sûreté, ils n'avaient imaginé rien de mieux que de faire confectionner, par un ouvrier habile et dévoué, de certains souliers à talons de fer, recouverts de cuir noir; ces talons de fer creux leur servaient de coffrets et contenaient des diamants et des joyaux dont ils faisaient commerce. Un nouveau converti entre dans l'ordre des jésuites, et il se lève un matin en se donnant, par dévouement, la pieuse mission de décrotter les souliers des bons pères. Il ignorait le secret, et, tout en maniant les souliers, il entend remuer quelque chose dans les talons. Voilà que la peur prend cet homme qui frémit d'avoir osé toucher à des souliers qu'il regardait comme des reliques, rien que pour avoir été chaussés par les jésuites. Il crie au secours, un Portugais arrive: moins scrupuleux que le néophyte, il ouvre un talon de souliers, s'empare de six diamants bruts, visite ainsi les souliers de toute la communauté et fuit avec un énorme butin. Challes prétend que cette histoire en resta là; les jésuites préférèrent perdre leurs diamants plutôt que leur réputation.

Le retour ne fut pas aussi heureux que l'allée, car l'équipage fut souvent décimé par la fièvre et les diverses maladies auxquelles sont sujets les marins. Challes voyait la moitié de l'équipage mourir sous ses yeux sans craindre la mort. Il fut cependant atteint à son tour et il se traita sans médecin, ni apothicaire, comme il avait traité son domestique:

« J'ai lu les Mémoires de M. de Bassompierre, et me suis servi de son remède allemand, c'est-à-dire qu'hier au soir, sans en rien dire à qui que ce soit, je vuidai moi seul quatre bouteilles de vin de Grave et en bus plus de cinq pintes mesure de Paris, sans rien manger du tout. J'ai sué, vomi et dormi comme un porc : je suis bien foible et j'ai la tête entre deux marteaux ; mais je n'ai point eu de fièvre. Je donne ceci au changement de climats qui dérangent la machine. »

En arrivant au Fort-Royal, en juillet 1691, Challes apprit la mort de son protecteur M. de Seignelai :

« Que devins-je ? je ne puis encore l'exprimer. Je ne comptai pour rien l'espérance perdue de ma fortune, que j'avois fondée sur ses bontés pour moi. Je ne regrette que lui, et la perte que la France faisoit d'un homme qui commençoit à suivre les traces du grand Colbert, son père, seul et unique ministre qui ait véritablement connu de quelle utilité le commerce étoit à la France. »

Des ennemis se dressent : on est jaloux des distinctions et de la haute position que Challes a sur l'escadre, on le dénonce, mais il connaît l'homme :

« Le lendemain l'un des deux m'insulta à l'embarquement de la chaloupe de *l'Écueil*, qu'il vouloit commander, quoiqu'il ne fût pas du vaisseau. Je ne le souffris pas. Il mit l'épée à la main, et moi aussi : il ne s'en est pas bien tiré, puisque tout blessé qu'il est au bras, il a été mis aux arrêts jusques à avant-hier au soir, et n'en est sorti que parce qu'il a fallu partir. S'il n'est pas content, la corde est au puits. Mais pour l'autre, quand je devrois me pendre, si je le trouve sur le pavé du roi, il n'en sera pas quitte à si bon marché, ou il sera plus méchant que moi. »

C'est à dater de cette époque que se termine la vie de voyages de Challes, auquel j'ai cru devoir ajouter le titre d'*aventurier*, sans y attacher d'intentions blessantes. On a pu voir par les nombreuses citations découpées à dessein dans le *Voyage aux Indes orientales*, le caractère pétulant, plein de bon sens, curieux et chercheur de l'homme que je tâche de mettre en lumière, croyant de bonne foi que la postérité s'est trompée à son égard. Il est nécessaire maintenant de le suivre dans sa carrière d'auteur et de gazetier, période peu éclairée de la vie des écrivains à cette époque.

III

LE JOURNALISME A LA FIN DU DIX-SEPTIÈME SIÈCLE

Rendu à la vie civile, sans protecteur désormais, trop fier sans doute pour s'en créer de nouveau, arrivé à un âge où ses aventures passées se dessinaient plus clairement dans son esprit, Challes, ainsi qu'il est arrivé à beaucoup d'autres qui ne sauraient faire autre chose, demanda des ressources à sa plume. Il se fit auteur et publia *les Illustres Françoises* en leur adjoignant un sous-titre très-développé, comme il était de mode, afin de piquer la curiosité des lecteurs : « LES ILLUSTRES FRANÇOISES, *Histoires véritables; où l'on trouve, dans des caractères particuliers et fort différents, un grand nombre d'exemples rares et extraordinaires, des belles manières, de la politesse et de la galanterie des personnes de l'un et de l'autre sexe de notre nation : imprimé à la Haïe, chez Abraham de Nondt, en 1713, en 2 volumes, in-12.* » On ignore complétement quelle fut la vie de Challes, de 1691, époque de son débarquement des Indes, à l'année 1713, où il mit au jour les deux volumes qui devront un jour figurer en belle place dans l'histoire des romans. Le métier d'auteur, qui demande près de quinze ans à notre époque avant de conduire à une certaine réputation, devait être excessivement pénible à la fin du dix-septième siècle. Le roman ne pénétrait pas alors dans toutes les classes de la société ; les acheteurs étaient rares, les libraires plus rares encore, le salaire de l'écrivain minime ; avec cette intolérance de langage, cet emportement, ce bon sens, cette franchise qui distinguent Challes, il est facile de s'imaginer quel trouble il dut jeter dans la république des lettres, quelles colères il excita dans les cénacles littéraires, quel ressentiment il eut à supporter de la part de ses confrères.

« Je laisse aller ma plume comme elle veut, » écrit-il quelque part : il pouvait en dire autant de sa langue. On n'a nulle trace de sa liaison avec des écrivains de son temps ; mais, le fait est certain, un homme de lettres n'a jamais vécu entièrement séparé de ses confrères, du moins pendant les deux tiers de sa carrière : cela tient au métier. Le misanthrope Jean-Jacques ne se condamna à l'isolement qu'à la fin de sa vie. Je rencontrai un jour en chemin de fer deux maçons qui discutaient beaucoup sur le *crépit* d'une maison près de laquelle le convoi s'arrêtait. Ils admiraient ce crépit et se demandaient quel était l'habile ouvrier qui en était l'auteur. Cela me fit sourire d'abord, et, en reportant mes idées sur le Paris littéraire, je trouvai que les écrivains agissent également comme les maçons, s'inquiétant perpétuellement de leur art et y consacrant les trois quarts de leur parole.

Challes ne cite qu'un homme de lettres avec lequel il avait été en relations, et il n'en parle guère que pour dire *qu'il a beaucoup bu et mangé avec lui,* c'est Saint-Évremond, qu'il rencontra à Londres, où l'avait fait exiler une lettre satirique contre le cardinal Mazarin.

A l'acharnement qu'il apporte contre l'abbé de Choisy toutes les fois que l'occasion s'en présente, il est présumable que Challes se rencontra avec cet excentrique abbé, ce Casanova en jupon, qui se plut à jouer le rôle d'hermaphrodite une partie de sa vie; mais je ne crois pas que l'abbé de Choisy ait jamais prononcé le nom de Challes dans ses nombreux écrits.

Il est fâcheux qu'on n'ait pas plus de renseignements sur les rapports entre les auteurs français et les imprimeurs et libraires de la Hollande; cependant j'ai trouvé dans le *Journal littéraire de la Haye,* qui commençait à l'époque où se publiait le roman de Challes, un article de critique très-remarquable sur son livre :

« Quoique l'amour ait fourni aux Grecs la matière de leurs poëmes, aux Arabes celle de leurs contes, aux Espagnols celle de leurs nouvelles, aux Gaulois celle de leurs fabliaux, aux François celle de leurs romans et de leurs historiettes; quoiqu'il soit d'ailleurs la cause de la plupart des enivrements qui composent toutes les histoires du monde; l'amour, inépuisable dans les ressources qu'il a pour varier la scène, fait naître tous les jours de nouvelles aventures, et trouve aussi tous les jours de nouveaux historiens pour les publier.

» Le livre des *Illustres Françoises* contient sept *histoires* dont la lecture peut extrêmement attacher ceux qui aiment à s'instruire des anecdotes de la galanterie. L'on peut juger combien les aventures en sont intéressantes, combien les incidents en sont touchants, par la pitié, la tendresse et la surprise qu'elles causent et par l'émotion générale qu'elles laissent.

» L'auteur a pourtant négligé le tour ordinaire des romans, et son stile péche même quelquefois contre l'exactitude et la noble simplicité du stile familier. J'en suis d'autant plus surpris qu'il s'attend bien qu'on le chicanera sur cet article, et qu'il croit même que, pour cette raison, quelques lecteurs condamneront tout l'ouvrage. Il est vrai qu'il s'excuse *sur ce que la naïveté de l'histoire a voulu cela pour la plus grande partie.* Il ajoute que s'il avoit écrit des *fables*, il auroit été le maître des incidents, qu'il auroit tournés comme il auroit voulu; mais que ce sont des *vérités* qui ont leurs règles toutes contraires à celles des romans; qu'il a écrit comme il auroit parlé dans un stile purement naturel et familier; qu'il espère néanmoins qu'il n'écorchera point les oreilles délicates et qu'il n'ennuiera pas le lecteur. Il convient aussi qu'il y a des *fautes d'anachronisme,* mais qu'il les *a faites exprès pour détourner d'autant plus les curieux des idées que la lecture de ces* Histoires *pouvoit leur donner.* Les noms propres qu'on y trouve sont des noms françois, connus surtout à Paris; mais, dès le commencement de sa *Préface,* l'auteur avertit *les curieux qui voudront déterrer les noms de ses héros et de ses héroïnes qu'ils prendront une peine fort inutile, et qu'il ne sait pas luimême quels ils étoient, ou quels ils sont, ceci n'étant que des* histoires *différentes qu'il a entendu raconter en différents temps, et qu'il a mises en écrit à ses heures perdues;* ce que l'on doit croire avec d'autant plus de raison que la manière de conter de cet historien fait fort bien voir que la ville et la cour lui sont moins connues que la province, outre que le tour et le stile, comme nous l'avons déjà remarqué, n'affectent point les termes du roman. Il veut bien toutefois qu'on appelle de ce nom cet ouvrage;

Mon roman et *mes* histoires, *comme on voudra les appeler*, dit-il, *tendent à une morale plus naturelle et plus chrétienne* que les romans ordinaires, *puisque, par des* faits certains, *on y voit établie une partie du commerce de la vie*. Il prétend sans doute que, de ces *faits*, on doive tirer des réflexions pour la correction des mœurs. C'est ainsi qu'on doit faire de toutes sortes de lectures, et surtout de celles de cette espèce d'ouvrages, qui sont fort propres à échauffer l'imagination et à séduire le cœur, si on les lit dans cette vue, et fort capables d'émouvoir agréablement l'âme et de la former pour le commerce du monde, si on en accompagne la lecture de bonnes réflexions.

» L'historien avoue, comme il est vrai, que le commencement de son histoire est un peu embrouillé pendant cinq ou six feuillets; et la raison qu'il en donne est, qu'*il a suivi, pour la liaison de ses histoires, la première idée qui lui est venue dans l'esprit, sans s'appliquer à inventer une économie de roman*. Quelqu'un, jaloux du respect qu'on doit au public, attaqueroit l'auteur sur cette excuse, et l'assureroit fort qu'un homme *qui, de bonne volonté, donne un livre au public, ne doit point suivre la première idée qui lui vient dans l'esprit*, mais chercher, en conservant la vérité, l'idée qui peut mieux faire entrer son lecteur dans ses matières. Il mérite, toutefois, qu'on lui pardonne cette négligence; parce qu'il est vrai que, l'obscurité dont il parle, ne se répand pas sur ce qui suit, où il n'y a rien d'obscur ni d'embrouillé.

» On voit dans la première histoire le caractère de deux amants, sages autant qu'amoureux, attendre du temps l'accomplissement de leurs désirs, sans abuser de l'occasion qu'ils avoient pour les satisfaire. Et ce ne sera pas sans plaisir qu'on apprendra la conduite d'un père, homme d'esprit, qui ménage leurs inclinations en s'y opposant, et qui unit enfin ces deux amants en quittant la vie. Il est vrai qu'il y a une action dans la conduite de cet homme, qui ne paroît point de son caractère. L'auteur auroit dû ou la supprimer ou la changer. Si toutefois l'exactitude et la vérité l'ont obligé de ne les point passer sous silence, souvenons-nous que le premier fonds de notre nature est la fragilité et l'inconstance, et qu'il n'y a point d'homme d'une conduite si suivie, qu'il ne s'en écarte quelquefois, même à son propre étonnement.

» La seconde histoire nous donne un bel exemple de ce que peut la beauté et le mérite dans une fille, et de ce que peut un amour sincère et de bonnes manières dans un amant. D'un côté, la maîtresse, quoique d'une basse naissance, parvient au mariage d'un homme d'une distinction très-considérable. De l'autre, l'amant ne gagne pas seulement le cœur de cette belle, mais encore dispose si bien sa propre mère, que malgré son ambition, elle est touchée par la bonté du choix, et approuve un mariage si disproportionné, jusqu'à en faire dans la suite tout son plaisir.

» On ne peut lire la troisième histoire sans être animé de haine et de courroux contre la cruauté d'un père; sans s'intéresser extrêmement à la sincérité du cœur et à la constance de deux amants; et sans participer avec émotion et avec plaisir à l'aventure qui les unit malgré l'envie. Il y a certaines expressions et quelques détails dans cette histoire, comme dans presque toutes les autres, qui pourront être simplement condamnées par les femmes raisonnables, et qui pourront, devant le monde, faire jeter le livre aux fausses prudes.

» La quatrième de ces histoires nous donne l'exemple d'une fille amoureuse, qui ne met point de bornes à sa passion, et qui, par des moyens aussi violents que criminels, oblige son amant à prendre un parti qui puisse le conduire à la potence. Mais cet excès, tout condamnable qu'il est dans cette belle, se trouve réparé par la fermeté de sa conduite. Sa réputation déniée est rétablie avec honneur; et l'histoire a raison de dire qu'*une fille qui a eu de la foiblesse pour un amant, doit, pour son honneur, soutenir son engagement toute sa vie; n'y aïant que sa constance qui puisse faire oublier sa fragilité.*

» La cinquième histoire donne une preuve funeste que l'ambition et l'intérêt sont capables de détruire les plus tendres sentiments de l'humanité. Un père contre un fils, une mère contre sa fille se portent à des cruautés qui font horreur à la nature. L'âme du lecteur, pleine d'indignation et de colère, ne sent ses passions que s'augmenter par la pitié qu'inspire la fin de cette aventure déplorable.

» Celle qui suit n'est pas moins tragique. Elle nous paroît, autant qu'aucune autre de ces deux volumes, propre à fournir d'utiles réflexions. On y trouvera un exemple remarquable de la malice du cœur de l'homme. On y apprendra combien l'on doit se garder de condamner son prochain sur des points même très-circonstanciés et pour ainsi dire prouvés. L'on y verra l'extrême tendresse d'un amant, après avoir causé son bonheur, faire le plus cruel malheur de sa vie. L'on y connoîtra que la fureur et la rage la plus violente est celle qui est causée par un amour extrême et outragé. L'on y admirera la sincérité, l'esprit, la générosité, la tendresse parfaite et la noblesse des sentiments de Sylvie de Buringe, héroïne de cette histoire. Plein de respect, d'estime et d'admiration pour elle, on n'entendra qu'avec une surprise extrême l'infidélité où son mari la surprend; et, malgré cette faute, l'on sera d'autant plus sensible à ses malheurs que son caractère, en tout admirable, ramène aux premiers sentiments d'estime et d'admiration, qu'on avoit conçus pour elle. Caractère vraiment héroïque et des plus touchants que j'aie jamais vus.

» La septième histoire, fort inférieure à toutes les autres, est le récit de tous les tours d'un libertin. On ne trouve pas ce récit trop bien à la suite du précédent, à moins qu'on ne le considère comme une fable à la suite d'une tragédie. Cette histoire, toutefois, peut avoir beaucoup d'utilité. Le caractère du conteur qu'on y fait parler est si scélérat à l'égard des femmes, que celles qui s'en instruiront pourroient en tirer de justes sujets de méfiance, pour se garder de la fourberie de leurs amants, si lorsque le cœur est pris la réflexion pouvoit conserver le reste.

» Il est fâcheux que dans ce livre, fort bon en son espèce, l'auteur ait répandu quelques idées de superstition qui peuvent en imposer à la foiblesse de plusieurs personnes. Tel est peut-être ce qu'il dit touchant les alliances que l'on contracte en tenant un enfant sur les fonds de baptême. Tel est encore ce qu'il rapporte des secrets de Galouïn pour se faire aimer des femmes, et de la prédiction de la mort de cet homme.

» L'auteur promet une suite à ses histoires, s'il apprend que ces volumes aient été bien reçus du public : il a même laissé des pierres d'attente. Ceux qui aiment ces sortes de lectures, lui seroient obligés s'il continuoit son ouvrage; mais nous apprenons que le manuscrit de ces histoires est si vieux, qu'il y a lieu de présumer que l'auteur n'est plus en état d'en faire. »

Certainement cette critique vaut beaucoup de critiques de nos gazettes actuelles : elle est sérieusement faite, analyse consciencieusement chacune des Nouvelles de l'auteur et donne une idée des Revues de l'étranger, car cette *Gazette littéraire de la Haye* est une véritable Revue, paraissant deux fois par mois en 1 volume in-12, comportant beaucoup de matières.

Cependant je doute fort que l'article en question ait été spontané et que le critique l'ait rédigé sans connaître l'homme. N'oublions pas que la première édition des *Illustres Françoises* était imprimée à la Haye et que la *Gazette littéraire* se publiait dans la même ville; motifs qui donnent à croire que Challes avait dû avoir quelques rapports avec les journalistes du lieu.

Quoique tout cela soit difficile à démêler, il existe heureusement une réponse de Challes à cet article, car on a rarement vu un auteur entièrement satisfait d'une critique. Le dernier paragraphe avait surtout blessé l'aventurier, que le rédacteur traitait un peu légèrement d'homme incapable, par son âge, d'écrire à l'avenir de pareilles nouvelles, et voici la réponse qu'il y fit :

« Voilà, Messieurs, une très-fausse présomption et qui ne me plaît nullement. Franchement je n'aime point qu'on *présume* ma mort, encore moins qu'on me la pronostique... Je suis, grâce à Dieu, en très-bonne santé, et sans aucune envie de faire si tôt le vilain voïage de l'autre monde. Si le manuscrit paroît vieux, c'est que le fripon qui l'a donné au libraire, l'a fait passer par tant de mains, que dans sa course, il a contracté un air de vieillesse, dont son auteur est encore exempt, et ce sera encore longtemps suivant le cours ordinaire de la nature... »

Prosper Marchand dit qu'à propos de cette lettre, Challes entra en relation avec les journalistes et devint depuis un de leurs principaux correspondants. J'ai cherché avec un grand soin dans les collections de la *Gazette littéraire de la Haye*, pensant y rencontrer quelques critiques de romans nouveaux, et curieux de voir Challes y exposer ses doctrines littéraires, mais je n'ai trouvé que des comptes rendus d'ouvrages de discussions religieuses, d'après lesquels je n'oserais affirmer reconnaître la manière de Challes.

Il traduisit un volume du *Don Quichotte* de l'édition de Filleau de Saint-Martin, ceci est constaté par deux fragments de correspondance extraits d'un assez grand nombre de lettres que l'aventurier écrivait aux libraires de Hollande, de l'année 1714 à 1718 :

« Il semble qu'il soit de ma destinée qu'on me vole tous mes manuscrits. Un sixième tome de *Don Guichotte* a été imprimé à Lyon chez Thomas Amaubry... Je le réclame. Il est mis sous le nom de M. *Saint-Martin*. Or, je puis vous assurer que ce

M. de Saint-Martin, tel soit-il, est un archifourbe, qui n'a rien mis à l'ouvrage du sien, que des impertinences et des manques de bon-sens. . . . .

» Je crois qu'il m'est permis de me plaindre publiquement d'un pareil rapt; et j'en demande en un coin du *Mercure* acte public : *Intelligentibus pauca.*

» ... Je suis si choqué de ce *sixième tome*, que je déclarerois mon nom, plutôt que d'en laisser l'honneur au sieur de Saint-Martin. »

Querelle littéraire assez obscure, qui ne pouvait être expliquée que par Prosper Marchand, possesseur des correspondances de Challes, et qui n'en a pas fait un emploi très-intelligent. Il avoue bien dans une note qu'il croit que les tomes V et VI ne sont pas de la main de M. Filleau de Saint-Martin, mais il ne soutient pas assez les droits de Challes qui, dans ses lettres de 1718, doit être assez malheureux, aux gages des libraires, leur victime, et qui s'en va finir misérablement à Chartres.

A part les *Illustres Françoises* et ce volume de *Don Quichotte*, Challes ne publia plus rien de son vivant: Le *Journal d'un voyage aux Indes orientales* ne parut qu'après sa mort et sans nom d'auteur. La préface, datée de Rouen, du 15 mars 1721, annonce que cet ouvrage a été trouvé manuscrit dans le cabinet de l'auteur, après sa mort. Le rédacteur anonyme du court avertissement qui précède ce journal de voyage, signale l'auteur comme dégagé des préjugés vulgaires, bon catholique romain, mais ne pouvant souffrir la persécution et voulant qu'on laissât à chacun sa liberté de conscience.

Dans une lettre du 8 septembre 1718, Challes reconnaît lui-même qu'il a passé ou plutôt voltigé de place en place, ajoutant que sa sincérité a dérangé sa fortune de toutes parts. Est-ce de là que vint cet exil mystérieux sur lequel les détails manquent et qui relégua l'aventurier en province, où il mourut ignoré?

Prosper Marchand, lui-même, éclaircit à peine la question : « Se déchaînant, dit-il, particulièrement contre les moines et les ecclésiastiques, et surtout contre la constitution et ses défenseurs, ce fut fort probablement par quelqu'une de ses saillies imprudentes ou indiscrètes qu'il se fit enfin chasser de Paris et reléguer à Chartres, où il vivoit assez mesquinement en 1719 ou 1720. C'est là tout ce qu'on sait avec quelque certitude touchant la personne de M. de Challes. »

Challes avait écrit un livre intitulé les *Tablettes chronologiques*, qui resta manuscrit et qui est perdu aujourd'hui ; mais ce livre n'eût pas ajouté un fleuron de plus à sa couronne, à en juger par l'aperçu qu'il en donne dans une de ses lettres :

« Cet Ouvrage auquel j'ai apporté toute l'application dont je suis capable, et qui m'a coûté, outre le temps, une infinité de visites dans les bibliothèques de Paris, est un raccourci de ce qui s'est passé depuis la naissance de Jésus-Christ jusques à l'année 1702. Tous les princes, qui ont régné, y sont nommés. Le plan de M. Marcel y est suivi et corrigé dans les endroits où il s'est trompé ; et je crois que la chronologie y est très-exacte. J'y traite de l'empire romain jusques à la mort de Théodose. Je le divise pour lors en empire d'Orient et d'Occident, sous Honorius et Arcadius, ses enfants : et cela me sert d'époque, parce que ces deux empires ne se sont pas réunis depuis. Je fais voir la perte de l'empire grec, que je conduis jusques à 1453, que Mahomet II s'empara de Constantinople. J'en fais voir les causes, et le concile de Constance n'y est pas épargné. Je reviens à l'empire romain ou d'Occident et fais voir pourquoi et comment les papes, de simples évêques, vassaux, domestiques et dépendants des empereurs, sont effectivement devenus empereurs eux-mêmes, et sont encore actuellement assis sur le trône des Césars, aussi bien que sur la chaire de saint Pierre. Grégoire VII et Mathilde y sont peints d'un crayon fidèle. Je fais voir... le malheur qui est arrivé à la France d'avoir retiré chez elle des pestes aussi dangereuses que la cour de Rome et des prélats ambitieux; et que, c'est ce qui a produit mille infâmes monopoles, qui ont défiguré l'Église gallicane. J'y fais voir d'où viennent les richesses de l'église, et l'indigne abus qu'en font ceux qui en jouissent. J'y fais voir ce que c'est que l'excommunication. En un mot, j'y développe toute la cour de Rome et ses maximes. »

A la suite de ce pamphlet, il faut encore citer une brochure heureusement inédite, et qui ne pouvait que nuire à la réputation de Challes. D'après le petit fragment que le libraire Marchand en donne, on sent déjà les journalistes corrompus et libertins du dix-huitième siècle, tels que le sieur Chevrier, auteur du *Colporteur :*

« Un libraire, dit Prosper Marchand, me montra un jour un autre manuscrit, que je reconnus pour être très-certainement de même écriture que le *Journal du Voyage aux Indes orientales*, mais dont je ne saurois me rappeler le titre, ni même assurer s'il en avoit effectivement un. Tout ce que j'en puis dire est que c'étoit une espèce de chronique scandaleuse de quantité de familles de Paris, parmi lesquelles celles des financiers, partisans, maltotiers, etc., n'étoient nullement oubliées. Je me souviens très-distinctement, entre autres choses, qu'on y attribuoit le nom et l'origine des fameux DES CHIENS au commerce d'un chien avec une créature, servante ou fille de chambre d'un sous-fermier ; et qu'on ajoutoit qu'ils conservoient tous les uns plus, les autres moins, les tournoïements des chiens, avant que de se poser ou s'asseoir. J'empêchai ce libraire de se charger de l'impression d'un pareil ouvrage, qui fut rendu à l'entremetteur qui le proposoit et renvoïé à Paris. »

« Challes étoit un des correspondants des premiers *journalistes littéraires de la Haïe*, pour les *nouvelles littéraires de France* qu'ils employoient dans leur *Journal* : et si les *lettres* qu'il leur écrivoit, qui sont très-agréables, et qui se trouvent entre mes mains, comme étant le seul qui reste de la plus ancienne et primitive Société du *Journal littéraire*, si ces *lettres* étoient en assez grand nombre pour composer un volume, ce seroit un septième et dernier ouvrage connu de l'auteur des *Illustres Françoises*. »

Ainsi, tel que nous le montre Prosper Marchand, Challes, dans la littérature, fit un peu de tout, et dissipa son talent comme il avait dissipé sa vie. Romancier, gazetier, et même un peu pamphlétaire, on ne sait pas au juste l'année de sa mort.

L'aventurier ne vécut pas assez longtemps pour jouir du succès des *Illustres Françoises*, qui furent réimprimées diverses fois, et même avec des additions d'histoires nouvelles [1].

---

[1] Voici une petite bibliographie des diverses éditions des *Illustres Françoises* : les *Illustres Françoises, histoires véritables*, par Challes. La Haye, 1713, 2 vol in-12 ; 1721, 1723, 3 vol. in-12 ; Utrecht, 1737 ; la Haye (Paris), 1748, 4 vol. in-12. Cette liste, donnée par Barbier dans son *Dictionnaire des ouvrages anonymes*, est incomplète ; il y a eu d'autres réimpressions, témoin la mienne, datée de Lille, 1780, 4 vol. in-12. Je possède encore une jolie édition d'Amsterdam, donnée par Marc Michel Rey, en M.DCC.XLVIII, 4 vol. in-12, avec figures.

IV

DE LA RÉALITÉ DANS L'ART

Challes dut la majeure partie de son talent à l'observation de la nature : les *Illustres Françoises*, par la monotonie du cadre, le prouvent à chaque ligne. Ce n'était pas un romancier : c'était un homme spirituel qui avait plutôt vu qu'entendu ; qui avait joué un rôle actif dans le drame de la vie, et qui descendait un moment du théâtre et se faisait souffleur, pour ainsi dire. Il devint auteur par rencontre ; mais, comme il avait souffert de l'amour, il n'eut qu'à presser son cœur et à l'égoutter comme une éponge dans son encrier, et sa plume courait presque toute seule sur le papier, trouvant, dans un laisser-aller plein d'une négligence charmante, l'art que les romanciers savants n'acquièrent qu'à force de difficultés.

L'art se donne momentanément à des esprits sans culture, mais de bon sens, qui peuvent s'en servir une fois et pas plus ; c'est ainsi qu'un général, au bout de sa carrière active, se console de sa vieillesse et peut écrire un livre remarquable, pourvu toutefois que l'auteur se tienne dans une simplicité absolue, et ne raconte exactement que ce qu'il a vu. Les esprits distingués les plus difficiles tombent souvent en admiration devant des pages écrites par un homme ami de la vérité, quoiqu'il n'ait jamais cultivé les lettres ; mais ce militaire, qui publie tout à coup des mémoires si remarquables, est incapable de faire un autre livre, car le plus souvent il a donné tout ce qu'il avait en lui : du jour où il voudra inventer un drame, agencer une action, faire causer des personnages, leur donner la vie, il ne le pourra pas et tombera dans la platitude.

Tandis qu'un grand esprit qui aura passé sa vie en recherches, qui aura abordé des genres quelquefois très-opposés, la poésie, le roman historique, est capable d'arriver à des récits aussi simples, aussi sobrement conçus que ceux du général. Nous avons un exemple de ces efforts dans *Servitude et grandeur militaires*, de M. le comte Alfred de Vigny. Certes l'auteur du poëme d'*Eloa*, du drame de *Chatterton*, est loin d'avoir cherché dans l'observation de la nature ses sujets et ses héros un peu factices : cependant la littérature contemporaine lui devra un de ses plus beaux livres, *Servitude et grandeur militaires*, créé par l'auteur dans sa maturité, à une époque où il comprenait la puissance de la Réalité dans le roman ; mais M. de Vigny ne revint au naturel qu'à force d'art, tandis que Challes et certains auteurs ont trouvé en eux cette qualité au début, et l'ont appliquée sans être gênés par les doutes cruels qui assiégent l'homme à demi savant.

Quoique nourri d'excellente littérature (on a vu Challes sur le vaisseau lisant les meilleurs auteurs de l'antiquité et du dix-septième siècle), l'auteur des *Illustres Françoises* était un ignorant. Je vais essayer de faire comprendre cette précieuse *ignorance* à laquelle nous devons de remarquables Nouvelles. Un des caractères du génie est une grande fécondité. L'homme de génie n'arrive à une œuvre remarquable qu'après des essais nombreux, car il est bien rare que du premier coup il publie un livre puissant reconnu pour tel par le public. Seules les médiocrités, profitant des courants littéraires d'une époque, donnent quelquefois dans une extrême jeunesse, à la fleur de leurs vingt ans, une tragédie si l'époque est aux tragédies, un sonnet si le vent souffle des sonnets, un roman si la tendance est au roman : tragédies, sonnets, romans, qui poussent sans efforts dans de jeunes cerveaux imprégnés dès le collége des modes et des lectures de l'époque, peuvent obtenir un certain succès momentané auprès des nombreuses médiocrités qui forment la masse. Cinq ans après on n'en parle plus. Au contraire, l'homme de génie lutte sans cesse contre lui-même : il a tout un chaos à débrouiller, il enfante sans cesse des avortons, et ce n'est qu'après des travaux pénibles, des créations entassées les unes sur les autres, qu'il arrive enfin à entrevoir une clarté qui le réjouit autant qu'un voyageur égaré dans une forêt. L'homme le plus puissant de la première moitié du dix-neuvième siècle, M. de Balzac, servira de type à ces travailleurs obstinés. Une fois dans la voie, ces hommes ne peuvent plus s'arrêter, même quand ils ont produit un chef-d'œuvre. Le génie naît de la lutte : les contemporains s'acharnent après l'homme ; l'eunuque des sociétés modernes, le critique, bien plus triste encore que le castrat italien (car il est dépouillé de la faculté de créer et il ne sait pas chanter), le critique se présente et démontre à l'homme de génie que son œuvre est pleine de fautes : si l'auteur a une forte imagination, le critique se fâche de cette exubérance ; si l'auteur se contente de peindre des faits positifs, le critique l'accuse d'être terre à terre ; l'auteur décrit des mœurs de campagne, le critique se plaint qu'on mette des paysans en scène ; l'auteur peint les courtisanes modernes, le critique le blâme de ne pas s'occuper des gens du monde ; l'auteur met en scène des duchesses corrompues, le critique prétend qu'il n'existe pas de corruption dans les hautes classes. Tout ce qui est noir, le critique le voudrait blanc, et tout ce qui est blanc, noir ; à chaque affirmation le critique répond par une négation. L'homme de génie passe ainsi sa vie mordu jusqu'au sang par cette vilaine bête se nourrissant de ses tourments, cet acarus, qu'aucun médecin ne saurait enlever. Emporté et ne trouvant aucun moment de repos, le chercheur voit toujours l'idéal reculer, et il entasse créations sur créations, progressant sans cesse, n'étant jamais satisfait, et tombant un jour de fatigue pour ne plus se relever. Alors seulement, au dernier jour de la lutte, il est délivré du critique-acarus, qui va se loger dans un autre corps vivant pour y chercher sa pâture.

C'est ainsi que s'expliquent les nombreuses créations des hommes de génie, tandis que celui qui se repose après avoir produit un seul livre, peut avoir donné une certaine somme d'idées, mais ou il a manqué de courage, ou la mort est venue le surprendre de bonne heure. Challes n'eut pas la fécondité, signe des grands talents. Il ne produisit qu'un roman, et la preuve qu'il le produisit au hasard, c'est qu'il continua d'écrire, et que, malgré sa promesse de continuer sa série de Nouvelles, il en resta là, se contentant et croyant trouver un gagne-pain à l'aide de travaux historiques et critiques. Je me rends compte de la difficulté de publier des romans à cette époque : le fait est prouvé par cette lettre en réponse aux gazetiers de la Haye, lettre dans laquelle Challes explique les voyages de son manuscrit, les nombreux retards apportés à la publication des *Illustres Françoises;* mais ces difficultés ont existé de tous les temps, même aujourd'hui, où le développement de la presse pourrait faire croire que la littérature se place avec une extrême facilité. L'histoire des voyages d'un manuscrit dans le monde des journaux et des gazettes serait une histoire incroyable pour les lecteurs qui ne se doutent pas de l'intérieur des cuisines littéraires.

Quelques années d'ailleurs après la mort de Challes, l'abbé Prévost d'Exiles, autre aventurier, gazetier, romancier, traducteur, roulant sa misère en Angleterre, en Hollande et par tous pays, trouvait à peu près les mêmes difficultés et n'en publiait pas moins de grandes quantités d'ouvrages.

Ainsi je crois avoir prouvé que Challes fut un romancier par hasard, ignorant dans son art, n'ayant pas une vocation assurée, car il eût laissé d'autres Nouvelles que les *Illustres Françoises*. Dans sa préface, l'auteur demande grâce de n'avoir pas « inventé une économie de roman, » et il annonce qu'il ne conte que des histoires véritables. Je le crois sans peine, et on ne saurait trop lui savoir gré de n'avoir rien inventé, car il ne s'en serait pas tiré.

Il reste à connaître de qui l'auteur procédait; car, quoique entièrement original, le livre des *Illustres Françoises* ne saurait être détaché des œuvres de l'époque. La première partie de *Gil Blas* fut publiée en 1715, c'est-à-dire deux ans après la publication des *Illustres Françoises*. Challes ne doit donc rien à le Sage, qui, d'ailleurs, enveloppa son roman d'une cape espagnole. A mon sens, Challes est le premier qui ait employé la Réalité absolue dans le roman : tous ses personnages sont des petits nobles et des bourgeoises du temps; ils parlent le langage de leur époque, ils portent des noms de la fin du dix-septième siècle; enfin, ils donnent une peinture fidèle des mœurs d'alors. On ne sait pas assez quelle difficulté l'artiste trouve à donner de l'intérêt à des scènes de la vie habituelle, et la facilité, au contraire, qui attend le romancier n'employant dans son œuvre que des personnages d'une autre époque, d'un autre pays. Combien de gens se laissent prendre à des mannequins qui ont une toque sur la tête et une dague au côté! Voyez ces batailleurs du temps de Louis XIII; ils passent leur vie à se donner des coups d'épée; ils sont tués au second volume, ils reparaissent au troisième volume, ils ne meurent jamais, ils font des actions inouïes, et les lecteurs de cabinets de lecture s'enthousiasment pour ces ferrailleurs parce qu'ils s'appellent d'Artagnan, Porthos, etc. Des sentiments, ils n'en ont pas; des caractères, il en est à peine question; la réalité se sauve en baissant les yeux, l'histoire est traitée par-dessous la jambe; mais ce sont des *mousquetaires!* Tout est permis à l'auteur pourvu qu'il ne s'attaque pas à l'habit noir; car alors il ne s'agit plus de contes bleus, de coups d'épée, d'ogres et de gargantuas, d'actions impossibles, il est nécessaire de peindre des sentiments réels, des mœurs que chacun est à même d'observer; l'auteur est tenu d'étudier attentivement l'enchaînement des faits, de peindre des objets réels, et là est la difficulté de l'art moderne.

En fait d'inventions merveilleuses, les *Mille et une Nuits* seront toujours supérieures à ces romans à la douzaine. Aussi, toutes les fois qu'un homme sort de son époque pour aller déterrer ces vieux cadavres du passé et les habiller dans les friperies historiques, je suis toujours tenté de croire qu'il a une malheureuse faiblesse de regard, ou qu'il entre dans l'art avec une certaine charlatanerie. Il sait combien les galons, les plumets, les toques, les pourpoints, en imposent au gros public, et il travaille pour la foule, s'inquiétant peu de la durée de son œuvre et de la probité littéraire.

Challes fut préservé des fautes de cette mauvaise école par l'exemple de deux hommes qui avaient violemment lutté contre les romanciers à grand style, et que le public récompensa en faisant une fortune à leurs livres, surtout au *Francion*, roman qui n'eut pas moins de *soixante* éditions. Charles Sorel, aujourd'hui presque inconnu, quoiqu'il ait écrit un certain nombre de livres, fut un de ces gens timides et railleurs qui entreprit à lui seul une guerre de sarcasme contre l'*Astrée*, *Clélie*, *le Grand Cyrus*, *Cléopâtre*, et autres romans héroïques que la cour dévorait. Sorel fut un révolutionnaire ; le premier il écrivit pour la bourgeoisie ; il voulut élargir le cercle du roman en le faisant pénétrer dans les classes moyennes qui ne pouvaient s'intéresser à ces romans chevaleresques, héroïques, allégoriques et pastoraux, où la vie n'était représentée qu'habillée d'un manteau somptueux, et où les personnages parlaient un langage superbe et tendu. Le comique n'avait aucune part au milieu de ces belles passions chères à l'hôtel de Rambouillet.

J'admire le courage de ce Sorel, pauvre petit homme, malingre, travailleur solitaire et malicieux, qui travailla contre le mauvais goût de son époque, contre l'Académie, contre Balzac, contre Voiture, qui se moqua des *précieuses ridicules* avant Molière, et qui imprima *Isis* ou *le Berger extravagant*, où sont retracées les *impertinences* de la poésie et des romans. S'il avait été exclusivement critique, je ne parlerais pas de lui; mais le *Francion*, roman d'aventures, donne à son auteur une place parmi les créateurs. Il fut l'adversaire le plus enragé de la *société polie*, comme on disait alors, coterie qu'on retrouve encore aujourd'hui, qui a toujours à la bouche les mots de *goût*, de *convenances*, de *traditions*, etc., et qui, à l'aide de ces mots vagues, nie toute œuvre vivante et passionnée qui ne sort pas d'une plume noble. Après la révolution de 89, après la révolution de juillet, après la révolution de février, on a vu paraître des recueils où les nobles seuls pouvaient écrire, persuadés qu'ils gardaient en eux de pieuses étincelles du grand style et des sentiments chevaleresques. Faut-il s'étonner de la conspiration du silence qui enveloppa le *Francion* conçu en dehors de toutes règles, roman que la noblesse traitait d'*abject* et de *bas*, parce qu'il se plaisait à retracer des scènes de la vie commune! On passa plus tard à Scarron le *Roman comique*, parce que, malgré la réalité plaisante de ses aventures, les héros appartenaient à une classe à part, celle des comédiens de province, et qu'on admettait que de tels êtres prêtaient au grotesque. Sorel ne se contentait pas de peindre les ridicules de la bourgeoisie, il se moquait de la noblesse.

Il serait à désirer qu'un homme intelligent, en dehors de tout préjugé, pût dépenser quelques mois à faire une excellente étude de cet écrivain courageux et infatigable, qui se rua avec beaucoup de bonheur et d'esprit contre les travers de son temps.

Furetière ne publia que plus tard son *Roman bourgeois;* quoique je n'aie jamais puisé une grande joie dans la lecture de ce livre, il est important dans l'histoire du roman, car il fait connaître les bourgeois de cette époque, et il montre leurs vices et leurs ridicules. Furetière, lui aussi, est un esprit railleur, et il pousse l'impertinence jusqu'à se moquer des grands maîtres en description, qui empoisonnaient leurs livres de mots prétentieux :

« Encore il ne manqueroit pas de barbouiller cette description de mélopes, triglyphes, volutes, stilobates, et autres termes inconnus qu'il auroit trouvés dans les tables de Vitruve ou de Vignolles, pour faire accroire à beaucoup de gens qu'il seroit fort expert en architecture. C'est aussi ce qui rend les auteurs si friands de telles descriptions, qu'ils ne laissent passer aucune occasion d'en faire. »

On trouve, dans ces railleries contre leurs confrères, la preuve du mal que ces auteurs avaient à faire accepter leurs œuvres ; car Sorel a rarement laissé passer l'occasion de se moquer des écrivains de son époque, et, à son tour, il fut lui-même malmené par Furetière.

Un homme aimable s'étonnait un jour devant moi de la fureur qui pousse les écrivains à s'entre-déchirer, à faire entrer leurs querelles dans des livres où elles n'ont aucun sujet de se montrer, et à entretenir le public de leurs dissensions. Il n'y voyait aucun intérêt pour l'art, et il souhaitait, au contraire, que les écrivains pussent tous vivre en paix. Je lui répondis que les tourmentes littéraires venaient de loin, à commencer par Aristophane, et qu'elles tenaient trop à la nature humaine pour qu'il fût possible de les apaiser ; que, si les questions personnelles n'avaient aucune utilité, il en était autrement des discussions sincères, aussi vives qu'elles fussent ; et que de tout temps le public, qu'il y prît goût ou non, avait été obligé de subir les querelles des auteurs, même en plein théâtre, où Shakspeare et Molière ne s'en sont pas fait faute, et où Lope de Vega a jugé bon de se défendre et d'attaquer les *gongoristes* et les précieux de son temps. D'ailleurs, les auteurs agressifs qui mêlent la discussion à leurs œuvres, sont assez prudents pour percer au milieu de la grande rue où se passe leur drame, une petite impasse où se tiennent ces colloques littéraires. Le public, qui ne s'intéresse pas à ces questions, ne voit que l'action qui se passe dans la rue et ne fait pas attention à la scène isolée de la ruelle. Ces escarmouches entre les écrivains prouvent leur bonne foi ; ils tiennent à eux seuls l'instrument qui fait les réputations : ils pourraient s'encenser réciproquement (il y en a bien qui usent de ce système), mais on rencontre toujours une minorité fière de son indépendance, qui ne se soumet à aucune camaraderie, qui ne reconnaît ni les cénacles ni les congrégations, qui renverse les plans des endormeurs, et qui ne voit le salut de l'art que dans l'anarchie littéraire.

Challes profita, peut-être sans la connaître, de l'insurrection dirigée par Sorel et Furetière contre le parti du grand style, et il tint de son époque le don du naturel, comme le Sage, et après lui l'abbé Prévost, et après lui Diderot. J'insiste spécialement sur Diderot, qui posa complétement la Doctrine, et qui, non content de produire des œuvres dans ce sentiment, chanta toute sa vie des hymnes à la vérité. Qu'on approuve ou qu'on nie les mérites du beau livre de *Jacques le Fataliste*, le démon de la Réalité, qui tenait l'auteur du *Neveu de Rameau*, s'y montre sous les traits de l'hôtesse qui apparaît en maints endroits du récit, et le trouble suivant les allures capricieuses d'une conversation d'auberge.

Challes y allait plus simplement, d'une manière moins savante et moins positive. Il affirme seulement que les *Illustres Françoises* sont des histoires véritables, quoique les noms des héros aient été changés, ainsi que les lieux où se passent les drames.

« On ne verra point ici, dit-il dans sa préface, de braves à toute épreuve, ni d'incidents surprenants ; et cela, parce que tout en étant vrai ne peut être que naturel. J'ai affecté la simple vérité ; si j'avois voulu, j'aurois embelli le tout par des aventures de commande ; mais je n'ai rien voulu dire qui ne fût vrai. Tous les incidents en sont nouveaux, et de source : du moins il ne m'a point paru qu'ils aient été touchés par personne. »

Le daguerréotype n'était pas inventé au dix-septième siècle, et cette invention a manqué aux critiques d'alors, qui n'auraient pas manqué, à propos de sa déclaration, d'accuser Challes de se servir du daguerréotype pour rendre sa pensée. Aujourd'hui l'injure est à la mode. Qu'un écrivain étudie sérieusement la nature et s'essaye à faire entrer le plus de *Vrai* possible dans une création, on le compare à un daguerréotypeur. On n'admet pas que la vie habituelle puisse fournir un drame complet. Cette question s'est produite également dans la peinture, et, depuis une vingtaine d'années, elle est toujours pendante. J'étais entré un jour dans l'atelier d'un paysagiste qui n'a qu'un talent faux et médiocre : si cet artiste avait eu de la docilité et de la soumission, je me chargeais d'en faire un grand peintre en une heure. Toutes ses études d'après nature, accrochées au mur, étaient excellentes ; mais quand il rentrait dans l'atelier, assis à son chevalet, l'étude fixée près de sa toile, il perdait la tête. Il voulait arranger la nature, retrancher un bouquet d'arbres, mettre une prairie à la place, enlever une montagne qui coupait un horizon, changer la physionomie des nuages, leur donner des formes vagues quand ils étaient précis; il avait copié la nature le matin, quand le soleil est faible encore, et il donnait à son tableau la lumière d'une chaude après-midi, quelquefois la tranquillité du soir. Il *idéalisait* à sa manière, et beaucoup de gens admiraient cette *nature* mélancolique et fausse qui n'avait aucune signification aux yeux de ceux qui fréquentent les champs, qui savent que les herbes, les feuilles, les arbres, subissent des altérations particulières à chaque heure de la journée; que l'atmosphère change les formes des objets, comme le vent qui se joue dans un tremble en fait briller tout à coup les feuilles miroitantes.

Si cet homme avait reproduit la nature dans ses tableaux, telle qu'il la reproduisait dans ses esquisses, il eût pu devenir un peintre. J'entends les raisonnements ordinaires qui arrivent au galop : « Le daguerréotype en fait autant, c'est une machine; donc vous voulez faire du peintre une machine. » Si l'on ne me donne que des raisons semblables, je ne serais pas embarrassé de répondre.

La reproduction de la nature par l'homme ne sera jamais une *reproduction* ni une *imitation*, ce sera toujours une *interprétation*. Il est si difficile de s'entendre sur les mots, que je vais essayer de rendre ma pensée plus claire par des faits :

Dix daguerréotypeurs sont réunis dans la campagne et soumettent la nature à l'action de la lumière. A côté d'eux dix élèves en paysage copient également le même site. L'opération chimique terminée, les dix plaques sont comparées; elles rendent exactement le paysage sans aucune variation entre elles.

Au contraire, après deux ou trois heures de travail, les dix élèves (quoiqu'ils soient sous la direction d'un même maître, qu'ils aient subi ses principes bons ou mauvais), étalent leurs esquisses les unes à côté des autres. Pas une ne se ressemble.

Cependant tous les dix ont copié avec toute l'exactitude possible les mêmes arbres, la même prairie, la même colline. Il y a même de telles dissemblances que l'herbe des champs qui paraît *verte* à celui-ci, a été peinte *rousse* par celui-là; le site est riant et gai, quelques-uns l'ont vu mélancolique et sombre. A quoi tient cette différence? A ce que l'homme, quoi qu'il fasse pour se rendre l'esclave de la nature, est toujours emporté par son tempérament particulier qui le tient depuis les ongles jusqu'aux cheveux et qui le pousse à rendre la nature suivant l'impression qu'il en reçoit. Un chêne change de forme et de couleur pour l'homme sanguin et pour l'homme bilieux. Les objets ne se renversent pas dans l'œil du blond de la même manière que dans l'œil du brun. L'homme maigre n'éprouve pas devant la nature les mêmes sensations que l'homme gras.

Tandis que dix daguerréotypes étant braqués sur le même objet, les dix yeux de verre de la machine rendront dix fois le même objet sans la moindre variation de forme et de coloration.

Il est donc facile d'affirmer que l'homme, n'étant pas *machine*, ne peut rendre les objets *machinalement*. Subissant la loi de son *moi*, il ne peut que les interpréter. Donc, l'assimilation de l'homme à une machine exacte, est dépourvue de toute justesse. Je n'aurais pas puisé ma comparaison dans les arts du dessin, si malheureusement depuis trente ans, l'éducation n'avait été tournée du côté de la peinture, art inférieur, qui n'élève pas l'âme, qui n'apprend rien à l'esprit et qui subira, je l'espère, une réaction méritée par une popularité dangereuse; aussi vais-je rentrer toujours par des faits sur le terrain de la littérature où je n'ai que l'embarras du choix.

Diderot a laissé, entre autres chefs-d'œuvre que personne n'oserait nier, l'histoire qui a pour titre : *Ceci n'est pas un conte*, dans lequel se trouve l'épisode qu'on pourrait intituler : *Histoire de Mademoiselle de la Chaux*. De toutes les nouvelles courtes de la littérature française, celle-ci est la plus remarquable : il n'y a pas un mot à y ajouter, à y retrancher. Pour la majorité, cette nouvelle est un roman comme *Paul et Virginie* est un roman; et cependant Diderot n'a rien inventé, rien trouvé, rien imaginé, il n'a été que le copiste intelligent d'une passion malheureuse qui se jouait devant lui. Fort de son système, Diderot a poussé l'audace jusqu'à imprimer les véritables noms des acteurs : il s'était mis lui-même en scène et il en avait le droit, mais il y mettait l'infortunée Mademoiselle de la Chaux, le docteur le Camus, auteur de la *Médecine de l'esprit* (Paris, 1753), et il y montrait comme un traître, comme un ingrat monstrueux *Gardeil*, qui n'est pas un pseudonyme, et qui, malgré sa conduite infâme, mourut médecin à Toulouse le 15 avril 1808, à l'âge de quatre-vingt-deux ans.

Certes, je ne m'enthousiasme pas pour cette Réalité poussée à ses dernières limites, ce qui ferait qu'en vue de la vérité mal comprise, on poursuivrait sur la scène et dans le livre des citoyens qui doivent jouir du bénéfice de la vie privée. Mais je voulais montrer que, dans ce petit *chef-d'œuvre* admis de tous, Diderot, esprit plein d'invention, de feu et d'enthousiasme, n'avait eu qu'à étaler la nature dans quelques pages. Criera-t-on encore au daguerréotype? Oui, peut-être ceux qui liront ici ce fait peu connu, qui ne le connaissaient pas, auront la mauvaise foi de le dire; mais il y a trente ans que *Ceci n'est pas un conte* est reconnu comme un chef-d'œuvre, et les nullificateurs ennemis de la Réalité, ne pouvaient que le faire briller davantage en le niant.

J'ai souvent entendu dire en parlant d'un conte dont on voulait affaiblir la portée : *Nous connaissions cette histoire depuis longtemps*, ou *l'auteur n'a eu qu'à copier*. Ou bien encore : *C'est une histoire que l'auteur a entendu raconter*. On voulait par là diminuer le mérite de l'œuvre de l'écrivain, en donnant à entendre qu'il n'était pas inventeur et qu'il n'avait pas d'imagination.

Or je mets les amis et contemporains de Diderot en présence de Mademoiselle de la Chaux, et j'affirme que ni Grimm, ni Jean-Jacques, ni Voltaire n'eussent été capables de rendre cette histoire aussi dramatiquement que l'a fait Diderot en quelques pages. Qui sait même s'ils eussent été touchés de cette passion malheureuse d'une femme dévouée! qui sait s'ils l'eussent remarquée! Combien de gens éclairés vivent au milieu de drames domestiques sans s'en douter? Tous les jours il arrive dans notre vie des événements singuliers dont nous sommes touchés intérieurement, mais que nous ne songeons guère à transformer en romans ou en comédies. Le soldat assistant à la bataille est incapable de la raconter sur le papier. Diderot est un *inventeur* en écrivant la passion de Mademoiselle de la

Chaux et en laissant un chef-d'œuvre; car cent écrivains à sa place n'auraient peut-être pas été frappés par ce sujet. Et la forme qu'il trouve, pour rendre ce drame, ne lui appartient-elle pas en propre? L'un aurait dramatisé l'action, l'autre l'eût mise en lettres comme il était de mode alors, celui-ci en eût fait un simple récit sans dialogues. Diderot s'est servi seulement d'un dialogue court, net et serré dans lequel il excelle; là où un autre eût délayé cette passion en deux volumes, il l'a racontée en vingt pages.

Donc Diderot, en se servant de la nature et de faits positifs, nous donne l'analyse d'une passion dévorante, telle qu'on n'en avait jamais peint de pareille avant lui. Son mérite est-il donc si mince? Il est immense.

La vie habituelle est un composé de petits faits insignifiants aussi nombreux que les brindilles des arbres; ces petits faits se réunissent et aboutissent à une branche, la branche au tronc; la conversation est pleine de détails oiseux qu'on ne peut reproduire sous peine de fatiguer le lecteur. Un drame réel ne commence pas par une action saisissante; quelquefois il ne se dénoue pas, de même que l'horizon, aperçu de nos faibles yeux, n'est pas la fin du globe. Le romancier choisit un certain nombre de faits saisissants, les groupe, les distribue et les encadre. A toute histoire il faut un commencement et une fin. Or la nature ne donne ni agencement, ni coordonnement, ni encadrement, ni commencement, ni fin. N'y a-t-il pas dans la distribution du conte le plus court une méthode d'une difficulté extrême? Et la machine à daguerréotyper se donne-t-elle tant de peine?

Les partisans les plus avancés de la Réalité dans l'art

ont toujours soutenu qu'il y avait un choix à faire dans la nature. Est-ce que Diderot ne s'était pas trouvé maintes fois le confident de drames amoureux? Qu'a-t-il fait? Il ne s'est pas plu, ainsi que Rétif de la Bretonne, à écrire les plus petits drames qu'il observait, il a choisi les plus saisissants, et il ne nous a laissé que *l'Histoire de Madame de la Carlière* et celle de *Mademoiselle de la Chaux*. Curieux, remuant, actif, fréquentant beaucoup de monde, croit-on qu'il n'a rencontré que le *Neveu de Rameau* dans son époque peuplée d'originaux? S'il a peint avec une touche si ferme cet étrange musicien-bohême, c'est parce qu'en cet être se résumaient tous les êtres de la même famille.

On accuse les partisans de la Nature de manquer d'imagination. Certes l'*imagination* sera une grande qualité quand on aura analysé clairement ce mot indécis. Je lisais dernièrement les *Mémoires de Peuchet*, six gros volumes remplis de pièces tirées des archives de la police. En tête se trouvait une biographie de Peuchet, attaché à la police au dernier siècle; une copie autographique de son écriture ornait le premier volume. J'étais arrivé à la vingtième page, lorsque je suis surpris du récit d'une aventure effrayante, dramatique et pleine d'*imagination*. Cela me fit dresser l'oreille, car je crois avoir le sentiment de la vérité très-développé. Ne pouvant croire que cette aventure, quoique tirée de papiers de police, pût être réelle, je cours à la Bibliothèque m'assurer de l'authenticité des *Mémoires de Peuchet*. J'ouvre le volume des *Supercheries littéraires* à la lettre P, et j'y trouve que le baron de Lamothe-Langon, exécrable et fécond romancier de 1828, est l'auteur des *Mémoires de Peuchet*. Le plus comique dans cette affaire est que M. Dumas a détroussé, je ne sais dans quel livre (*Monte-Cristo*, je crois), les *Mémoires de Peuchet*, et que cet auteur, plein d'*imagination*, n'est que le plagiaire de feu M. le baron de Lamothe-Langon.

Voilà ce qu'on appelle *imagination*, quand la nature (mais il faut être soumis, humble et docile vis-à-vis d'elle) vous offre à chaque instant des drames, des comédies, des contes, des nouvelles qui demandent une belle intelligence pour être mis en action, mais qui frappent l'esprit du lecteur par l'accent de Réalité qui en est le cœur.

Challes recueillit ces principes de réalité qui étaient dans l'air à la fin du règne de Louis XIV et dont allaient s'emparer le Sage, l'abbé Prévost, Diderot et Voltaire. Un écrivain est toujours le fils de son siècle, et, à part quelques génies supérieurs qui rompent avec la tradition et qui marchent en avant, celui qui peint les mœurs d'une époque n'est que l'expression des sentiments d'un groupe plus ou moins nombreux. Prosper Marchand donne comme patrons à Challes, des auteurs inconnus aujourd'hui dont il se serait inspiré, à savoir : Segrais, auteur des *Nouvelles Françoises;* Subligny, auteur de *la Fausse Clélie*, et deux anonymes qui ont laissé, l'un *les Histoires françoises, galantes et comiques*, l'autre *l'Académie galante*. J'ai essayé de lire ces livres, qui m'ont laissé un ennui considérable, sans retrouver aucune parenté entre Challes et ces auteurs, heureusement ignorés. Le critique aura trouvé dans la forme de ces livres quelque analogie, c'est-à-dire que Challes s'est servi d'un groupe d'une douzaine de personnes liées par l'amitié, et qui se racontent entre elles leurs diverses aventures; mais le procédé n'était pas neuf. Boccace, la reine Marguerite de Navarre et bien d'autres avant Segrais et Subligny s'étaient servi de cette forme facile. Et c'est même un tort à Challes d'avoir employé ce type de récit, car ses Nouvelles gagneraient de beaucoup à être réimprimées sans les bavardages des écouteurs qui se permettent mille commentaires insignifiants à la suite du récit. En romancier novice, Challes, embarrassé au début de son livre, pour trancher les difficultés qui se présentaient à son esprit, avait employé une forme vulgaire alors. Il l'a avoué ingénument : « Si l'entrée de mon histoire est un peu embrouillée pendant quatre ou cinq feuillets, c'est que j'ai suivi, pour la liaison de mes histoires, la première idée qui m'est venue dans l'esprit. »

Comme cet emploi de moyens usés pour l'exposition de ses Nouvelles est racheté par d'immenses qualités ! Que d'esprit naturel dans la manière du conteur ! Combien la langue est simple ! combien l'action est vive et alerte ! Je ne saurais résister, au moment de terminer cette étude, à détacher encore un portrait de femme de son cadre et à l'exposer publiquement, certain qu'il ne perdra pas de son charme, quoique isolé de l'action. C'est dans l'histoire de *M. de Jussy et de mademoiselle Fenouil* que se trouve ce portrait, dont on peut dire, quoique l'expression soit usée, que Challes avait le secret :

« Mademoiselle Fenouil étoit grande et bien faite, la taille aisée, la peau délicate, fort blanche, aussi bien que le teint ; elle avoit les yeux, les sourcils et les cheveux noirs ; les yeux grands et bien fendus, naturellement vifs, mais le moindre chagrin les rendoit languissants ; pour lors, ils sembloient demander le cœur de tous ceux qu'elle regardoit. Le front large et uni, le nez bien fait, la forme du visage ovale, une fossette au menton, la bouche fort petite et vermeille, les dents blanches et bien rangées, nez serré, un peu aquilin, la gorge faite au tour, le sein haut et rempli, les bras comme la gorge, et la plus belle main que femme puisse avoir. Vous voyez par son portrait que je suis excusable de l'avoir aimée jusqu'au point de tout hasarder pour elle. Les qualités de son corps ne sont pourtant pas ce qu'elle a de plus aimable : c'est une âme toute belle, un esprit ferme, sincère, ennemi de la contrainte et de la flatterie; elle est généreuse, hardie, désintéressée et entreprenante, mais fidèle dans l'exécution. Elle est savante plus qu'une fille ne doit l'être. Les histoires sacrées et profanes lui sont familières. Tous les poëtes anciens et modernes n'ont rien d'obscur pour elle. Elle sait même de l'astrologie; mais cette science, capable de faire tourner l'esprit d'un autre, ou du moins de le jeter dans le ridicule, ne lui sert que d'amusements. Elle fait de ce qu'elle sait une application toujours quadrante au sujet sérieux ou galant. Son esprit est aisé, ses expressions sont vives et naturelles; elle a la mémoire heureuse; elle écrit juste et bien; elle fait quelquefois des vers. J'en ai vu de sa façon qui ont eu l'approbation des connoisseurs. Elle est née railleuse; mais, si j'en crois ses lettres, les traverses de la fortune ont fait sur elle un effet contraire à celui qu'elle fait d'ordinaire; c'est-à-dire qu'au lieu de l'aigrir elles l'ont adoucie. Elle danse fort bien et chante d'une manière à charmer. Elle étoit telle que je viens de vous la dépeindre, âgée d'environ dix-sept ans, lorsque je la vis. »

Il paraît difficile de trouver dans les romanciers un portrait physique et moral plus vivement accusé. Si on ajoute que mademoiselle Fenouil chantait si bien « qu'elle sembloit avoir mille rossignols dans la gorge, » le dernier coup de crayon sera donné à cet aimable pastel.

Nos maîtres en littérature ont, depuis vingt-cinq ans, fait des recherches assidues sur la manière de rendre un portrait avec la plume. Des efforts incroyables ont été tentés : quelques-uns ont emprunté la palette des peintres, jaloux qu'ils étaient de l'impression laissée par la peinture dans la mémoire de celui qui regarde un portrait ; d'autres ont détaillé avec complaisance les mouvements de la chair, les traces que la passion laisse dans les traits et sont partis du moral pour rendre le physique ; certains ont emprunté des termes à la physiologie et se sont posés au moins autant en médecins qu'en romanciers. Après les plus louables efforts, après des descriptions creusées avec le plus grand talent d'observation et habillées du meilleur style, mon avis est que le portrait de *mademoiselle Fenouil* donne raison à la simplicité et démontre qu'on a été à tort chercher des moyens nouveaux pour rendre la figure humaine.

Quoi qu'on fasse, la littérature ne peut lutter avec la peinture, et la littérature se ravale en étudiant les procédés de cet art inférieur. Un portrait peint montre visiblement si une femme est belle ou laide ; mais le romancier a pour lui des moyens qui sont bien supérieurs à ceux du peintre. Il fait connaître le moral de son héros, il le fait marcher, causer, agir, penser, toutes fonctions interdites au pinceau. Ce n'est pas par une description exacte de son costume et de ses traits qu'un personnage de roman est visible et reste dans la mémoire des lecteurs, c'est par l'accentuation de ses actions et le développement de son moral dans le drame.

Tous ceux qui ont lu *Eugénie Grandet* se rappellent perpétuellement le *père Grandet*, une des meilleures figures de *la Comédie humaine*. Il en est de même de *Quasimodo*, il en est de même de *Rodin* du *Juif errant*. Certes, je ne pense à établir aucune sorte de comparaison entre MM. de Balzac, Victor Hugo et Eugène Sue ; cependant ces trois romanciers ont cette rare et belle faculté, par des moyens tout différents, de savoir fixer, comme à coup de marteau, une figure dans le cerveau de leurs lecteurs. Est-ce à la *description* qu'ils doivent cette faculté? Je ne le crois pas; je ne veux pas le savoir; je n'ai pas les livres sous la main, et les aurais-je, je ne les ouvrirais pas. A l'heure qu'il est, je suis dans la situation d'un lecteur de cabinet de lecture, ignorant du procédé de l'art, je suis un enfant qui a l'imagination plus vivement frappée que celle d'un homme, et je me souviens avoir lu *Eugénie Grandet*, *Notre-Dame de Paris*, *le Juif errant;* les personnages me resteront perpétuellement dans la mémoire, je les *vois* aussi nettement qu'en peinture, parce que leurs actions dans le drame sont beaucoup plus saisissantes que la description de leur individu.

L'œuvre de M. de Balzac est celle qui contient le plus de portraits : c'est un monde entier, décrit avec la puissante exactitude de ce grand maître; cependant on peut affirmer que les physionomies qui lui ont donné le plus de mal à décrire, pour lesquelles il s'est consumé en efforts supérieurs, qu'il a caressées avec amour, ces physionomies ne sont pas toujours les plus saillantes. Beaucoup ne sont visibles qu'à la lecture, pendant les cinq minutes; la page tournée, elles sont oubliées. Mais il reste à l'auteur de *la Comédie humaine* une quarantaine de portraits plus connus que les membres de l'Académie.

Challes, avec ses portraits faits simplement, naturellement, avec des redites dont il ne s'embarrasse guère, telles qu'une gorge *faite au tour*, qui revient perpétuellement, a certainement mieux compris l'emploi de la description physique que M. de Lamartine dans le portrait suivant. Il s'agit d'un *tailleur de pierre* :

« Sous cet extérieur grossier et sous ces habits rustiques éclatait néanmoins, dans la tête nue de cet homme, une empreinte, je ne dirai pas seulement de dignité, mais de divinité de visage humain, qui imposait à l'œil et qui faisait rentrer toute idée de vulgarité ou de dédain dans l'âme. La ligne de son front était aussi élevée, aussi droite, aussi pure d'inflexions ou de dépressions ignobles que les lignes du front de Platon dans ses bustes reluisant au soleil de l'Attique. Les muscles amaigris, creusés, palpitants des orbites de ses yeux, de ses tempes, de ses joues, de ses lèvres, de son menton, avaient à la fois le repos et l'impressionnabilité d'une jeune fille convalescente de quelque longue maladie ou de quelque secrète douleur. Les paupières de ses yeux bordés de longs cils se relevaient sur le globe bleu clair et largement ouvert des prunelles, comme l'homme accoutumé à regarder de bas en haut et à fixer des choses élevées. Les cils jetaient une ombre pleine de mystère entre les bords de ses paupières et l'œil. La méditation et la prière pouvaient s'y abriter sans interrompre le regard. Son nez, droit et légèrement bombé au milieu par le réseau des veines entrevues sous une peau fine, se rattachait aux lèvres par la cloison des narines, transparentes au soleil qui brillait derrière lui. Les plis de la bouche étaient souples, sans contraction, sans roideur ; ils fléchissaient un peu vers les bords dans le poids d'une tristesse involontaire, puis ils se relevaient par le ressort d'une fermeté réfléchie. En marchant ainsi près de cet homme, entrevu de côté à la lueur du soleil, qu'il me cachait et qui le vêtissait de son auréole de rayons, on sentait qu'on marchait à côté d'une âme. »

Certainement voilà une physionomie étudiée de haut ; les tailleurs de pierre peuvent être fiers de se voir traités avec un tel soin dans la personne d'un de leurs camarades. L'auteur a appelé la Grèce à son secours rien que pour décrire la ligne pure du front de son héros ; *la méditation et la prière s'arrêtent entre les bords des paupières et l'œil* du tailleur de pierre ; ce n'est plus un grossier ouvrier, un rude compagnon que nous avons sous les yeux, c'est une *âme*. Telle est *l'idéalité*. O charmante Fenouil, à la peau délicate et blanche, aux yeux grands et bien fendus, avec votre fossette au menton, votre bouche si petite et si vermeille, vos dents blanches et bien rangées, votre gorge faite au tour, comme vous êtes plus vivante dans vos simples habits de bourgeoise que ce tailleur de pierre de l'illustre poëte !

Va, esprit rapetissé, étroit, tu es incapable de sentir et de comprendre les belles imaginations sorties de l'idéalisation ! Il te faut une plate réalité mesquine, qui se voie, qui se touche, et tu nies les efforts de ces plongeurs qui se jettent résolûment au fond de la mer pour y chercher des perles précieuses afin d'en parer leurs créations.

Il est certain qu'après avoir enregistré ce dernier soupir, bien faible de ma conscience en faveur de l'idéalité, je me cramponne de plus en plus à mes idées, et que j'ose affirmer que la plupart des portraits de M. de Lamartine, quoique peints avec les tons les plus suaves, ne me satisfont pas entièrement, et que je leur préfère de beaucoup la netteté des profils de Challes. Est-ce à dire que l'auteur des *Illustres Françoises* soit supérieur au chantre de *Jocelyn ?* Je ne voudrais pas commettre une telle hérésie. Les défauts d'un livre, la *manière* même exagérée d'un maître ne font aucun tort à un livre, et *le Tailleur de pierre de Saint-Point, Raphaël, Graziella*, etc., pourraient rester si l'idée mère du roman était assez puissante pour triompher de ces trop belles descriptions. Shakspeare, plein de *concetti* italiens qu'on trouve surtout dans le *Roméo et Juliette*, n'en est pas moins un colosse de génie, parce qu'à côté des défauts de son époque, il a peint des sentiments éternellement vrais.

On s'est également donné beaucoup de mal dans notre époque pour faire du paysage en littérature, et il a été dépensé un grand talent pour rendre la nature. Si les auteurs savaient combien ces descriptions sont inutiles! Je noterai l'effet qu'elles me produisent, et en donnant mes impressions, j'accuse celles d'un bien grand nombre de lecteurs. Je commence par m'intéresser à la réalité du paysage : je comprends que l'auteur l'a regardé avec attention, que peut-être même, il a pris des notes sur nature. Tout en lisant, je remarque tous les accidents du terrain avec l'auteur; la description terminée, *je ne me souviens plus de son paysage*. Or, le livre n'est pas fait pour les yeux, mais pour le cerveau, il en est de même pour tous les arts : la peinture qui ne s'adresse qu'aux yeux, la musique qui ne s'adresse qu'aux oreilles ne remplissent pas leur mission. Du moment qu'une sensation nouvelle n'est pas fixée pour toujours dans le cerveau à l'aide du livre, du tableau, de la symphonie, on peut affirmer que ce sont des œuvres de second ordre, bonnes tout au plus à distraire un moment. Les œuvres de génie s'expliquent par leur durée, malgré les variations littéraires, et un homme qui lit beaucoup n'a qu'à chercher dans sa bibliothèque de tête les rares livres qui y sont restés. C'est à ces signes qu'on reconnaît la puissance du *Don Quichotte*, un livre qui ne s'oublie pas; Aristophane ne s'oublie pas, Shakspeare non plus, non plus Montaigne, non plus Molière. Que la critique arrive avec ses gros bataillons de petites raisons, ces livres sont casés à jamais dans les rayons impérissables du cerveau.

Les détails subissent les lois de l'ensemble, et voilà pourquoi la meilleure description de paysage était au moins inutile quand elle n'a été lue que par les yeux [1]. C'est encore la grande prépondérance de la peinture qui nous a valu la description du paysage en littérature; je voudrais avoir sous la main un passage que j'ai oublié de noter dans les *Mémoires de M. de Châteaubriand*, d'autant plus curieux à citer, que vers la fin de sa vie, l'illustre Breton avait abandonné justement ses anciennes pompes de description des forêts vierges de l'Amérique, pour en revenir à une simplicité de récit qu'on ne lui connaissait pas. Il y a, je crois, dans le premier volume, un petit paysage d'une vingtaine de lignes, qui m'a beaucoup frappé par sa fraîcheur, sa gaieté, et surtout par la sensation que l'auteur avait ressentie et qu'il avait su transporter dans son livre.

---

[1] La malice humaine est si grande que, faute d'explications, on pourrait m'accuser de vouloir chasser les arbres et la verdure du roman. Tel n'est pas mon but. Je répète qu'il ne s'agit pas de regarder un paysage et de le détailler avec complaisance sur le papier : celui qui agit ainsi n'a rien fait. Mais, au contraire, quelle reconnaissance ne devons-nous pas avoir pour ces esprits si rares qui peuvent rendre la *sensation* de la nature et non pas de puérils détails! « Arrivé à Senlis la veille, j'ai passé par les paysages les plus beaux et les plus tristes qu'on puisse voir en cette saison. La teinte rougeâtre des chênes et des trembles sur le vert foncé des gazons, les troncs blancs des bouleaux se détachant du milieu des bruyères et des broussailles, et surtout la majestueuse longueur de cette route de Flandre, qui s'élève parfois de façon à vous faire admirer un vaste horizon de forêts brumeuses, tout cela m'avait porté à la rêverie. »

(GÉRARD DE NERVAL, *les Filles du Feu*.)

Challes introduit rarement la nature dans ses Nouvelles, et je n'ai guère trouvé que ces quelques lignes :

« C'étoit dans les plus beaux jours de l'année. Toute la campagne étoit couverte de grains prêts d'être coupés. Une petite pluie qu'il avoit fait le matin avoit abaissé la poussière et rendoit la terre ferme. Le soleil étoit couvert, et un petit vent qu'il faisoit tempéroit l'ardeur de la saison. »

Sans vouloir donner de modèle définitif de description, attendu que chaque homme de bon sens trouve sa forme, ces quatre lignes me suffisent : elles rendent une époque de l'année mieux qu'un étalage d'arbres, de champs, de coloration qui tiendrait quatre pages. Si Challes eût donné quelques paysages dans ses Nouvelles, il est certain qu'il les eût faits dans la manière de ses portraits de femmes, simples, visibles, gais et précis.

Il s'agit maintenant de discuter le style de l'aventurier. Je vais passer une robe de pédant pendant cinq minutes. L'auteur se sert du récit et du dialogue, mais pas assez de ce second moyen ; voulant rendre, autant que possible, par le récit, la vérité du dialogue, Challes arrive souvent à des avalanches de *que*, de *quoi* et de *qu'il* qui font la difficulté de la langue française. Ainsi, quand le père refuse son consentement au mariage :

« Dupuis répondit aux gens *qui* lui parlèrent, *qu'il* m'étoit fort obligé de l'honneur *que* je voulois en faire, mais *qu'il* ne pouvoit l'accepter ; et cela, dit-il, *parce qu'il* ne pouvoit la pourvoir sans se défaire d'une bonne partie d'un bien *qui* le faisoit subsister honnêtement, et *qui*, étant divisé avec son gendre, se trouveroit très-médiocre : outre *qu'il* l'avoit sauvé du naufrage du reste, avec assez de peine, pour en jouir tranquillement le reste de ses jours. *Qu'il* n'avoit retiré sa fille auprès de lui *que* pour en être soigné et soulagé sur la fin de sa vie, et non pas pour la faire passer dans les bras d'un homme *qui* pourroit l'empêcher, étant femme, d'avoir pour lui les égards et l'attachement *qu'elle* avoit étant fille. *Que* si elle ne se conformoit pas à sa volonté, il savoit fort bien *que* ce *qu'il* avoit de bien étoit à lui. *Qu'elle* ne pouvoit lui demander *que* celui de sa mère, *qui*, comme elle savoit elle-même, ne lui avoit jamais apporté de *quoi* faire chanter un aveugle. *Qu'il* falloit, si elle vouloit l'avoir après sa mort, *qu'elle* le gagnât pendant sa vie par son attachement, sinon *qu'il* savoit bien à *quoi* s'en tenir. *Que* c'étoit là sa dernière résolution, *qu'il* ne changeroit pas, et *qu'il* prioit *qu'on* ne lui parlât jamais de la marier, si on vouloit rester de ses amis. »

En employant le dialogue, Challes eût évité facilement tous ces *que* et se fût épargné les reproches des pédants qui l'ont regardé comme un mauvais écrivain pour quelques négligences de style; de ces gens qui oublient les grandes qualités d'un conteur pour éplucher ses petites fautes [1].

« J'ai écrit, dit Challes dans sa préface, comme j'aurois parlé à mes amis dans un stile purement naturel et familier ; néan-

---

[1] « Nous attachons trop de prix au mérite de la correction. Que de fois n'ai-je pas entendu des puristes ou qui croyaient l'être, triompher des fautes de grammaire dans un auteur! Ce sont les fautes contre le génie de la langue qu'il faut relever. Il peut n'y avoir rien de moins français qu'un écrit irréprochable pour la grammaire. Ne transigeons pas sur la clarté et la propriété; mais, pour le reste, laissons l'écrivain libre, et n'eût-il point appris la grammaire, s'il sent sa langue, il sera toujours assez correct. »
(Désiré Nisard, *Hist. de la Littérature française*, 1849, t. III, 527.)

moins j'espère qu'il n'écorchera pas les oreilles délicates et qu'il n'ennuiera pas le lecteur. »

Après une telle déclaration de principes, l'esprit le plus académique n'a rien à voir, et cependant je ne peux passer sous silence une phrase barbare, la seule du reste qui m'ait blessé les yeux dans tout le livre :

« J'allai le jour suivant voir Sylvie, *à qui je dis ce que j'avois dit* à Rouvière de Valeran; et *que* celui-ci *avoit* été trouver l'autre la veille, *à qui il avoit dit qu'il* s'étoit confié à un traître *qui avoit tout dit* à Sylvie, *qui l'avoit* envoyé quérir lui-même, et lui *avoit* persuadé de se défaire de ce traître, *qui étoit moi.* »

En trois lignes, il n'y a pas moins de trois fois le mot *dit* employé deux fois avec la même tournure; il y a six *avoit* et sept imparfaits en y joignant le verbe *étoit*. Il y a sept *qui* et un *que*. L'Académie, l'Université, la Sorbonne, le Collége de France, l'École normale, se voileraient la face en lisant cette phrase et gémiraient de voir, dans les mains d'un ignorant, cet instrument si beau, la plume, dont il fait un si coupable usage; mais je quitte ma robe de pédant, et j'expliquerai que ces sortes de phrases se retrouvent rarement dans l'œuvre de Challes. J'attribue celle-ci, d'une incorrection trop marquée, à ces fatigues qui se produisent parfois dans la tête de l'écrivain qui continue de laisser aller ses doigts, quoique le cerveau soit épuisé. Le même phénomène se présente également au début du travail : les rouages de l'esprit ne sont pas encore échauffés par le frottement; la pensée arrive pénible et boiteuse; malheur à celui qui ne se relit pas et qui veut conserver tout ce qui sort de sa plume, comme des diamants sans tache! J'ai déjà montré au commencement de cette étude combien Challes employait de *que* et de *qui*, ces chaînes de la phrase, ce désespoir des grands écrivains; cependant Challes pourrait appeler en sa faveur des hommes distingués chez lesquels on remarque cette grande profusion de *que*. Celui qui fut grand maître de l'Université, président de l'Académie, le défenseur du beau langage, du goût et de la tradition, a laissé en ce genre un petit morceau fort précieux dans l'ouverture de son cours de littérature; après l'avoir prononcé en public, il l'a réimprimé plusieurs fois, heureux de s'emparer de quelques-uns des procédés de la littérature facile :

« Jusqu'à présent, je parlais de choses *que* je connaissais assez bien *et où* la faiblesse de ma parole était du moins soutenue par d'anciennes études; maintenant je vais parler de ces choses *que* je sais à peine, *que* j'apprends à mesure *que* je les dis; j'ai besoin d'une double indulgence dans cet effort *que* je vais tenter, pour encadrer la partie de moyen âge *qui* doit nous occuper, et pour y choisir *quelques* points dominants, caractéristiques; tant de faits *que* l'on ne peut dire tous, et *qu'*on craint d'omettre, tourbillonnent dans mon esprit. »

Ceux qui admettent le beau style, la pensée éclairée, les vues profondes de M. Villemain (qu'on pourrait appeler, en cette occasion, pacha à plusieurs *que*), ne pourront, grâce à son exemple, que justifier Challes, abusant, cent cinquante ans avant l'auteur du *Cours de littérature*, de cet heureux emploi du *qui* et du *que*, mais ne le prêchant pas en public.

Les matamores de la phrase, les sectateurs du style, ceux qui emploient de terribles substantifs campés sur la hanche, toujours suivis d'une foule empressée d'adjectifs galonnés, ne s'enthousiasmeront pas, je le crains, pour le rare talent de conteur de Challes. Ne tenant compte ni de sa phrase vive comme un oiseau, ni de cette précieuse simplicité qui sied à la phrase comme l'innocence à une jeune fille, ils déclareront sans doute le style de Challes plat. C'est une des injures les plus neuves avec celle du style gris. On dit d'un écrivain qu'il a le *style plat* quand, s'efforçant de ne pas se parer de faux bijoux, il présente une phrase nette et concise. Voltaire, dans sa *Correspondance*, a le *style plat*. A ces adversaires se réunissent les partisans avancés de l'école des images, qui déclarent qu'une œuvre est *grise* quand le fond et la forme sont d'accord pour rendre ces existences domestiques, tranquilles, pleines de calme, qui reposent l'esprit de l'habitant des grandes cités. Les coloristes condamnent à ce titre le *Vicaire de Wakefield*, comme d'un gris monotone. En musique, le chant du violoncelle leur représente le *gris :* il leur faut le son de la trompette. Haydn est un compositeur voué au *gris*. Le rouge est la seule couleur, comme la trompette est le plus beau des instruments : les le Nain sont des maîtres trop *gris*. Enfin tout ce qui contient une douce émotion, une tranquillité affectueuse, le calme des sens, la mélancolie, est *gris, archigris*. Les auteurs badins et galants font corps avec les matamores et les coloristes; ils prêchent la cambrure de la phrase, le pétillement du mot et les paillettes du style comme sur un habit de marquis. A leurs yeux, le dialogue n'est qu'une escrime brillante, et chaque interlocuteur doit se renvoyer les mots comme dans une partie de raquettes. Les pédants soporifiques, ceux qui n'admettent pas le roman comme la plus belle manifestation de l'esprit humain, se présentent en tête de cette armée, qui ne vaincra jamais et qui combattra toujours, car elle se grossit tous les jours de nouvelles recrues qu'on admet sans examen, pourvu qu'elles crient le mot de passe : *médiocrité*.

Challes eut son style, comme chaque homme a un style en soi qu'il apporte en naissant. Tout se tient dans l'homme; une difformité dans la figure se retrouve au moral, et en y apportant une scrupuleuse attention, on retrouverait dans les œuvres d'un homme qui louche, cette imperfection par quelque côté. La suprématie accordée à la forme, en littérature, depuis quelques années, ne s'explique pas pour celui qui admet que la pensée chez l'homme n'est que le résultat de son tempérament, et que par conséquent l'enveloppe de cette pensée n'est autre qu'un esclave soumis, indocile peut-être dans sa jeunesse, mais qui est facilement bridé et suit son maître avec une entière complaisance.

Challes fut un conteur remarquable. Qu'est-ce qu'un conteur, sinon un écrivain qui improvise un récit que d'autres font passer, au coin du feu, dans une conversation animée. Si depuis cent ans le roman, qui n'est qu'un conte développé, a pris des allures plus ambitieuses, que peut-on demander au conteur? D'exprimer clairement sa pensée, d'essayer de se faire comprendre des petits et des grands, et de ne pas froisser les esprits simples et d'une éducation médiocre, par une phraséologie ambitieuse, souvent incompréhensible sans l'aide d'un dictionnaire.

Challes a réuni ces qualités au plus haut degré. Plein de naturel, un enfant le comprendrait. Ce beau problème n'a-t-il pas été résolu à l'envers par Perrault, qui dans ses *Contes de fées*, écrits pour des enfants, fera toujours l'admiration des hommes par le charme d'un récit sérieux et grave comme l'est la forme du dix-septième siècle.

Un grand écrivain n'est pas celui qui écrit le plus correctement, c'est celui qui a le sentiment le plus prononcé de la langue française[1]. Challes a cette qualité qui brille au travers de ses incorrections et les domine. Un esprit laborieux peut aller aux origines de notre langue, en constater les curieuses variations et la suivre serpentant à travers des marais de grec, de latin, d'italien, d'espagnol, d'allemand, sources étrangères auxquelles elle a été demander du secours quelquefois, et qui a trompé souvent des natures mal dirigées, à ce point qu'au lieu de se désaltérer un peu en buvant de ces boissons étrangères, elles s'engorgeaient et passaient leur temps comme les Ronsardistes, sans pouvoir se dégriser; mais les véritables écrivains furent ceux qui se contentèrent de boire à la source de ce ruisseau clair, limpide, murmurant joyeusement sur les cailloux, qui n'est autre que la langue française.

Qu'on accuse l'aventurier de ne *pas savoir le français*, injure qu'on devrait laisser aux journalistes de province, je m'en soucie peu. Toutes les fois que j'entends un pédant critiquer le *français* d'un livre quelconque, je ne manque pas de lui demander si lui, le premier, connaît

---

[1] « Dans les écrivains qui ne sont pas de métier, il y a des hasards, des bonheurs et comme des douceurs d'expressions qui ne se retrouvent pas dans les autres. Balzac et les écrivains de cette forme, même Buffon, même Jean-Jacques, n'ont guère jamais de ces douceurs. »

(SAINTE-BEUVE, *Port-Royal*.)

bien ce *français* dont il fait un épouvantail. Style, formes, images, couleur, figure, gris, plat, termes inutiles qui apprennent à douter, qui forment le bagage de l'homme qui n'a pas autre chose dans son sac; tant qu'il y aura des gens qui pensent et d'autres qui ne pensent pas, ces mots et d'autres seront de mode, il est mieux de ne pas s'en occuper, sous peine de tomber dans ces discussions de rhéteurs du Bas-Empire qui « ne reconnaissaient un poète qu'à la condition que ses *hendécasyllabes* coulaient bien, que ses *hexamètres* bruissaient avec douceur, et lorsque le second vers du distique rimait avec le premier, au moyen de l'*anadiplosis*. » (Ph. CHASLES.)

A ceux qui ont du temps à perdre, des rancunes à soulager, des blessures envenimées faites par la critique, je vais donner un conseil. Il faut toujours avoir raison contre la critique, toujours être le plus spirituel, le plus adroit, le plus fort. La devise des comtes de Morlaix (mords-les s'ils te mordent) est une des grandes devises de l'ancienne France. Je regarde le bâton de Polichinelle comme l'arme souveraine; il frappe fort et sec, fait du tapage et amuse le public. Les alchimistes du moyen âge ont laissé dans leurs discussions des trésors d'invectives accablantes qui n'ont encore que peu servi. Les citations sont un excellent paravent derrière lequel on se retranche au besoin, et à l'aide desquelles on fait passer des épithètes un peu dures, qu'on n'oserait employer soi-même. Qu'on ouvre le premier livre venu d'un de ces auteurs comme il s'en trouve à toutes les époques, qui a cherché, qui a lutté contre les pédants, qui a battu en brèche les préjugés, et on trouvera toujours un auxiliaire plein de courage, témoin Mercier qui, à la fin de cette trop longue notice, me prête quelques idées que je ne saurais mieux exprimer :

« Il n'y a rien de tel qu'un peuple sans académie, pour avoir une langue forte, neuve, hardie et grande. Je suis persuadé de cette vérité comme de ma propre existence. Ce mot n'est pas français, et moi je dis qu'il est français, car tu m'as compris : si vous ne voulez pas de mon expression, moi, je ne veux pas de la vôtre. Mais le peuple qui a l'imagination vive, et qui crée tous les mots, qui n'écoute point, qui n'entend point ces lamentations enfantines sur la prétendue décadence du goût, lamentations absolument les mêmes de temps immémorial, le peuple bafoue les régenteurs de la langue, et l'enrichit d'expressions pittoresques, tandis que le lamentateur s'abandonne à des plaintes que le vent emporte. J'en appelle donc au peuple, juge souverain du langage; car, si l'on écoute les puristes, l'on n'adoptera aucun mot, l'on n'exploitera aucune mine, l'on sera toujours tremblant, incertain; l'on demandera à trois ou quatre hommes s'ils veulent bien nous permettre de parler et d'écrire de telle ou telle manière, et quand nous en aurons reçu la permission, ils voudront encore présider à la structure de nos phrases; l'homme serait enchaîné dans la plus glorieuse fonction qui constitue un être pensant. Loin de nous cette servitude : la hardiesse dans l'expression suppose la hardiesse de la pensée... La langue est à celui qui sait la faire obéir à ses idées. »

Mai 1854.

J'ai résolu de joindre à la notice sur l'aventurier Challes la première nouvelle tirée des *Illustres Françoises*. Il est bon que le lecteur puisse avoir la *preuve* sous les yeux : dans notre temps, où on réhabilite beaucoup d'écrivains justement disparus, il est arrivé que des esprits distingués, tournés tant soit peu au paradoxe, ont accablé d'éloges, dans des notices pleines de charmes, d'anciens auteurs des fatras desquels ils tiraient quelques phrases à grand'peine. La curiosité des aventures de l'auteur, un profil original, et surtout l'esprit des exhumateurs en faisaient un écrivain tout à coup à la mode, recherché, couru, collectionné. Le public s'apercevait trop tard qu'il avait été pris à des questions en dehors des œuvres de l'écrivain trop vanté. N'en a-t-il pas été ainsi du trop fameux Rétif de la Bretonne, ce romancier si mortellement ennuyeux? A un certain moment, grâce à d'habiles études publiées sur *l'homme*, bien plus que sur l'écrivain, beaucoup de chercheurs littéraires ont collectionné les livres du plus fécond romancier du dix-huitième siècle; mais combien jureraient avoir eu le courage de lire l'œuvre entière !

Il n'en est pas ainsi de Challes : je le donne pour un maître. En attendant qu'on publie ses œuvres, je veux le faire connaître non pas aux bibliophiles, mais au véritable public; non pas aux amateurs qui veulent des caractères fondus exprès, du papier de Hollande, des exemplaires sur papier de couleur, de grandes marges, des tirages à cinquante exemplaires numérotés (comme des fiacres), etc., mais au public du livre à vingt sous. C'est le vrai et le seul public.

HISTOIRE

DE

MONSIEUR DES RONAIS

ET DE

MADEMOISELLE DUPUIS

Je ne vous dirai point quelle étoit ma famille, vous la connoissez, puisque nous sommes nés voisins. Je ne vous entretiendrai point non plus de ma jeunesse, puisque nous avons été élevés ensemble. Je vous dirai seulement ce qui s'est passé depuis votre départ, qui surprit tout le monde qui vous connoissoit. Les uns disoient que vous étiez retourné dans les troupes; les autres disoient que vos parents appréhendant que vous fissiez à Gallouin une querelle plus funeste que la première, vous avoient fait mettre en lieu de sûreté; les autres, qui apparemment visoient plus juste, disoient que vous étiez allé avec Sylvie, qui disparut en même temps que vous, ou peu après : enfin, chacun en disoit ce qui lui en sembloit, et faisoit passer ses conjectures pour des faits certains; vos seuls parents ne s'expliquoient pas. Madame votre mère même étoit plus réservée que les autres ; ce qui faisoit croire qu'elle avoit beaucoup de part à votre éloignement. Gallouin et Dupuis faisoient tous leurs efforts pour découvrir le lieu de votre retraite ; et enfin, comme Dupuis vous l'a dit, il alla six mois après se rendre capucin, sans autre raison apparente que le dégoût du monde, quoiqu'en effet il y en eut de secrettes qui me sont inconnues, et que Dupuis doit nous apprendre.

Votre retraite ou votre départ ayant été long-temps le sujet de la conversation de vos amis et de leur tristesse, sur-tout de celle de mademoiselle Grandet, qui croyoit avoir de grands droits sur votre cœur, fit différents effets. Les uns s'en consolèrent assez tôt, d'autres par la longueur du temps, et la seule mademoiselle Grandet ne s'en consola pas facilement. Elle a été mariée depuis, mais très-mal ; et si sa mère ne l'avoit pas violentée, elle seroit encore fille, et vous auriez eu beaucoup de part à son célibat. Elle est présentement veuve plus belle que jamais ; elle a refusé plusieurs partis fort avantageux, parce qu'étant maîtresse d'elle-même, elle ne veut plus être obligée de contraindre les sentiments qu'elle a toujours eu pour vous. Mademoiselle Dupuis m'en a parlé dans ces termes ; et je ne fais aucune difficulté de le croire, parce qu'elles sont inséparables, et n'ont point de secret l'une pour l'autre : c'est peut-être sur ce sujet-là qu'elle veut vous parler. Vous me flattez, interrompit des Frans, je ne mérite pas l'attachement d'une aussi parfaite personne qu'elle. D'autres vous diront ce qui en est, reprit des Ronais, je n'en dirai pas davantage : quoiqu'il en soit, elle fut inconsolable de votre départ ; mais son secret fut caché. Elle devint tout d'un coup retirée ; elle s'exila des compagnies, et ceux qui voulurent la voir, furent obligés d'aller chez sa mère. Comme son proche voisin, j'y allai souvent, et la douceur de sa conversation me plut tellement, que sans être son amant, je lui rendis beaucoup de soins, et devins un de ses intimes amis.

Comme j'y étois, mademoiselle Dupuis y entra avec sa mère. Elle n'avoit environ que quinze à seize ans; vous l'avez vue dans cet âge-là, puisque vous aviez tenu un enfant ensemble fort peu de temps auparavant. Elle n'étoit sortie du couvent, où elle avoit été mise dès l'âge de six ans, que pour venir voir son père. Elle y rentra après avoir été environ trois mois dans le monde; et cela, parce que sa mère ne vouloit pas qu'on lui vît une fille si grande. Cette femme se piquoit de beauté et de jeunesse; elle n'avoit pas tout le tort, mais cela lui a fait faire quelques démarches qui ont un peu nui à sa réputation. Elle étoit honnête femme cependant, et quoique son amour-propre ne fût pas un modèle de vertu parfaite, il n'y a jamais eu que son mari qui en a douté; et si elle s'est mal gouvernée, il est certain que Dupuis a eu les yeux plus fins que le reste du monde. Je n'ai point envie de vous rien cacher; vous allez juger vous-même ce qui en peut être, lorsque je vous aurai dit ce qu'il fit le propre jour qu'elle mourut, il y a environ quatre ans et demi.

Dupuis, comme vous savez, étoit homme d'épée, qui avoit beaucoup couru le monde. Il avoit fait des voyages fort éloignés, dont il n'étoit pas revenu plus riche. Il étoit homme d'esprit, franc, sincère, n'ayant fourbé que sa fille et moi, se moquant de la bagatelle. Il avoit toujours été malheureux du côté de la fortune, rien ne lui avoit réussi; et c'est ce qui est cause que, quoique sa fille soit unique, elle n'est pas si riche, à beaucoup près, que Dupuis et son frère, quoique les pères des uns et des autres aient également partagé la succession de leur aïeul, et que le bien de ceux-ci, qui n'a point été augmenté, soit encore divisé entre eux. Dupuis, comme je vous l'ai dit, avoit fait des pertes terribles. Heureux pourtant d'avoir reconnu avant sa mort qu'il n'étoit pas né pour amasser beaucoup de bien, et de s'être enfin résolu à ne plus confier rien à la fortune, et à ne la plus tenter avant qu'elle l'eût mis tout à fait hors d'état de le faire. Il avoit été, outre cela, extrêmement débauché. Il reçut au siége de Charenton trois coups dans le corps, dont il pensa mourir. Tous les sacrements lui furent administrés, après une confession générale, dont il n'eut d'absolution qu'en promettant de changer de vie, et d'épouser sa femme. Il fut marié dans son lit; et lorsqu'il se porta bien, on fit courir le bruit qu'il avoit été marié *incognito*, il y avoit plus d'un an, et qu'il n'avoit pas voulu découvrir son mariage, crainte que cela ne lui fît quelque affaire avec M. le prince de Lonne, de la main de qui il avoit refusé un bon parti. Comme on aime à gloser sur les affaires d'autrui, des gens toujours à l'affût pour médire des autres, observèrent que mademoiselle Dupuis (car il ne l'a jamais fait appeler madame) accoucha environ six mois après la blessure de son mari, et prétendirent que la consommation avoit précédé la bénédiction de plus de trois mois. Quoiqu'il en soit, elle mit au monde la belle Manon Dupuis, dont je vous parle, qui est votre commère, et n'a point eu d'autres enfants depuis.

Après la naissance de cet enfant, elle véquit fort bien : mais comme elle étoit jeune, parfaitement belle et bien faite, Dupuis âgé de plus de cinquante-huit ans, ruiné de ses fatigues et de ses blessures, prit la maladie des vieillards. Il devint soupçonneux, et contre l'ordinaire, il prétendit voir plus clair que personne dans la conduite de sa femme, et ne véquit pas avec elle dans une union fort grande. Il avoit tort cependant ; la plus déchaînée médisance s'est bornée à dire qu'elle aimoit à être parée et à être vue, mais elle n'a jamais attaqué sa vertu.

Elle mourut, comme je vous ai dit, il y a environ quatre ans et demi, aux jours gras : le propre jour de sa mort son mari se masqua, et alla chez le marquis de Verry. Ce marquis donnoit à souper, après lequel il devoit y avoir bal, et la fête étoit faite pour une fille de très-grande qualité, qu'il épousa quatre jours après. Il avoit été averti de la mort de madame Dupuis, et on remarqua que cette nouvelle l'avoit attristé. Il étoit en effet de ses amis, mais non pas son amant, et n'a jamais parlé d'elle qu'avec vénération. Dupuis fort proprement masqué entra dans la salle, où il étoit avec belle compagnie, et lui présenta un momon de cinquante louis d'or ; le marquis topa, et perdit masse et paroli, et ne voulut pas jouer davantage. Un des conviés prit sa revanche, et perdit aussi bien que plusieurs autres qui jouèrent contre Dupuis, qui gagna six cents louis ; et c'étoit, à ce qu'il disoit, la seule journée de bonheur qu'il eût eu en sa vie, mettant la mort de sa femme et son gain dans le même rang.

Comme il avoit joué beau jeu, on le prit pour un homme très-riche, du moins ses manières le disoient. On le pria de se démasquer ; il parut vouloir s'en défendre d'abord, mais enfin il se démasqua. Le marquis qui le reconnut fit un grand cri. Comment, dit-il, un homme dont la femme vient d'expirer, se déguise et court le momon ! Malheureux, poursuivit-il, sont-ce là les larmes que vous répandez, et que vous devroit arracher la perte d'une des plus belles et des plus vertueuses femmes du monde? Doucement, monsieur le marquis, répondit Dupuis, ne vous emportez pas. La perte de ma femme est plus grande pour vous que pour moi. Toute la différence que j'y trouve, c'est que j'en avois la propriété et vous l'usufruit; l'un vaut bien l'autre. Pour le masque et le momon, si j'avois perdu mon argent, j'aurois peut-être pleuré ; du moins j'aurois été triste, et par-là j'aurois fait ma cour aux femmes, qui auroient cru que j'aurois regretté la mienne; mais à présent, je suis en droit de me réjouir. Je perds une femme qui me chagrinoit, et je gagne six cents louis. J'ai sujet de joie, et vous non, puisque vous perdez dans un même jour une Cloris qui ne vous coûtoit rien, et votre argent; et là-dessus je vous donne le bon soir, et sortit sans attendre de réponse.

Je vous donne à penser dans quels sentiments il laissa ses auditeurs qui s'éclatèrent de rire. Le marquis le traita de fou et de brutal, pria ses amis de tenir l'aventure secrette, et défendit à ses gens d'en parler, protestant devant Dieu, qu'il ne demandoit dans sa femme qu'autant de vertu qu'il en avoit trouvé dans madame Dupuis. Cependant comme celui-ci avoit de l'esprit, et que sa mésintelligence avec sa femme étoit connue, il craignit qu'on ne lui fît quelque affaire, d'autant plus qu'il commençoit à courir des bruits de poison. Il envoya donc quérir des médecins et des chirurgiens, fit ouvrir le corps de sa femme, et sa mort s'étant trouvée naturelle, il prit leurs certificats, et la fit porter en terre.

Vous voyez bien par-là qu'il prétendoit être mieux informé que personne de la conduite de sa femme ; et c'est là ce qui a donné lieu au public de la soupçonner, la maxime étant certaine qu'un mari qui doute de la conduite de son épouse, autorise les autres à en croire du mal.

Pour sa fille il ne pouvoit pas la nier ; c'étoit son portrait : et ce qui me surprend, c'est que plus elle a grandi, plus elle a embelli, et plus elle lui a ressemblé ; c'étoit pourtant un des hommes du monde le plus laid, n'ayant rien de beau que le front, les yeux et la taille. La mort de sa mère ne la fit point sortir de couvent ; Dupuis ne vouloit point être chargé d'une fille de dix-sept à dix-huit ans. Il ne la retira auprès de lui que lorsqu'il ne pût plus agir. Elle parut dans le monde il y a environ trois ans, et prit le soin d'un bien qui devoit lui appartenir un jour. Elle étoit âgée d'environ vingt ans ; je l'avois vue, comme je vous ai dit, quelques quatre ans auparavant chez mademoiselle Grandet, mais quoiqu'elle fût déjà d'une beauté admirable, ce n'étoit rien au prix de ce qui me parut à cette seconde vue, qui fut encore chez la même, mais qui pour lors avoit épousé un nommé Mongey. Je n'entreprendrai point de vous faire son portrait, il est au-dessus de mes expressions. Figurez-vous une taille admirable et un port de princesse ; un air de jeunesse, soutenu par une peau d'une blancheur à éblouir, et de la délicatesse de celle d'un enfant, telle qu'on peut l'apporter d'un couvent, où ordinairement on ne se hâle point tant que dans le monde. Elle a les yeux pleins, bien fendus, noirs et languissants, et vifs et lorsqu'elle le veut, le front admirable, large et uni, le nez bien fait, la bouche petite et vermeille, et les dents comme de l'ivoire, la physionomie douce et d'une vierge. Tout cela étoit soutenu par une gorge qui sembloit faite au tour, potelée et charnue, la main très-belle, le bras comme le col, la jambe bien faite, la démarche ferme et fière, et toutes ses actions et ses paroles animées, mais remplies d'une certaine modestie naturelle qui m'enlevoit : en un mot, c'est une beauté achevée. Je ne pus m'en défendre; je me livrai tout entier. J'avois conservé mon cœur jusques-là, je le rendis; je l'aimai, ou plutôt je l'adorai dès le moment que je la vis. On ne dispose pas de son cœur comme on veut : je me représentai les bruits qui avoient couru de sa mère après sa mort, le peu de bien qu'elle avoit, et je crus que quoiqu'elle fût la plus belle personne que j'eusse jamais vue, je ne la regarderois qu'avec indifférence. Je me trompai : je la vis le lendemain à la messe; un regard qu'elle jeta sur moi, qui sembloit me demander mon cœur, détruisit toutes mes résolutions. J'excusai sa mère; son père ne me parut plus qu'un brutal et un scélérat, et je me figurai qu'une femme qui n'aurait pas été tout-à-fait vertueuse, n'auroit pas pu mettre au monde une fille si accomplie. Je m'abandonnai à ma passion; mes soins furent bien reçus. Je parlai; elle m'écouta, mais sans me rendre aucune réponse positive. Je fus long-temps dans l'incertitude, et je n'en sortis que par une aventure qui me fit connoître qu'elle m'aimoit assez pour songer sérieusement à m'épouser.

Il y avoit un jour un ecclésiastique chez elle; on parla de plusieurs choses indifférentes, et insensiblement la conversation tomba sur le mariage, et sur ce qui pouvoit l'empêcher ou le faire casser. Il dit qu'autrefois l'Église étoit plus rigide qu'à présent, mais que la corruption des mœurs des chrétiens l'avoit forcée d'avoir de la condescendance ; qu'autrefois on ne permettoit pas que des gens qui avoient tenu un enfant ensemble, s'épousassent. Qu'à présent on n'en faisoit aucun scrupule ; que même on n'en demandoit point de dispense. Que cependant cette alliance spirituelle devoit empêcher la corporelle. Que l'expérience journalière faisoit voir que les enfants qui naissoient d'un pareil mariage, aussi bien que ceux qui venoient de père et de mère, parents de sang, étoient toujours malheureux dans leur fortune, et souvent corrompus dans leurs mœurs. Que Dieu faisoit voir qu'il avoit ces sortes d'alliances en horreur, par le peu de bénédiction qu'il y répandoit, quelque dispense qu'on pût obtenir et que l'Église pût accorder pour aller au-devant du scandale, et le plus souvent pour le couvrir du manteau de sa charité.

Il faut savoir qu'il demeuroit auprès de chez elle un fort honnête homme, dont la femme étoit prête d'accoucher, et qu'ils lui avoient plusieurs fois dit qu'ils nous prendroient elle et moi pour tenir leur enfant. Cette femme accoucha le lendemain de cette conversation ; son époux vint me trouver, et pour réponse à son compliment, je lui promis d'être chez lui l'après-midi. Je croyois qu'elle seroit ma commère, le père et la mère le croyoient aussi, et nous nous trompions. Ce que cet ecclésiastique avoit dit, lui tenoit au cœur : en effet lorsque cet homme lui eut fait son compliment, et qu'il lui eut dit qu'il avoit ma parole pour elle, comme elle l'avoit plusieurs fois promis : Je ne me suis engagée qu'en riant, dit-elle, et je vous supplie de m'en dispenser : il y va de la vie de votre enfant, parce que tous ceux que je tiens, meurent, et que de plus de vingt que j'ai tenus, il n'y en a pas un vivant. Elle mentoit, car elle n'en a jamais tenu qu'un avec vous, qui se porte encore fort bien, mais elle ne vouloit pas en tenir avec moi; et quelque chose qu'on pût lui dire, elle ne voulut point être ma commère : je fus choqué de son procédé, que je crus injurieux ; je lui en parlai le jour même. Elle se mit à rire de mes reproches; et comme je les continuois, elle me fit insensiblement souvenir de ce que cet ecclésiastique avoit dit. J'ai bonne mémoire, poursuivit-elle en rougissant, et en me quittant. Quoique cette déclaration si peu attendue, fût épineuse pour une fille, et qu'elle ne pût pas dire plus, il est certain que sa manière fut accompagnée de tant de pudeur, que j'en restai en même temps surpris et charmé. Tout ce que cet homme avoit dit me revint en un moment dans l'esprit; je vous avoue que depuis je n'y avois fait aucune réflexion. Je nommai cet enfant avec madame de Mongey, qu'elle-même me donna pour commère, et elle assista à la collation.

Je la remerciai d'une déclaration si extraordinaire ; nous nous expliquâmes, et nous résolûmes que je la ferois demander à son père. Pour moi j'étois en pouvoir de disposer de moi, ayant l'âge qu'il me falloit, et plus de parents à qui je dusse compte de mes actions. Suivant toutes les apparences, Dupuis ne devoit pas être fâché que je songeasse à sa fille. Ma famille égaloit la sienne, mon bien étoit plus considérable que le sien, et j'étois en état de prétendre à un parti plus avantageux. Tout cela nous faisoit croire que ce seroit une affaire aussi-tôt faite que proposée; nous nous trompions. Il répondit aux gens qui lui parlèrent, qu'il m'étoit fort obligé de l'honneur que je voulois lui faire, mais qu'il ne pouvoit l'accepter; et cela, dit-il, parce qu'il ne pouvoit la pourvoir sans se défaire d'une bonne partie d'un bien qui le faisoit subsister honnêtement, et qui étant divisé avec son gendre, se trouveroit très-médiocre : outre qu'il l'avoit sauvé du naufrage du reste, avec assez de peine pour en jouir tranquillement le reste de ses jours. Qu'il n'avoit retiré sa fille auprès de lui que pour en être soigné et soulagé sur la fin de sa vie, et non pas pour la faire passer dans les bras d'un homme, qui pourroit l'empêcher, étant femme, d'avoir pour lui les égards et l'attachement qu'elle avoit étant fille. Que si elle ne se conformoit pas à sa volonté, il savoit fort bien que ce qu'il avoit de bien étoit à lui. Qu'elle ne pouvoit lui demander que celui de sa mère, qui, comme elle savoit elle-même, ne lui avoit jamais apporté de quoi faire chanter un aveugle. Qu'il falloit, si elle vouloit l'avoir après sa mort, qu'elle le gagnât pendant sa vie par son attache, sinon qu'il savoit bien à quoi s'en tenir. Que c'étoit là sa dernière résolution, qu'il ne changeroit pas, et qu'il prioit qu'on ne lui parlât jamais de la marier, si on vouloit rester de ses amis.

Une réponse si précise fut un arrêt décisif. Sa fille en pleura; j'en fus au désespoir; mais il n'y avoit point de remède. Dupuis étoit entier dans ses volontés; il avoit pris sa résolution de longue main, ainsi il nous fut tout-à-fait impossible de l'en faire changer, quoique nous missions toutes choses en œuvre; et nous en fîmes une, qui bien loin de nous servir, comme nous l'avions espéré, pensa nous perdre sans retour.

Ce fut de lui faire parler par son confesseur, qui lui représenta que sa fille ne trouveroit pas toujours un parti aussi avantageux que moi. Qu'elle devenoit d'un âge, pour lequel il falloit avoir de la condescendance; qu'il étoit temps de la marier : que je consentois de la prendre telle qu'elle étoit pour lors sans un sol, à condition seulement de lui assurer le sien par le contrat de mariage; qu'ainsi il en jouiroit toujours : qu'en prenant un gendre, il se faisoit un double appui, au lieu qu'il n'avoit qu'une fille : que la conscience même l'obligeoit à prévoir mille fâcheuses extrémités où une fille violentée et remplie de passion, peut se porter. Que les exemples qui se présentoient tous les jours, devoient lui faire craindre que sa fille ne les suivît : qu'il étoit de son intérêt et de son honneur de prévenir le tout par un prompt mariage. Enfin, cet ecclésiastique lui dit tout ce qu'une rhétorique charitable et chrétienne pouvoit lui mettre à la bouche, et ne réussit pas. Il avoit affaire à un homme que ses malheurs avoient aigri, et que le monde avoit instruit : ainsi il lui répondit article par article suivant son génie.

Qu'il convenoit que le parti, suivant toutes les apparences, étoit fort avantageux, mais qu'il n'avoit compté de son bien avec personne; qu'ainsi on ne savoit s'il y auroit plus d'un côté que d'autre; et que peut-être à sa mort, sa fille paroîtroit un parti aussi avantageux pour moi, que je paroissois l'être alors pour elle : que pour l'âge de sa fille, il n'étoit pas assez avancé pour l'obliger à rien précipiter; que trois ou quatre années plus ou moins ne la rideroient pas : que se mariant plus tard, elle n'auroit pas tant d'enfants, mais qu'ils seroient d'une santé plus vigoureuse, et qu'elle, qui se seroit tout-à-fait formé l'esprit, conduiroit mieux son ménage, et seroit revenue des dissipations de la jeunesse : qu'à l'égard de son bien que j'offrois de lui laisser pendant sa vie, on ne l'entendoit pas mal, de prétendre lui faire grace, en lui laissant simplement l'usufruit d'une chose dont il avoit la propriété : que l'un et l'autre lui appartenoient, et qu'il vouloit les conserver jusqu'à sa mort, n'étant nullement d'humeur à se dépouiller avant que de vouloir se coucher : que quand une fois il se seroit privé du droit de disposer de son bien à sa fantaisie, sa fille et son gendre croiroient que cet usufruit seroit un vol qu'il leur feroit le reste de ses jours : qu'il n'étoit pas assez bon pour se laisser mourir pour leur faire plaisir, et qu'il ne vouloit pas les exposer à offenser Dieu en souhaitant sa mort : que le monde n'étoit rempli que de vieillards qui s'étoient rendus malheureux eux-mêmes par la sotte bonté qu'ils avoient eue pour leurs enfants, qui au grand scandale de la piété et de la religion, ne les regardoient plus et les méprisoient, après en avoir tout tiré ; qu'il ne vouloit pas leur ressembler : qu'il vouloit que sa fille dépendît toujours de lui, sans se mettre au hasard de dépendre d'elle, ni de son gendre ; qu'il savoit fort bien que pour amener un père au but, les enfants faisoient les plus belles promesses du monde ; mais que la signature faisoit tout oublier. Que pour lui il répondoit devant Dieu que sa fille ne lui manqueroit jamais de parole de ce côté-là, étant bien résolu de n'en point courir les risques. Que pour l'appui qu'on lui offroit dans son gendre, il n'en avoit aucun besoin, ses affaires ne demandant ni protecteur, ni solliciteur ; qu'elles étoient claires et nettes, et qu'elles ne craignoient ni saisies ni procès, parce qu'il ne devoit pas un sol à qui que ce fût. Que pour sa personne il ne lui falloit qu'un valet et sa cuisinière, et une garde dans ses maladies, et pour s'appuyer, sa canne ou le bâton dont on faisoit son lit. Qu'à l'égard de la conscience il n'étoit pas trop bon casuiste; mais que comme elle ne répugnoit pas au sens commun, il ne comprenoit pas que son salut dépendît du mariage de sa fille. Qu'il sembloit qu'on voulût lui faire appréhender quelque libertinage de sa part, et l'en rendre responsable devant Dieu, faute de l'avoir mariée. Qu'à cela il n'avoit qu'un mot à répondre. Qu'il avouoit que les pères et mères étoient coupables de la mauvaise conduite de leurs enfants, lorsqu'ils forçoient leur inclination, soit pour le mariage, soit pour le couvent. Qu'il se tenoit pour justifié de ce côté-là, son inclination n'étoit pas de la marier de sa vie, et qu'après sa mort, elle choisiroit elle-même. Qu'il n'avoit point envie non plus de la mettre dans un couvent, puisqu'il l'en avoit retirée, et qu'elle lui étoit utile dans le monde. Qu'il ne l'empêcheroit point non plus d'y aller, si elle vouloit, ce qu'il ne craignoit pas, puisqu'elle avoit tant d'envie d'être mariée. Que les pères et mères étoient encore coupables, lorsque leurs enfants, pour avoir les choses nécessaires, étoient obligés par leur lésine de recourir à la bourse d'autrui. Qu'il n'en étoit pas ainsi à son égard, sa fille ayant avec lui, non-seulement le nécessaire, mais encore tout le superflu qu'elle pouvoit souhaiter, tant pour ses habits que son divertissement. Qu'il ne lui avoit jamais rien refusé; et qu'au contraire il avoit toujours été le premier à prévenir ses besoins, en lui garnissant sa bourse, sans attendre qu'elle lui demandât rien (ce qui étoit vrai, car il en agissoit fort bien de ce côté-là); et qu'en un mot elle faisoit la dépense sans rendre compte. Que ce ne seroit donc pas la nécessité qui la porteroit au mal, mais le seul plaisir des sens. Qu'à cela, il savoit un remède infaillible, qui étoit de ne la point quitter de vue, ou d'ordonner à sa femme de chambre, qui étoit une espèce de gouvernante, de rester toujours avec elle, de la mener toujours à la messe avec elle, et de la faire rester tout le jour dans sa chambre, sans la laisser sortir qu'avec des gens qui en répondroient, et qu'il empêcheroit fort bien toutes sortes de dévotions et de pèlerinages hors de sa porte. Qu'à l'égard des lettres et des billets doux, il les laisseroit volontiers courir, parce qu'il savoit fort bien que ce n'étoit pas là ce qui multiplioit l'espèce. Qu'il n'empêcheroit pas même que nous ne nous vissions; mais qu'il feroit en sorte que ce ne seroit point en particulier; et que si malgré tout, il en étoit la dupe, elle la seroit plus que lui devant Dieu et devant les hommes : devant Dieu, puisqu'il ne seroit point damné pour les péchés d'autrui; et devant les hommes, en la laissant à sa discrétion propre, sans prendre en elle plus d'intérêt qu'à la plus indifférente des créatures. Qu'il croyoit pourtant qu'elle étoit sage et trop bien élevée pour faire une sottise; mais que si elle en faisoit, elle en pâtiroit toute seule. Qu'outre qu'elle n'auroit rien de lui, il en useroit à son égard comme madame de l'Épine en avoit usé à l'égard de sa fille, que cet exemple étoit tout récent.

Quelle étoit cette dame de l'Epine, interrompit des Frans? C'est, reprit des Ronais, une femme, dont la fille contracta à son insu un mariage qui n'étoit pas tout-à-fait dans l'ordre : elle vint pour accoucher chez sa mère, qui la sacrifia à M. des Prez, père de son amant; et la pauvre fille fut conduite à l'Hôtel-Dieu, où elle mourut le même jour. Je m'en souviens, reprit des Frans, j'en ai entendu conter l'histoire par un Parisien à Lisbonne. Il n'en savoit peut-être que le bruit commun, reprit des Ronais : Depuis

la sait d'original, il faudra l'engager à la dire; elle est belle et curieuse. Nous verrons cela, reprit des Frans, je suis fâché de vous avoir interrompu; poursuivez, je vous supplie, la longue réponse de M. Dupuis, elle me paroît bien dure, mais pourtant pleine de bon sens. Sa réponse finit là, reprit des Ronais, mais non pas sa conversation avec son confesseur. Il entendit quelque bruit, et ne doutant pas que sa fille et moi ne fussions aux écoutes, comme en effet nous y étions, fort embarassés de notre figure, il invectiva d'une manière étrange, et qui mortifia tellement votre commère, qu'elle ne put s'empêcher de pleurer; c'est ce qui nous fit retirer, après avoir entendu le beau sermon qu'il lui faisoit, sans faire semblant de parler à elle.

Car, monsieur, disoit-il à ce confesseur, ne faut-il pas que je sois malheureux? J'ai fatigué et travaillé toute ma vie plus qu'on ne peut croire : jamais rien ne m'a réussi. J'ai perdu presque tout mon bien par des coups de fortune, dont je ne me plains pas, parce qu'il n'y a point eu de ma faute, et que c'est Dieu qui l'a voulu : je n'ai plus qu'un moment à vivre; goûteux et paralytique, l'on veut me dépouiller du reste d'une fortune fort ample; et qui encore? une fille qui me doit tout, et à qui ma seule bonté y donne droit après ma mort. On veut m'obliger de quitter un bien dont je ne puis me passer, et de le donner à un homme, qui peut-être ne m'en aura jamais d'obligation : car enfin ma fille n'est pas faite tout exprès pour trouver un mari d'autre matière que les autres, et qui suive une règle particulière. Je juge de lui par moi-même; j'aurois juré, lorsque je faisois l'amour à sa mère, que je l'aurois aimée éternellement. Elle fut assez sotte pour le croire, et pour me laisser faire tout ce que je voulus : il est pourtant vrai que je n'eus avec elle que trois ou quatre nuits de plaisir, que nous passâmes à la dérobée ; et qu'après cela, ce ne fut plus le cœur qui me ramena auprès d'elle, ce fut simplement le corps. Il est encore vrai que si elle n'avoit point été grosse, ou que je n'eusse point été assez malade pour ne plus espérer en revenir, je ne l'aurois jamais épousée, malgré les serments que j'avois faits et la promesse qu'elle avoit de moi ; tant il est vrai que les faveurs prématurées dégoûtent un honnête homme. Je ne l'épousai qu'à cause de l'enfant qu'elle portoit ; encore fut-ce par un cas de conscience qu'on me fit, et que je disputai le plus qu'il me fut possible, contre un père jésuite qui me confessa, et qui m'y obligea. Je ne l'aimois plus, la jouissance avoit tué l'amour. Je m'étonne encore, toutes les fois que j'y pense, comment on put me faire venir jusques-là ; mais on me disoit à tout moment que j'allois mourir ; et à force de l'entendre dire, je le crus, la peur de la mort m'avoit démonté. Quand on est dans cet état-là, les choses paroissent dans un autre point de vue qu'en santé. Ma femme étoit sage, à ce qu'on disoit, je le croyois ainsi, et on attachoit mon salut éternel à sa main. Je la pris, non pour l'amour d'elle, mais pour légitimer son fruit et me mettre en paradis. Je n'y ai point été pourtant, puisque je suis encore sur terre ; mais du moins je n'ai point été en enfer, puisque je suis resté dix-huit ans avec elle en purgatoire, où j'ai fait pénitence de n'être pas mort. Elle s'est enfin laissé mourir, et franchement elle m'a fait plaisir ; et il est si vrai que je ne l'aimois plus lorsque je l'ai épousée, qu'une heure après la bénédiction, je fis mon testament, par lequel je ne lui laissois que très-peu de chose pour vivre, et lui ôtois le maniement du bien que je laissois à son enfant. Ce testament n'a pas eu lieu, puisqu'elle est morte avant moi. J'ai vécu avec elle avec assez de tranquillité, parce qu'il y falloit vivre : mais sans la considération de ma fille, que j'ai toujours aimée et que j'aime encore, sa mère auroit assurément mal passé son temps. Je me suis bouché les yeux sur sa conduite, non pas que je ne m'apperçusse fort bien de tout, mais parce que je n'ai jamais aimé l'éclat. Je ne voulois pas publier moi-même des choses qu'il étoit de mon honneur de cacher, et qui auroient rejailli sur sa fille; et outre cela, elle a toujours fort bien sauvé les apparences, qui est le point essentiel de la conduite d'une femme, le reste n'étant à mon sens qu'une pure bagatelle.

Je vous dis ceci, monsieur, poursuivit-il, sous le sceau de la confession, et seulement pour vous faire connoître que j'ai toujours été malheureux, soit dans ma jeunesse, par mes fatigues et mes pertes, soit dans mon mariage par ma femme, qui avoit trouvé le secret, à force de me faire enrager, d'être la maîtresse de me faire taire, et de faire tout à sa tête, ou enfin sur mes vieux jours par mes maladies, et par une fille qui, m'ayant toutes sortes d'obligations, veut me quitter, me réduire à rien, et peut-être ne plus me regarder que comme son persécuteur. Mais puisqu'elle se détache si facilement de moi, je vais travailler à me détacher d'elle; et la première fois qu'on me parlera de la marier, et que je saurai que cela viendra d'elle, ou la première sottise qu'elle fera qui viendra à ma connoissance, je l'abandonnerai et me retirerai dans un endroit où je donnerai tout ce qui me reste, et où j'aurai le bonheur de mourir avec tranquillité. Je ne sais s'il poursuivit ; sa fille qui se retira bien mortifiée de sa curiosité, et de ce que j'avois tout entendu aussi bien qu'elle, m'obligea d'en faire autant.

Nous avions lieu de soupçonner qu'il avoit eu la malice de vouloir nous dégoûter l'un de l'autre ; elle de moi par son exemple à lui ; et moi d'elle par celui de sa mère. Cela nous donnoit à tous deux des pensées tellement confuses, que nous n'osions nous regarder. Enfin le confesseur sortit, et nous rapporta ce qu'il avoit dit au sujet du mariage, sans nous parler de la mère, ni de ce qui pouvoit nous chagriner par rapport à l'un ou à l'autre. Il nous dit seulement que nous ne devions point songer à nous marier ; que c'étoit de la peine et du temps perdu. Qu'il ne nous conseilloit pas de lui en parler davantage. Qu'il étoit inébranlable dans sa résolution ; et que si nous nous obstinions à vouloir l'en faire changer, nous nous nuirions à nous-mêmes, et que, pour lui, il ne lui en parleroit jamais, vécût-il cent ans. Dieu m'en préserve, repris-je. Je ne sais de quel air je dis cela ; mais le confesseur et mademoiselle Dupuis s'en mirent à rire.

Après que cet ecclésiastique fut sorti, elle monta dans la chambre de son père, qui la faisoit appeler. Elle me dit de venir la voir dès le soir même, et que nous passerions la soirée sur sa porte, si nous ne pouvions pas nous aller promener. Je le lui promis ; pour elle, elle alla trouver son père. Le monde n'est pas prêt de finir, lui dit-il, si-tôt qu'il la vit, comme elle me le dit le soir même : vous pensez donc, poursuivit-il, qu'un prêtre vous feroit gagner votre procès comme à votre mère ? Non, non, détrompez-vous, on n'a pas tous les jours des crises de dévotion. Ne vous mêlez pas de me faire faire des leçons, je suis trop vieux pour en prendre ; je ne vous en fais point, moi. Je vous laisse gouverner à votre fantaisie; mais observez-vous si bien que je n'aie point lieu de me plaindre de vous. J'avois résolu de vous empêcher de voir des Ronais, cet amant si poli et si chéri; mais j'ai changé de pensée, cela feroit trop parler les gens. Votre mère a donné assez de prise aux caquets; je veux vous en sauver. Si vous voulez que je songe à vous, ne m'en faites point souvenir vous-même. Pour lui et pour vous, gouvernez-vous si sagement que le public et moi soyons contents de votre conduite. Vous me connoissez, vous savez que le ton pédagogue n'est point mon caractère. Je ne vous ai jamais rien dit là-dessus; je crois que vous avez toujours été sage, j'espère que vous la serez toujours. Je ne vous en parlerai jamais, je vous le promets, mais ne me donnez point lieu d'agir; car il ne me faudroit qu'un moment pour vous rendre malheureuse, et pour vous faire pleurer toute votre vie. Après cela il se tut, et lui a tenu parole, car depuis ce temps-là il ne lui en a jamais ouvert la bouche. Il fallut donc me résoudre à quitter la partie, ou à filer le parfait amour en fidèle héros de roman, jusqu'à sa mort, qui arriva environ dix-huit mois après.

J'avois tous les sujets du monde de croire qu'on m'aimoit. Toutes les faveurs qui n'étoient point criminelles m'étoient accordées; tous les jours je la voyois; nous allions même fort souvent nous promener ensemble ; j'étois bien venu chez Dupuis, qui me faisoit mille amitiés, quoiqu'il se doutât bien, que s'il n'eût tenu qu'à moi, je l'aurois envoyé dans l'autre monde.

Je fus obligé d'aller en Angoumois, pour quelques affaires de famille, où j'avois le principal intérêt. Je crus n'être que six semaines au plus à mon voyage, j'en fus bien davantage. Je la priai avant mon départ de me donner son portrait; après quelques petites façons, elle me le promit, et me demanda le mien. Je le lui promis, et le lui donnai le premier, comme elle l'avoit souhaité. Il étoit simplement dans une boîte de vermeil doré avec un miroir dedans à la droite du portrait. Elle ne me donna le sien que le jour que je partis; il étoit bien plus galant et bien plus riche que le mien. Il étoit d'émail, parfaitement bien travaillé, d'une miniature fine, et parfaitement ressemblant; il y avoit un rang de perles autour en dedans et un autre autour du miroir. La boîte étoit aussi d'émail, et représentoit d'un côté, au dos du portrait, Didon sur un bûcher, le poignard à la main; une mer couverte de vaisseaux dans l'enfoncement, faisant voir la fuite d'Énée, et autour il y avoit ces paroles :

JE SUIVROIS SON EXEMPLE.

L'autre côté, au dos du miroir, représentoit un cavalier dont le cheval paroissoit aller à toutes jambes, et un amour, qui voloit devant lui, paroissoit tenir la bride de son cheval, et l'éloigner d'une ville et de plusieurs femmes peintes dans l'enfoncement. Les mots écrits autour étoient ceux-ci :

RIEN NE RETIENT UN AMANT CONDUIT PAR L'AMOUR.[1]

Ce présent étoit très-riche, et le peintre et le joaillier qui avoient travaillé au mien, auxquels je le montrai, me dirent que tout y étoit achevé, et que la boîte et le portrait valoient au moins deux cents louis. La galanterie étoit spirituelle : le cavalier m'ordonnoit de revenir le plus promptement que je pourrois, et d'éviter les occasions de manquer à la fidélité que je lui avois jurée; et Didon m'assuroit de la sienne jusqu'à sa mort. Didon s'est pourtant démentie; mais ce n'est pas encore le temps d'en parler.

Je vous laisse à penser quels remercîments je lui fis, et combien je lui promis de constance; elle m'en promit autant de sa part. Je partis, et malgré une assez longue absence je revins plus amoureux encore que je n'étois allé. Il me parut qu'elle avoit aussi plus de vivacité dans son amour qu'à mon départ. Je trouvai ses expressements plus animés. Je lui avois écrit tous les ordinaires, et tous les ordinaires aussi j'avois de ses lettres; je lui envoyois même de petits présents tels que je les trouvois.

J'avois connu son esprit dans nos conversations, et il est certain que jamais fille n'en a eu de plus aisé. Elle ne rêve point à ce qu'elle dit, et parle plus juste qu'une autre ne pourroit penser; mais ses lettres l'emportent sur tout, j'en suis charmé. C'est un stile concis, châtié, naturel et pathétique; revêtu d'un certain caractère touchant, qui pénètre mille fois plus que la parole animée du son de la voix et des gestes du corps. J'étois tellement content d'avoir une maîtresse si parfaite, que pour me justifier auprès de quelques dames de province, qui ne trouvoient pas bon que je fusse si indifférent dans leur pays, je leur montrai son portrait. La richesse le fit admirer; elles se récrièrent sur la beauté qui y étoit renfermée, et me dirent que les manières de devises qui y étoient, pouvoient bien n'être pas de son invention. Elles me dirent que ce seroit une personne parfaite si elle avoit autant d'esprit que de charmes dans le visage. Je leur répondis que tout venoit d'elle; je leur montrai une lettre que je venois de recevoir il n'y avoit pas une heure. J'ai encore toutes celles qu'elle m'a écrites, je vous les montrerai quand il vous plaira, et c'est tout ce qui me reste d'elle; car, pour me dispenser de les lui rendre à notre rupture, je lui ai écrit que je les avois brûlées. Comme celle-ci vient au sujet, je ne puis me dispenser de vous la lire. En achevant ces mots, il prit un petit coffre où il y avoit plusieurs lettres; il en ouvrit une et lut ces paroles :

LETTRE

« Si je me croyois, je ne vous écrirois pas; je suis tout
» de bon en colère contre vous. Est-il rien de plus offen-
» sant pour moi que cette liberté d'esprit que je remarque
» dans vos lettres, et que cette santé parfaite dont vous
» jouissez et dont vous prenez tant de soin de m'instruire?
» Vous m'avez dit mille fois que vous m'aimiez, je vous
» ai cru; vous m'aviez promis d'être de retour dans un
» mois, je vous ai laissé partir sur cette assurance : il s'en
» est déjà passé quatre depuis, et, après une si longue
» absence, vous êtes content et vous vous portez bien.
» Que vous êtes heureux d'avoir un esprit et un cœur à
» l'épreuve de l'absence et de la jalousie! Je ne vous res-
» semble pas, je suis jalouse jusqu'à la fureur; ma jalou-
» sie va jusqu'à souhaiter que tout le monde vous haïsse,
» afin que, rebuté par tout, vous soyez obligé de revenir
» à moi. Ce sentiment vous est trop injurieux pour me
» durer long-temps; je fais dans le moment même des
» souhaits tout opposés, et je me dis à moi-même, que
» plus vous serez aimé et plus vous aurez de maîtresses,

» plus je me justifierai à moi-même l'attachement que j'ai
» pour vous. Je voudrois que pour vous voir toutes les
» filles empruntassent mes yeux ; mais je voudrois que
» vous ne regardassiez que moi. Je voudrois que toutes
» vos maîtresses eussent un vrai mérite, afin que leur sa-
» crifice relevât le mien. N'en croyez rien, l'amour-propre
» me fait parler ; je ne veux de vous aucun sacrifice, je
» ne veux que de l'amour, et je ne vous demande seule-
» ment que de ne me point sacrifier. Si vous l'avez fait,
» ne me l'avouez pas, je tâcherai de me tromper moi-
» même. Le moyen cependant de ne pas regarder votre
» indolence, votre sang-froid dans vos lettres, la longueur
» de votre absence, et votre parfaite santé ; et le moyen
» sur tant de présomptions contre vous que je puisse m'a-
» veugler moi-même, jusqu'au point de me croire toujours
» aimée ? C'est avec une espèce de certitude que je vous
» crois infidèle. Les belles de provinces m'ont supplantée ;
» un objet présent est toujours plus touchant qu'une maî-
» tresse absente. Vous n'avez de moi qu'un portrait, qui
» n'est qu'une idée, et de simples couleurs ; je suis au dés-
» espoir de vous l'avoir donné ; vous le comparez avec
» vos belles, elles vous plaisent, et il ne vous plaît plus.
» Le change avantageux porte avec soi son excuse dans
» un cœur inconstant : que de raisons contre moi ! Quand
» reviendrez-vous ? Ne vous verrai-je plus ? M'avez-vous
» oubliée ? Si vous m'aimez autant que vous voulez me
» le faire croire, ne préféreriez-vous pas l'amour à toutes
» choses ? N'avez-vous plus d'autre marque à me donner
» de votre passion que de l'écriture, qui peut-être me
» trompe ? Ah Dieu ! je suis si troublée, que mon inquiétude
» paroît jusque sur le papier. J'avois résolu de vous que-

» reller en commençant ma lettre ; mais votre idée, qui
» s'est présentée à mon esprit, a fait évanouir ma colère.
» Mademoiselle Mallet a fait aujourd'hui ses vœux ; la
» voilà enfin religieuse. Qu'elle est heureuse, si son cœur
» est libre! Mais qu'elle sera malheureuse si elle se res-
» souvient de Beaulieu, avec quelques-uns des mouve-
» ments que j'ai lorsque je pense à vous. »

Cette lettre acheva le portrait de mademoiselle Dupuis. Les dames furent charmées, et, malgré moi presque, elles se firent mes confidentes. Je pressai la conclusion de mes affaires le plus que je pus ; je restai cependant encore près de deux mois à Angoulême ; et pendant tout ce temps-là, les lettres qu'elle m'écrivoit furent le sujet des conversations. On me félicitoit sur mon choix ; on m'animoit même à être fidèle pour une fille qui paroissoit si bien le mériter.

J'avois un rival à Paris : c'étoit le fils d'un officier de la maison du roi, qui s'étoit mis sur le pied de faire l'amour à votre commère, pendant les derniers jours de mon absence ; mais, comme c'étoit un jeune homme tout sortant des classes et du droit, et avec cela aussi sot qu'un Parisien qui n'a jamais quitté de vue le clocher de sa paroisse, elle s'en divertissoit, et m'en écrivoit d'un stile, contre lequel la gravité de Caton n'auroit pas tenu. Je n'ai jamais vu d'homme si bien tourné en ridicule ; je montrois ce qu'elle m'en écrivoit, et tout le monde admiroit comme moi la délicatesse de la satire. Enfin sa manière d'écrire et l'amour effectif qui paroissoit dans ses lettres, lui firent autant de partisans qu'il y avoit de gens qui les vissent, et le nombre n'étoit pas petit.

Je revins, comme je vous ai dit, plus amoureux que je n'étois parti, et dans le dessein de faire tout pour l'épouser. Dupuis avoit vu quelques-unes des lettres que j'écrivois à sa fille sur cet article, et avoit pris ses précautions, comme je vous le dirai tout à l'heure. Vous ne sauriez concevoir la tendresse des embrassements qu'elle et moi nous donnâmes à ce retour, si ardemment attendu des deux côtés. Nous pleurâmes de joie l'un et l'autre; je restai presque sans sentiment à ses pieds, et je m'apperçus qu'elle n'étoit guère mieux que moi. Nous reprîmes bientôt nos sens, et enfin je résolus de faire un dernier effort pour l'épouser à quelque prix que ce fût. Dans ce dessein j'allai dès le lendemain matin voir Dupuis, pendant que sa fille étoit allée à la messe; je choisis ce temps-là exprès.

Je me jetai à ses pieds, et lui demandai sa fille toute nue; c'est-à-dire que je m'offrois à la prendre sans bien, sans aucun engagement de sa part, et même sans aucune espérance de son côté. Je lui demandai seulement qu'il voulût bien me la donner, que je le laissois le maître des articles, et que, sans avoir un sol d'elle, et sans même espérer en avoir jamais rien, je m'offrois à l'avantager de tout ce qu'il voudroit, et à reconnoître que j'en avois reçu une dot, telle qu'il la fixeroit lui-même.

Pouvois-je faire plus? Il me parut embarrassé de mon empressement; mais comme il l'avoit en partie prévu, comme je vous l'ai déjà dit, ayant lu quelques-unes de mes lettres, et qu'il s'étoit préparé, il répondit que ma longue absence lui avoit fait croire que je ne songeois plus à sa fille, et que les choses avoient changé de face depuis mon départ. Je suis engagé, poursuivit-il, avec un de mes intimes amis, dont le fils aime ma fille aussi bien que vous, et qui, je crois, ne lui déplaît pas. Je la lui ai promise, et tous les démons de l'enfer ne me feroient pas manquer à ma parole; cependant je n'ai point envie de la violenter; si elle ne consent pas à l'engagement que j'ai pris pour elle, il n'y faudra plus songer. Achevez, lui dis-je, en me rejetant à ses pieds, d'où il m'avoit fait relever; et puisqu'enfin vous consentez à la marier, donnez-la-moi si elle le veut bien.

Le transport où j'étois me fit ajouter plusieurs raisons dont je ne me souviens pas, et qui enfin le touchèrent si vivement, qu'il me promit de me la donner si elle se déclaroit pour moi, et que si elle se déclaroit pour l'autre, je chercherois parti ailleurs. Je le veux bien, lui dis-je, il ne sera pas difficile, je crois, de la faire expliquer, et je me tiens sûr de son consentement. Tant mieux pour vous, me dit-il; si cela est, elle est à vous; mais gardez-vous de vous tromper vous-même: Vous ne connoissez pas les filles, elles sont plus fines que vous ne pensez, et se réservent des ressources que le plus fin de tous les hommes ne pourroit pas prévoir. Je ne crois pas, répliquai-je, que mademoiselle Dupuis en ait qui puissent me chagriner. Tant mieux pour vous, dit-il encore. Je n'en pus tirer autre chose; mais en me remettant au choix de sa fille, c'étoit me donner gain de cause. Il m'avoit voulu donner de la jalousie, j'en pris en effet, mais qui fut bientôt dissipée.

J'attendis sa fille dans une salle en bas; elle revint peu après, et fut surprise de me voir si matin chez elle; je n'y allois ordinairement que les après-midi : mais elle la fut bien plus quand je lui eus dit ce qui m'avoit amené. Vous nous perdez, me dit-elle; la démarche que vous avez faite, sans m'avoir consultée, va attirer d'étranges suites : vous ne deviez pas en venir jusques-là sans m'en avertir, et sans avoir mon consentement.

Cette réponse me mit tout à fait en colère. Je lui dis que je n'en craignois point les suites, et que s'il y en avoit à appréhender, ce n'étoit que pour elle. Que de l'air dont elle me parloit, je voyois bien que son père avoit raison de douter de son choix en ma faveur, et qu'apparemment elle se destinoit au nouvel amant dont il m'avoit parlé. Je le prenois d'un ton si haut, et j'étois tellement animé, que je ne sais si je ne lui aurois point dit d'injures ; mais elle ne m'en donna pas le temps. Mon père, me dit-elle, joignant les mains toute surprise, vous a dit que j'avois un nouvel amant ? Oui, il me l'a dit, répondis-je, et il m'a bien dit plus, puisqu'il m'a dit que vous l'aimiez. Écoutez, reprit-elle tranquillement, cela me fait soupçonner quelque tour. Je ne vous ai jamais donné sujet de vous défier de ma sincérité, l'explication que nous pourrions avoir ici ensemble ne se pourroit pas faire sans qu'on nous entendît, et le secret nous est nécessaire pour plus d'une raison. Trouvez-vous, poursuivit-elle, à trois heures cet après-midi dans le jardin de l'Arsenal, nous parlerons-là tête-à-tête, sans être interrompus, et je m'expliquerai avec vous d'une manière à vous rassurer. Comme ces paroles étoient soutenues d'un grand air de bonne foi, je me rendis, et j'acceptai le rendez-vous. Nous nous y trouvâmes, et nous parlâmes ensemble fort long-temps. Je lui dis mot pour mot tout ce que j'avois dit à son père, et ce qu'il m'avoit répondu.

Je ne sais que vous dire, me dit-elle, je suis plus embarrassée que vous. Le respect que je dois à mon père m'empêche de rien dire contre lui : cependant le mieux que j'en puisse juger, c'est qu'il nous joue, car il sait bien que je ne consentirai jamais à aucun mariage qu'avec vous, et sur ce pied-là il ne veut point me marier de sa vie. A l'égard de l'amant qu'il me donne, je ne sais sur qui jeter les yeux. Je n'ai vu personne depuis votre départ que le jeune du Pont, son père est ami du mien ; mais pour l'aimer, la manière dont je vous en ai écrit me persuade que vous ne le croyez pas : mon père même ne le regarde que comme un enfant. Si son père a parlé au mien, c'est ce que je ne sais point ; en tout cas, il y a là-dessus un bon remède. Il vous a dit que j'étois à vous si j'y consentois, ce sera une affaire bientôt faite. Je suis prête à lui déclarer mes sentiments quand il vous plaira, quoiqu'il ne les ignore pas, pour les lui avoir dit plus d'une fois : mais je les lui déclarerai encore devant vous et devant toute la terre, s'il est besoin, et dès aujourd'hui même, si vous voulez. Je ne crois pas qu'on puisse parler plus juste : voyez ce que vous voulez que je fasse, je le ferai sans hésiter. Croyez-moi, hâtez-vous de le faire expliquer, puisqu'il vous a donné parole. Mettez-le dans la nécessité de vous la tenir ; et pour cela faites-moi parler devant lui, et à lui-même. Je la pris au mot, et la suppliai que ce fût dans le moment.

Nous remontâmes ensemble dans le carrosse qui l'avoit amenée, qui était un fiacre, n'ayant pas voulu nous servir du carrosse de son père ou du mien, et nous arrivâmes dans le dessein de lui parler tous deux, et d'avoir tout un coup un oui ou un non. Mais nous avions à faire à un homme qui ne se gouvernoit pas comme nous pensions. L'ardeur dont je lui avois parlé le matin, et l'amour qui éclatoit dans mes paroles, avoient surpris un de ces instants de pitié, auxquels les diables sont sujets quelques fois malgré eux. Il m'avoit accepté, et s'en étoit repenti dans l'instant même; car il ne vouloit absolument pas marier sa fille. Ainsi il chercha les moyens de rompre l'engagement où il s'étoit mis de me la donner, si elle vouloit même se donner à moi; mais il ne vouloit pas que je pusse accuser sa fille de notre rupture, parce qu'il ne vouloit pas que je rompisse avec elle. Il me regardoit comme la devant épouser un jour, quoiqu'il ne voulût pas que ce fût pendant sa vie. Son but n'étoit que de me reculer, et non pas de me rebuter. C'étoit dans ce dessein que pendant mon absence il étoit entré en effet en parole avec le père de du Pont, quoiqu'en effet il ne voulût pas donner sa fille à un homme d'un mérite si mince et si peu aisé; et comme il ne doutoit pas que je ne le misse bientôt dans la nécessité de conclure, en faisant expliquer sa fille devant lui et moi, il résolut de nous prévenir. Voici ce qu'il fit.

Il avoit entendu le rendez-vous de sa fille et de moi : à peine fut-elle sortie qu'il envoya quérir du Pont le père, pour une affaire qu'il supposoit pressée. Il vint aussitôt, et le hasard fit que dans le même moment son fils venoit voir mademoiselle Dupuis, et qu'ils entrèrent tous deux en même temps. Sitôt que Dupuis le vit, il se résolut de les jouer aussi bien que sa fille et moi. Après les premières civilités, il dit à du Pont le père qu'il avait réfléchi sur ce qu'ils avoient dit ensemble au sujet du mariage de leurs enfants; et que se sentant vieux et cassé, il étoit résolu de terminer le plutôt qu'il pourroit. Le jeune du Pont, chatouillé, ne donna pas le temps à son père de répondre, il parla le premier; et s'il ne fit pas voir beaucoup d'esprit, du moins fit-il voir beaucoup d'amour. Il sauta au cou de son prétendu beau-père, et lui dit que c'étoit un bonheur auquel il ne s'attendoit pas; mais qu'il le recevoit pourtant de bien bon cœur. Le père, plus modéré, remercia Dupuis d'aussi bonne foi que si celui-ci en avoit eu dans la proposition qu'on lui faisait; et comme elle lui étoit très-avantageuse, il l'accepta sur le champ. On parla des articles du contrat. Du Pont se dépouilloit en faveur de son fils de sa charge chez le Roi, dont il avoit la survivance. Ils accordèrent à Dupuis tout ce qu'il leur demanda ; et enfin l'affaire fut traitée si sérieusement, que c'eût été une chose conclue, et dont Dupuis n'auroit pas pu se dédire, si sa fille avoit voulu y consentir; mais c'étoit ce qu'il savoit bien qu'elle ne feroit pas, et ce n'étoit qu'en vue de lui jouer un tour comme celui-là, et de l'obliger à s'opposer à ce qu'il paroîtroit vouloir, qu'il avoit toujours protesté de ne la point violenter. Ainsi, sans courir aucun risque, il se donnoit une comédie, dont les acteurs étoient d'autant plus inimitables, qu'ils étoient naturels, et que leur rôle n'étoit ni fardé ni étudié.

Nous arrivâmes comme ils en étoient encore sur les articles de ce prétendu mariage. La vue de du Pont me fit taire d'abord, parce que je ne les connoissois point : mais je ne fus pas long-temps sans les connoître, le compliment du fils m'instruisit. Mademoiselle, dit-il, en s'adressant à elle, voulez-vous bien que je vous témoigne ma joie du bonheur que monsieur votre père m'assure en vous donnant à moi, car je vous crois trop sage pour l'en dédire. Il alloit continuer ses impertinences, si je ne l'avois interrompu. M. Dupuis vient, dites-vous, monsieur, lui dis-je, de vous donner parole pour le mariage de sa fille et de vous? Oui, monsieur, me dit-il. Hé bien, monsieur, lui repartis-je, monsieur lui-même m'a promis, ce matin, qu'il laisseroit décider mademoiselle. J'y prétends aussi bien que vous, et tout aussi bien fondé pour le moins ; je la remets pourtant à son choix ; et vous, monsieur, qui la croyez trop sage pour dédire celui de monsieur son père, je vous crois trop sage, trop bien né et trop honnête homme vous-même, pour vouloir la violenter, et pour ne vous pas soumettre à ce que son inclination en voudra bien ordonner. Parlez, mademoiselle, lui dis-je, l'occasion ne peut être plus belle, ni plus favorable. Elle rougit, mais ne balança pas un moment. Elle se jeta à genoux devant son père, sans regarder les du Pont, et je lui entendis dire en ma faveur, tout ce qu'une fille sage, honnête, spirituelle et passionnée peut dire de plus fort ; elle finit par assurer son père qu'elle ne feroit jamais rien de contraire à la vertu, qui pût lui déplaire ; mais qu'elle le prioit de vouloir bien ne la point forcer, en disposant d'elle malgré elle-même.

Je pris ma partie aussi, et quoique je me doutasse bien de la fourberie, je ne laissai pas de lui parler si bien, que du Pont le père, qui est honnête homme, entreprit notre protection. Il dit à Dupuis qu'il n'auroit jamais voulu entendre parler de l'engagement où ils venoient d'entrer, si les sentiments de mademoiselle sa fille et les miens lui avoient été connus ; qu'il ne pouvoit pas mieux faire que d'unir deux personnes dont les cœurs paroissoient si vivement pris, et que c'étoit le conseil qu'il lui donnoit en honnête homme, et qu'il l'en prioit en ami.

Dupuis, qui ne s'attendoit pas à cette prière, en fut déconcerté pendant un moment ; mais comme il avoit pris sa résolution, il dit sans façon que sa fille étoit une insolente de parler de la sorte devant tant de monde ; qu'elle manquoit au respect qu'elle lui devoit et à la retenue qu'elle se devoit à elle-même ; que tout ce qu'il pouvoit faire pour la punir, étoit de la laisser telle qu'elle étoit ; qu'il ne la violenterait point, puisqu'il le lui avoit promis, mais que tout au moins, puisqu'elle le dédisoit, il ne consentiroit pas à son choix. Vous m'avez promis, lui dis-je, de me la donner si elle y consentoit, et je vous somme de votre parole. Bagatelle, reprit-il ; vous me teniez l'épée dans les reins, et j'avois oublié que j'étois engagé avec M. du Pont. Je vous rends votre parole, reprit celui-ci ; que cela ne vous empêche point de conclure avec monsieur. Il n'en sera rien autre chose, reprit Dupuis avec colère, et en se tournant de l'autre côté de son lit ; et en effet, il nous fut impossible d'en tirer davantage.

Du Pont le père ne savoit qu'en penser ; le fils étoit au désespoir de voir ses espérances évanouies ; mademoiselle Dupuis sortit tout en pleurs ; mais moi qui connus pour lors toute la fourberie, je ne pus me taire. Il y a longtemps, monsieur, lui dis-je, que je songe à mademoiselle votre fille, vous savez que je ne lui suis pas indifférent. Vous faites venir monsieur à la traverse, et vous me le préférez. Je n'ai pas l'honneur de le connoître, mais l'amour-propre me flatte assez, pour mettre en ma faveur toute la différence qui est entre nous, et je crois que monsieur ne me le disputeroit pas, pour peu qu'il me connût, du moins je ne voudrois pas me changer pour lui de quelque manière que ce soit. Je suis fâché de m'expliquer si ouvertement, mais l'injustice que vous me faites m'y oblige. Quoiqu'il en soit, monsieur, et quelque soit le motif qui vous fasse agir, je suivrai l'exemple de mademoiselle votre fille, et ne vous dirai rien, de crainte que la passion dont je suis animé ne me fît sortir du respect que je dois au père d'une fille que j'aime jusqu'à la fureur et à l'idolâtrie. Je sortis effectivement, et vins la rejoindre. Je la trouvai toute en larmes; j'avois besoin d'être consolé, mais sa douleur me toucha plus que la mienne. Nous nous dîmes l'un à l'autre tout ce qui nous vint à la bouche, et nous ne conclûmes rien que de nous aimer éternellement, malgré les traverses que son père nous suscitoit. Elle me fit voir une crainte tendre que je ne me rebutasse, dont je fus pénétré et contre laquelle je la rassurai par mes serments d'une fidélité éternelle.

Les deux du Pont descendirent environ demi-heure après. Je croyois aller avoir une querelle sur les bras, je fus trompé. Le père est honnête homme, qui me dit qu'il ne se sentoit point offensé de la manière dont je l'avois pris, ni du mépris que j'avois fait de son fils en sa présence; qu'il donnoit cela à la passion, et qu'il faudroit n'être pas raisonnable pour demander de la raison dans un amour au désespoir. Un discours si honnête attira mes excuses, et votre commère fit quelque chose de plus fort; car après s'être excusée d'avoir parlé si librement sur la nécessité où elle avoit été de s'expliquer, elle ajouta, en adressant la parole au fils : Vous savez bien, monsieur, qu'on ne dispose pas de son cœur comme on veut. Si je vous avois connu avant M. des Ronais, votre mérite m'auroit touché; mais vous n'avez paru à mes yeux qu'après que mon cœur a été tout rempli. Je n'ai pu vous y donner que de l'estime ; vous êtes trop honnête homme pour

prendre mal ce que je vous dis, et la très-humble prière
que je vous fais devant monsieur votre père, c'est de ne
plus donner sujet à aucun éclat. Je vous entends, mademoiselle, interrompit le père, car tout cela étoit de l'al-
gèbre pour le fils, je vous engage ma parole qu'il ne vous
importunera plus, et dès à présent je lui ordonne de prendre de vous un congé éternel. Il ne faut jamais, poursuivit-il, parlant à son fils, qu'un honnête homme soit de
trop quelque part que ce soit. Vous avez joué ici un vilain rôle, ne vous y exposez plus, et pour cela promettez
à mademoiselle de ne la venir jamais voir; et puisque votre amour a été mal reçu, que du moins votre obéissance
à sa volonté vous tienne lieu de mérite. Il le fit en jeune
homme fort docile, et nous nous séparâmes après mille
civilités de part et d'autre.

Je fus donc délivré de mon rival sans en être plus heureux. Votre commère et moi connoissions bien la fourbe
de son père qui nous avoit joués. Il n'y avoit plus d'apparence de rien tenter. Nous n'espérions plus rien de favorable que du temps, et cependant je mourois de chagrin de voir vivre quelqu'un. Ce quelqu'un ne parla non
plus à sa fille des du Pont ni de moi, que si nous n'eussions jamais été. Il ne lui en fit ni pire ni meilleur visage,
ni à moi non plus, qui continuai d'aller chez lui à tous
moments. Il observoit un silence sur tout ce qui nous regardoit, qui nous embarrassoit; mais nous n'avions rien
à craindre, il ne nous vouloit aucun mal. Il nous avoit fatigués et rebutés, c'en étoit autant qu'il en falloit, il n'en
demandoit pas plus.

Je vous ai dit qu'il avoit voulu tout rompre, sans que
sa fille me donnât le moindre sujet de me plaindre d'elle.

Je vous ai dit qu'il me regardoit comme un homme qu'il lui destinoit pour époux, mais je ne vous ai pas dit qu'il m'aimoit. Il étoit vrai cependant, et il me le marqua d'une manière fort généreuse environ un mois après.

Il faut que vous sachiez que j'avois eu l'agrément pour la charge dont je suis à présent revêtu. Il en étoit tombé une à vendre par la mort du titulaire; il s'agissait de payer. J'avois environ les deux tiers de l'argent qu'il me falloit, mais je m'étois engagé de fournir le tout en un seul paiement. Pour mon malheur, un banquier qui avoit plus de vingt mille écus à moi, mourut dans cet intervalle de temps; et comme ces sortes de gens font souvent belle figure aux dépens d'autrui, et que les affaires de celui-ci étoient hors d'état de pouvoir me rembourser si promptement, je comptois mon argent perdu, ou du moins fort aventuré. Je cherchai de l'argent de tous côtés; mais mon crédit n'étoit pas assez bien établi pour trouver assez tôt une somme si considérable, dans un temps où les banqueroutes étoient fort fréquentes, et l'argent très-rare. J'étois donc dans une peine qui ne se peut comprendre. Je ne sais pas où Dupuis l'apprit, puisque je n'en avois rien dit à sa fille, et qu'elle ne le sut que lorsqu'il l'envoya chez moi. Il emprunta de l'argent de tous côtés, mit même une partie de sa vaisselle d'argent en gage : et enfin lorsque je m'y attendois le moins, je la vis entrer chez moi. Elle me dit que son père ayant su que j'avois besoin d'argent comptant, m'envoyoit douze mille écus, et qu'elle avoit ordre de lui de me dire que si cela ne suffisoit pas, je le lui fisse savoir, qu'il répondroit pour moi partout, et qu'il me trouveroit tout ce qui me seroit nécessaire. C'étoit plus qu'il ne me falloit avec le comptant que j'avois.

Elle me dit ce qu'il avoit fait, et qu'elle avoit craint, lui voyant si promptement tant emprunter et tant vendre (car elle croyoit la vaisselle vendue), qu'il ne lui jouât quelque tour ; mais enfin qu'elle ne se sentoit pas de joie voyant quel dessein il avoit eu.

Je vous avoue que cette générosité me toucha très-sensiblement, surtout dans la nécessité où j'étois d'argent comptant ; car il m'envoya cet argent presque le midi, et c'étoit l'après-dîner du même jour que je devois faire le paiement. Mon premier soin fut d'aller d'abord le remercier. Je lui rendis toutes sortes de grâces, et lui avouai sincèrement qu'il me tiroit d'un très-grand embarras. Il interrompit mes remerciements, et sans changer la manière dont il avoit coutume d'agir avec moi, il me dit d'aller terminer mes affaires ; qu'on connoissoit ses amis dans le besoin ; qu'il étoit le mien plus que je ne pensois, quoiqu'il fût bien persuadé que j'aurois voulu le voir au diable. Venez, ajouta-t-il, souper avec nous. Quand je vis qu'il agissoit sans façon, j'agis de même. J'allai à mes affaires, dont par son secours je sortis à ma satisfaction.

Je soupai chez lui, et voulus continuer à lui marquer ma reconnoissance de l'obligation que je lui avois. Il m'interrompit toujours ; comme j'en reprenois souvent le discours : — Hé morbleu ! dit-il, puisque vous en voulez tant parler, il faut que j'en parle aussi. N'est-il pas vrai, dit-il, que si je vous avois donné ma fille avec mon bien, je ne vous aurois pas rendu service, parce que je ne l'aurois peut-être pas pu, ou que vous n'en eussiez pas eu besoin ? N'est-il pas vrai encore que si vous aviez épousé ma fille toute nue, comme vous me le demandiez, vous croiriez que ce seroit son bien que je vous aurois donné, et

non pas le mien? N'est-il pas vrai encore que parce que
vous ne m'êtes rien, vous m'avez plus d'obligation de ce
que j'ai fait, que vous n'en auriez si vous étiez mon
gendre? N'est-il pas vrai que vous en avez plus de reconnoissance, et qu'en un mot cela vous touche davantage?
J'avouai que oui; et voilà justement l'endroit, reprit-il.
Mon cher ami, poursuivit-il, en me frappant sur l'épaule,
sois toujours le maître du tien, et laisse à tes enfants,
quand tu en auras, le soin de te faire la cour, sans te
mettre jamais en risque de la leur faire. Il est agréable
d'être le maître, surtout chez soi. Tu auras des enfants
un jour, agis-en avec eux comme j'en agis avec toi et
Manon (car je vous regarde tous deux sur le même pied),
et tu en seras toujours craint et respecté.

Quoique sa morale me fît enrager, je ne laissois pas de
la trouver de fort bon sens, et si tout le monde en agissoit
comme lui, les enfants auroient pour leurs parents plus
d'égards et de vénération. Car, comme il disoit, les enfants trouvent toujours bien leurs pères et leurs mères;
mais les pères et les mères ne trouvent pas toujours leurs
enfants : outre que c'est une honte de dépendre de ceux
qui nous doivent la vie, et qu'au contraire il est naturel
et de droit divin que nous dépendions de ceux qui nous
ont mis au monde.

J'admirois cet homme qui me confioit volontiers son
bien, et qui ne vouloit pas me donner sa fille, par une
ferme résolution de ne se point dégarnir, car enfin il m'aimoit, et il est même très-constant qu'il avoit une telle
confiance en moi, qu'il ne parla jamais de lui faire ni
obligation ni billet; et que lorsque je lui rendis une partie de l'argent qu'il m'avoit envoyé de trop, et que je lui

donnai ses sûretés par écrit pour le reste, il les prit effectivement, mais me demanda si j'avois envie de mourir avant lui, et ajouta que les gens d'honneur ne devoient point exiger entre eux ces sortes de précautions, filles de la défiance.

Si cette occasion m'avoit donné à connoître qu'il prenoit part à mes intérêts, une autre qui survint peu de temps après, me fit connoître qu'il en prenoit à ma personne.

Il y avoit une jeune fille assez jolie qui demeuroit chez madame de Ricoux, chez qui je logeois; car ce n'est que depuis la mort de Dupuis et ma réception dans ma charge, que je tiens mon ménage; avant cela, je m'étois mis en pension chez cette dame, qui est ma parente; et pour tout train je n'avois qu'un cocher, un valet de chambre, et un laquais. Je donnois à mes gens leur argent à dépenser, et je mangeois avec cette dame. On disoit que cette fille étoit de bonne famille : effectivement, elle n'avoit pas les manières d'une misérable. Elle venoit assez souvent dans mon appartement et dans ma chambre, soit pour nettoyer, soit pour prendre mon linge et raccommoder ce qui en étoit déchiré. Elle y vint quatre ou cinq fois de suite que j'étois seul; et elle y venoit sans nécessité apparente. J'eus de la tentation; je ne faisois l'amour avec votre commère que comme les anges, le corps malgré moi n'y avoit point de part, et je ne demandois pas mieux qu'un amusement. Cette fille étoit gaillarde et de bonne humeur; j'étois porté au badinage : et enfin, comme le diable se mêle de tout, nous travaillâmes à faire un troisième. Il y avoit longtemps que ce commerce duroit sans éclat, et sans que qui que ce soit le soupçonnât; mais enfin il fut découvert.

Dupuis avoit des amis partout ; il fut informé que cette fille étoit prête d'accoucher, qu'elle me faisoit un procès à l'officialité, et qu'elle avoit le matin même obtenu un décret contre moi. Je n'étois point encore revêtu de la charge que j'ai. Il me dit tout, et me jeta par-là dans la plus grande confusion que j'aie eue de ma vie. Il est vrai pourtant qu'il n'avoit pas voulu me parler devant sa fille, mais elle écoutoit tout ; lequel vaut le mieux ? Ce n'est qu'une bagatelle, reprit-il, mais qui ne laisseroit pas de vous faire de la peine si vous étiez arrêté ; et cela ne feroit pas un bon effet pour votre réputation, surtout sur le point d'être reçu à une charge qui veut un homme détaché des plaisirs, et de mœurs réglées. Restez chez moi, continua-t-il, on ne viendra pas vous y chercher, et les choses pourront s'accommoder ; mais il est bon de savoir si, lorsque vous avez fait avec elle votre première sottise, vous avez promis de l'épouser, ou si vous avez fait quelque présent. Je ne lui ai rien promis, lui dis-je, mais je lui ai donné trente louis d'or. C'est acheter un péché mortel bien cher, dit-il en riant, et depuis ce temps-là, ajouta-t-il, ne lui avez-vous rien donné ? Non, lui répondis-je ; car elle n'a pas voulu rien prendre, quoique je lui en aie plusieurs fois offert. Elle avoit ses vues, dit-il, mais n'importe, c'est-à-dire que l'intérêt l'a fait tomber la première fois, et que le plaisir l'a ramenée à sa chute. Laissez-moi faire, poursuivit-il, nous en sortirons bien ; restez ici, et m'y attendez. Il envoya chercher une chaise à porteur, y ayant fort longtemps qu'il ne se servoit plus de carrosse, qui n'étoit plus qu'à sa fille ; et malgré tout ce qu'elle et moi lui pûmes dire, il sortit, quoiqu'il y eût plus de six mois qu'il n'eût pas vu le pas de sa porte, ayant même la permission de faire dire la messe chez lui.

Il alla partout où il voulut; je ne sais pas comment il s'y prit, mais en moins de quatre heures de temps il revint chez lui avec un parchemin dans sa poche. Voici, dit-il, en me le montrant, *emplastrum contra contusionem;* votre belle ne peut plus vous faire arrêter, et vous pouvez la faire arrêter, elle. Je ne crois pas, poursuivit-il, que vous soyez assez scélérat pour faire mettre cette pauvre diablesse en prison, mais il faut lui en donner la peur, puisque vous le pouvez. Tous les huissiers savent que vous avez un décret contre elle, elle le saura bientôt elle-même; laissez-la venir, elle se rendra traitable, et nous l'aurons par composition. En effet, il envoya chercher un sergent qu'il connoissoit pour être des bons amis de cette fille. Il lui mit le décret en main, mais il ne lui donna point d'argent, de peur qu'il ne voulût le gagner : il lui promit seulement de le payer après la capture. Ce sergent fit ce qu'il en avoit espéré. Il avertit cette fille, qui se trouva fort embarrassée, voyant bien qu'on lui feroit de terribles affaires, si malgré des gens infiniment plus riches qu'elle, et bien plus puissants, elle s'obstinoit à vouloir m'épouser malgré moi. Dans le même temps, on lui fit parler d'accommodement, et Dupuis s'y prit si bien et si vivement, que ce fut une affaire terminée en deux jours à peu de frais. Il est vrai qu'il m'en coûta de l'argent, et que je promis de prendre l'enfant; mais sa mort, qui arriva quinze jours après sa naissance, me délivra du soin de l'élever. Dupuis et sa fille firent encore plus pour se mettre l'esprit en repos : ils ont marié cette fille à un homme de province; et Dupuis, qui lui fit un présent de noce, m'obligea de contribuer à sa dot.

Cette affaire-ci m'avoit un peu brouillé avec votre commère, qui prétendoit que je lui avois manqué de fidélité. Elle m'en fit la mine pendant quelque temps, et n'eut point de repos que cette fille ne fût partie avec celui qui l'avoit épousée. Pour Dupuis, il n'en fit que rire. Cela donna matière à d'aussi plaisantes conversations entre lui, sa fille et moi, qu'on puisse jamais en avoir. Il n'étoit nullement prévenu en faveur du sexe, et ne se mettoit pas sur le pied de garder tant de mesures et d'examiner ses paroles devant elle. C'est une terrible chose que ces démangeaisons de la chair, disoit-il, surtout pour de jeunes filles. Les exemples de tant de malheureuses qu'elles voient tous les jours, ne les rendent pas plus sages; au contraire, plus il y a de libertines aujourd'hui, et plus il y en aura demain. Je me figure, poursuivit-il, qu'elles se parlent ainsi à elles-mêmes. Telles et telles ont fait des enfants et se sont perdues de réputation et d'honneur; c'est qu'elles n'ont pas eu l'esprit de cacher leur secret comme telle et telle, dont on ne parle seulement pas. Madame une telle accoucha il n'y a que six mois; elle souffrit des douleurs inconcevables; elle fut si mal que l'on désespéra de sa vie, elle-même crut en mourir; elle juroit son Dieu et son âme que si elle en pouvoit réchapper, son mari ne l'approcheroit jamais; elle renonçoit à tous les hommes: cependant, malgré ses douleurs et ses serments, la voilà encore grosse, et outre son mari, on dit qu'elle a encore un amant favorisé; il faut donc que ce soit un grand plaisir que celui de la compagnie d'un homme. La curiosité porte à en goûter; les réflexions émeuvent les sens; un gaillard les surprend dans le moment de la tentation, elles résistent un peu pour faire honneur à leur défaite:

enfin elles succombent par foiblesse, et poursuivent par libertinage. Il n'y a que la première chasse qui coûte. Au commencement d'une aventure une fille est honteuse. Quelque plaisir qu'elle sente, un reste de pudeur lui en fait dissimuler une partie. Elle n'est encore que patiente; le temps l'apprivoise insensiblement, et elle devient enfin agente. Alors, à beau jeu, beau retour; le cavalier s'épuise, la belle qui ne fait qu'entrer en goût, court au change, et en fait tant, qu'à la fin le diable emporte la voiture et les cavaliers.

Il étoit impossible de s'empêcher de rire, lorsqu'il se mettoit sur cette matière. Comme il étoit naturellement malin et goguenard, il assaisonnoit ses paroles d'un certain ton de voix et d'un air railleur qui valoit mieux que le reste. Sa fille sortoit lorsqu'elle voyoit qu'il commençoit, mais il avoit le secret de la faire rester malgré elle, en la faisant mettre à table dans un coin. Elle s'étoit insensiblement accoutumée à l'entendre; elle lui répondoit même assez souvent, et défendoit son sexe le mieux qu'elle pouvoit, sans lui faire changer d'opinion. Mais, lui dit-elle un jour, si vous êtes si fort persuadé de la fragilité des filles, pourquoi souffrez-vous que moi qui suis la vôtre, vive sur ma bonne foi, comme j'y vis? Et pourquoi ne craignez-vous pas que je fasse quelque sottise aussi bien que les autres? Croyez-vous que par une règle particulière je me gouverne bien, vous qui ne croyez pas qu'il y ait une fille qui soit sage? Car enfin si j'avois été d'humeur à me gouverner mal, qui m'en auroit empêchée, puisque vous m'en avez laissé toute la liberté? Si j'avois eu envie d'avoir un galant, j'en aurois bientôt trouvé; et sans aller trop loin, M. des Ronais que voilà s'est plusieurs fois offert à mon service, et s'y offriroit bien encore, ou je suis fort trompée. Vous ne la seriez pas, repris-je, et je vous dirai sincèrement devant monsieur votre père, que vous n'êtes qu'une sotte de ne pas lui justifier, par votre exemple, les sentiments qu'il a du général. Il n'est pas question de cela, interrompit Dupuis, chacun dans le monde agit selon ses lumières. Je ne suis ni Espagnol, ni Portugais, ni Italien, ni Turc; je ne me méfie point de la continence d'une fille, sur des grilles, ni sur des verroux. La sagesse d'une fille n'est rien, à moins qu'elle ne vienne de sa propre vertu, sans aucun secours étranger. Tout le monde a cela de propre, particulièrement les femmes, de se porter avec ardeur à tout ce qui est défendu. C'est ce qui fait qu'il y a assurément plus de libertines en Italie et en Espagne qu'en France, où les femmes sont libres, et où tout au moins elles ne font que très-rarement les premières avances. La véritable vertu d'une fille consiste à être tentée, et à ne pas succomber à la tentation; et c'est ce qui fait que nos Françoises, qui conservent leur chasteté, sont mille fois plus louables que les femmes des autres nations que je viens de nommer, parce qu'elles sont toujours dans l'état de tentation par le commerce du monde, et qu'elles y résistent; au lieu que les autres ne doivent leur sagesse qu'aux murs qui les environnent. Ce qui fait que dès la première fois qu'on se trouve seul à seul avec elles, on débute comme les brutes, par la conclusion; et quoiqu'on dise que l'Espagne est le pays de l'amour, les gens de bon goût sur la galanterie ont toujours plus de satisfaction d'une femme qui fait acheter ses faveurs ou qui n'en accorde point du tout; et c'est cette sagesse, plus naturelle à nos Françoises qu'à aucune autre nation du monde, qui fait le sujet de l'admiration et de l'attache de leurs amants. Mais d'abord qu'il y a de la contrainte, bien loin qu'une fille trouve des charmes dans sa vertu, elle s'en dégoûte et fait tout son possible pour obéir à son amant au hasard de tout.

Par exemple, poursuivit-il, si lorsque je n'ai pas voulu vous marier ensemble, je t'avois défendu, dit-il à sa fille, de voir M. des Ronais, mets la main à la conscience, n'est-il pas vrai que tu ne m'aurois pas obéi? Lorsqu'une fille donne des rendez-vous à un amant qu'elle voit malgré ses parents, c'est un temps dérobé qu'elle y emploie, mais dont elle ne perd pas un moment. Un cavalier avance plus là ses affaires en un quart d'heure, qu'il ne fait en six mois quand il voit sa maîtresse tous les jours. C'eût été dans cette occasion que j'aurois craint que tu n'eusses suivi le penchant; au lieu qu'en te laissant vivre avec lui à ta fantaisie, il n'a presque employé son temps qu'à se plaindre, et à me donner au diable entre cuir et chair, et qu'il t'a laissée en repos; ce qu'il n'eût pas fait dans des endroits écartés, tels qu'on les choisit pour les rendez-vous : outre que je n'avois rien presque à craindre ici de M. des Ronais, ma propre expérience me le faisant connoître.

J'ai été jeune autrefois, poursuivit-il; j'aimois une fille que je recherchois pour le sacrement. J'en étois aimé; et quoique je fusse effronté avec les autres, celle-là ne m'inspiroit que du respect; ou du moins l'amour que j'avois pour elle, quoique violent, ne m'a jamais laissé la hardiesse d'entreprendre avec elle ce que j'entreprenois toujours avec les autres. Ainsi, je sais par moi-même qu'on agit toujours autrement avec une fille qu'on veut épouser, qu'avec une autre, quoique d'égale qualité. Me trompai-je ? continua-t-il, parlant à moi. Est-il vrai que les moments que vous auriez passé ailleurs n'auroient pas été aussi innocents que ceux que vous avez passé chez moi? Je ne sais ce qui en eût été, répondis-je, mais je crois que j'aurois toujours eu le même respect, et que mademoiselle eût toujours été également sage. Et moi je n'en crois rien, dit-il ; du moins suis-je certain que vous ne lui auriez pas prêché la vertu, et j'aurois appréhendé qu'elle n'eût suivi vos conseils ; car quand une fille a de la confiance aux gens, elle s'abandonne à leur conduite ; et Dieu sait où vous l'auriez menée. Mais quel plaisir prenez-vous, repris-je, à nous laisser, mademoiselle et moi, au hasard de succomber ? Que ne consentez-vous à notre mariage, puisque vous paroissez l'approuver ? C'étoit la fin ordinaire de nos conversations, et c'étoit à quoi il ne répondoit qu'en changeant de propos, ou en disant qu'il n'y avoit rien de pressé.

C'étoit ainsi que nous passions le temps. J'allois chez lui à tous moments, j'y mangeois tous les jours, et pour être en effet le gendre de la maison, il ne me restoit qu'à partager le lit de la fille. Ce fut à quoi je tâchois de la faire consentir ; mais j'eus beau lui faire remarquer les distinctions que son père avoit pour moi et sa tendresse pour elle, qui nous étoient de sûrs garants de son consentement, si notre commerce éclatoit d'une manière ou d'autre, et qu'il consentiroit à notre mariage avec facilité, quand il n'y auroit plus pour lui d'autre parti à prendre, et qu'il verroit que nous aurions pris le nôtre ; toute ma rhétorique fut inutile. Elle me laissoit parler et dire tout ce que je voulois, mais elle ne se laissoit point persuader.

Elle me répondoit en riant, qu'elle ne vouloit pas se mettre au hasard de me perdre, et qu'elle m'aimoit trop pour en venir jusques-là; que mon aventure et ce que son père avoit dit sur un sujet pareil étoit son préservatif : Eh! qui vous presse, poursuivit-elle en riant? Ne savez-vous pas trouver ailleurs ce qui vous faut? Non, répondis-je. Je puis trouver ailleurs quelque plaisir du corps, mais ce n'est qu'avec vous que je puis goûter ceux du cœur. Hé! mon Dieu! disoit-elle, la différence est, je crois, bien imaginaire.

Je n'en pus jamais tirer autre réponse. Enfin, par la suite du temps, je m'étois fait une manière de vie que je ne comprenois pas moi-même. Je voyois tous les jours un homme dont la vie me faisoit mourir de chagrin et que je ne pouvois pas haïr; car outré ce qu'il avoit fait pour moi, il me recevoit comme son fils et me faisoit rire. Je voyois tous les jours une fille que j'aimois jusqu'à la fureur, et dont j'étois aimé, à ce que je croyois, et cependant je ne ressentois aucun de ces mouvements impétueux auxquels l'amour rend si sujets ceux qui sont remplis de passion. Tout ce que j'en puis dire, c'est que ne voyant pas jour à réussir après avoir tant manqué d'entreprises, le cœur et le corps s'étoient fait une habitude de se laisser conduire par l'esprit et par la raison, et s'étoient rendus traitables.

Enfin, après avoir vécu longtemps de cette sorte, Dupuis tomba tout d'un coup dans une très-grande foiblesse. La nature défaillit en un instant. Il avoit assez vécu pour songer à la mort. Il s'y prépara en bon chrétien, et comme cette fois-là il vit bien qu'il n'en pouvoit revenir, il voulut se réconcilier avec moi, et me faire lire jusqu'au fond de son cœur. Après qu'il eut reçu tous ses sacrements, il nous fit venir dans sa chambre sa fille et moi. Il en fit sortir tout le monde; il la fit asseoir sur son lit, et moi dans un fauteuil à son chevet.

Il me conta en peu de mots, et sans se flatter, toute sa vie. J'y vis une suite perpétuelle de pertes et de malheurs; mais parmi tant d'infortunes et beaucoup de débauches, j'y remarquai un fond de probité inépuisable. Il a été assurément un des plus honnêtes hommes du monde, d'une conscience nette et droite, et s'il l'avait moins été, outre qu'une partie de ses malheurs ne lui seroient point arrivés, il auroit acquis des biens immenses qu'il a mieux aimé mépriser que de faire plier sa bonne foi et son bon cœur. Il me dit que la certitude où il avoit été depuis très-longtemps de n'être point né pour être heureux, étoit ce qui l'avoit forcé de se précautionner contre tout; qu'il n'avoit jamais douté que sa fille et moi n'en eussions fort bien usé à son égard, s'il avoit permis notre mariage; que cependant il avouoit n'avoir jamais pu vaincre dans son cœur la crainte du futur. Je ne vous donne rien, poursuivit-il, en vous donnant ma fille, elle est à vous par toutes sortes de raisons. Je vous demande pardon à l'un et à l'autre de m'être si longtemps opposé à votre union; mais je suis plus excusable que condamnable de n'avoir pu vaincre dans mon cœur une foiblesse qui y étoit, et que la seule approche de la mort en chasse. Je sais que vous l'aimez véritablement, je ne saurois la remettre en de meilleures mains que les vôtres. Je vous la recommande pour elle-même; j'ose y joindre ma considération, qui est celle d'un mourant, qui vous proteste, avec vérité, qu'il vous a toujours infiniment aimé et estimé pendant sa vie. Donnez-vous la main l'un à l'autre, j'espère qu'elle vous sera aussi chère après votre mariage qu'elle vous l'a jamais été, parce que j'espère qu'elle sera toujours la même et qu'elle ne vous fera jamais repentir de l'honneur que vous lui faites. Je prie Dieu qu'il vous comble de ses bénédictions. Je vous donne la mienne, poursuivit-il en parlant à sa fille, mais c'est à la charge que vous vous en rendrez digne par votre vertu et par un sincère et inviolable attachement à la personne de M. des Ronais. Rendez grâces à Dieu de vous avoir destinée à un homme comme lui; ayez pour lui toute la tendresse qu'il mérite et toute la reconnoissance que vous devez à l'honneur qu'il vous fait, car naturellement il pouvoit mieux prétendre que vous, et ayez pour lui, sans fard et sans étude, toute la fidélité, la soumission et le respect qu'une honnête femme doit à son époux; c'est à ces conditions que j'attache ma bénédiction. Allez, poursuivit-il, s'adressant à moi, dites à mon confesseur ce que je viens de vous dire, et demandez-lui s'il n'y a pas moyen de vous épouser dans ma chambre même. Je n'ai plus rien à prétendre au monde, et je mourrois tout à fait content si je pouvois vous voir l'un à l'autre, et voir ma fille, avant ma mort, dans une alliance assurée que mille contre-temps peuvent faire manquer quand je ne serai plus. Hâtez-vous, si vous voulez que j'en aie la satisfaction; je sens mes forces, et je n'ai pas plus de trois heures de vie.

Il sembloit qu'il prévît ce qui devoit arriver après sa mort; mais le voyant dans une si bonne disposition, j'en voulus profiter. Je ne croyois pas qu'il fût si bas qu'il le disoit, car je lui voyois, outre un jugement net et un discours solide, une parole forte et les yeux vifs. Le pauvre homme se sentoit et se connoissoit mieux que moi. J'avois une douleur très-véritable de l'état où je le voyois. Les pleurs de sa fille qui étoient sincères me pénétroient. J'admirois la tranquillité dont il la consoloit; car il est certain qu'il mourut en stoïque, et qu'il ne lui échappa jamais ni impatience, ni aucune parole qui marquât le moindre retour vers le monde. Je parlai à son confesseur en sa présence, il m'avoua de tout. Le confesseur nous dit qu'il ne pouvoit pas nous donner la bénédiction du mariage, sans la permission de l'archevêque de Paris; mais qu'il ne doutoit pas de l'obtenir, dans l'état qu'étoient les choses. Nous le priâmes de se donner la peine d'y aller. Il le fit après avoir pris nos noms et nos qualités, et laissa un autre ecclésiastique auprès de Dupuis. Nous y restâmes aussi. Ce fut là que je vis dans un mourant une véritable et sincère résignation, et un véritable détachement de toutes choses : enfin, des sentiments tels que je souhaite les avoir lorsque je serai dans le même état. Ce furent presque ses dernières paroles, car en me serrant la main et en demandant des prières, il expira entre mes bras. Sa mort m'arracha des larmes, et je secondai très-sincèrement la douleur de sa fille, qui étoit excessive.

La permission de nous marier arriva après son dernier soupir; et elle nous fut inutile par l'obstination de cet ecclésiastique, qui ne voulut jamais s'en servir, et qui nous dit que Monseigneur n'avoit accordé cette permission que pour satisfaire l'esprit d'un homme mourant, et lui mettre la conscience en repos du côté du monde, en l'obligeant à n'y plus songer; qu'il nous marieroit très-volontiers, si M. Dupuis étoit encore en état d'en être le témoin et de le voir; mais que son dernier soupir avoit changé le tout, et que notre mariage ne regardant plus que nous, et nullement le mort, à qui il étoit désormais indifférent, nous n'étions pas dans la situation de nous dispenser des cérémonies ordinaires de l'Église.

Ce fut une nécessité, il en fallut passer par là. Quelque bonne mine que j'aie fait depuis à cet ecclésiastique, il est certain que je lui veux tous les maux du monde ; et il est en effet cause de tout le mal qui m'est arrivé depuis. Son zèle n'étoit pas condamnable dans le fonds, mais un sacrement est toujours un sacrement, de quelque manière qu'il soit administré ; et à mon égard je me serois tenu aussi bien marié que si je l'avois été par le pape même, à la face de toute l'Europe : ce confesseur fut plus circonspect, et je perdis ma rhétorique aussi bien que madame Dupuis et notre ami son fils, qui comme moi, firent leur possible. L'infidèle Manon, qui avoit son dessein déjà formé, et qui apparemment n'avoit été retenue que par la présence de son père, qui auroit blâmé son inconstance, en fut, je crois, fort aise. Cependant je fus assez dupe pour croire qu'elle agissoit de bonne foi, quand faisant trêve à ses larmes pour un moment, elle pria cet ecclésiastique de nous marier, et lui offrit même un présent fort considérable pour l'obliger de nous donner la bénédiction ; mais la perfide voyoit bien qu'il étoit trop obstiné pour le faire.

Comme, excepté l'empêchement que Dupuis avoit toujours apporté à son mariage, jamais père n'en avoit usé mieux que lui, il est certain qu'elle en eut un regret très-sensible. Je la consolai le mieux que je pus, et m'affligeant avec elle, je la conduisis chez moi, ayant pris cette maison-ci, sitôt mon affaire arrivée chez madame de Ricoux, avec qui j'étois brouillé à cause de cette fille, qu'elle disait que j'avois débauché chez elle; et n'y mangeant plus, je ne voulus plus y loger. J'y amenai donc mademoiselle Dupuis, à qui mademoiselle Grandet, pour lors veuve, et madame de Contamine vinrent tenir compagnie, et je retournai chez elle, où j'avois laissé madame Dupuis et son fils, belle-sœur et neveu du mort, et plusieurs autres parents, qui tous me regardoient comme le maître du logis, et qui me laissèrent faire comme je l'entendois. J'avois pris de votre commère toutes les clefs de l'appartement de son père et du sien. Je fis apposer le scellé, que je fis lever deux jours après. J'ordonnai la pompe funèbre, des prières, et de tout le reste; enfin j'agis en tout, comme si j'avois été effectivement le maître. Lorsqu'on fit l'inventaire, je m'emparai de tout, je fis comme pour moi-même. L'infidèle me faisoit pourtant travailler pour un autre; mais je n'étois pas devin. Elle signa tout ce que je lui dis de signer, et ne signa pas ce que je ne voulus pas qu'elle signât. Enfin elle se rapporta de tout à moi, et ne s'en est pas repentie. Comme son père ne lui avoit pas laissé un sol de dette, et qu'elle étoit seule fille et héritière, il n'y eut pas un mot de contestation. Elle n'eut qu'à essuyer les formalités de justice, comme mineure émancipée, et Dupuis comme son curateur, toute la famille lui ayant déféré cet honneur, sans charge. Elle se mit en possession de tout de plein droit, et lorsque tout fut net chez elle et en bon ordre, je l'y reconduisis si abattue, que je n'osai lui parler de sitôt de notre mariage.

Madame Dupuis, sa tante, mère de notre ami, qu'apparemment elle avoit prié d'en agir ainsi, lui représenta en ma présence, que si elle se marioit sitôt après la mort de son père, cela donneroit à parler; qu'on diroit dans le monde tout le contraire de la vérité, et qu'elle devoit laisser passer quelque temps. Cette raison étoit foible; chacun savoit ce qui en étoit; cependant je la pris pour bonne. Elle consentit la première à différer, et la perfide ne cherchant qu'à gagner du temps, pour trouver un prétexte de rupture, me pria d'y consentir aussi. Cela me chagrina; je fis néanmoins tout ce qu'elle voulut. Je n'avois pas coutume de la contrarier en rien, et je consentis d'autant plutôt, qu'il m'étoit arrivé quelque affaire en Angoumois, où il étoit à propos que j'allasse. Ce voyage devoit être environ d'un mois sur le lieu, et le temps d'aller et de venir faisoit environ celui qu'elle vouloit retarder. Et comme sa tante lui dit encore qu'il n'étoit pas honnête qu'une fille seule tînt sa maison avec tant de domestiques, je lui conseillai d'aller passer ce temps-là chez elle, parce que j'espérois que la compagnie qu'elle y verroit, et surtout l'esprit jovial de son cousin, la retireroient insensiblement du fonds de sa tristesse; elle me crut, alla chez sa tante, et y est encore.

Quinze jours après, ou environ, j'allai la voir pour la dernière fois, étant la veille de mon départ; je lui vis écrire quelques lettres par la poste. Je ne m'en inquiétai point, sachant bien qu'étant pour lors maîtresse de son bien, dont une partie étoit située en province, elle pouvoit avoir relation pour ses affaires avec des gens à qui elle étoit obligée d'écrire. Je m'aperçus pourtant qu'il y en avoit une entr'autres, dont elle avoit voulu me cacher l'adresse. Vouloir cacher quelque chose à un amant, c'est justement vouloir lui donner de la curiosité. Les termes où nous en étions pouvoient me permettre de lui demander à qui elle écrivoit. Je ne le fis pourtant pas. Je me contentai de laisser tomber un gant, et en le ramassant je levai la tête que j'avois baissée, et comme cette adresse étoit au-dessous, j'y lus le nom de Gauthier, sans savoir en quelle ville. Cette adresse étoit de sa main, et le cachet étoit le sien : mais n'ayant jamais entendu parler d'aucun nom comme celui-là, je ne m'en embarrassai pas davantage.

Je partis pour mon voyage, au retour duquel nous devions être mariés. Nos adieux furent encore plus tendres qu'à mon premier voyage. J'agis cette fois-ci en homme impatient de jouir de sa conquête. Je ne vis uniquement que les gens à qui j'avois à faire. Je sacrifiai une partie de mes droits pour terminer promptement, et enfin je fus de retour à Paris quinze jours avant qu'on m'y attendît.

J'allai chez elle dès que je fus arrivé, avant même que d'aller chez moi ; elle n'y étoit pas. Il arriva, dans le moment même que j'y étois, un facteur avec deux lettres pour elle. Sa femme de chambre qui savoit l'état où nous étions, me les laissa prendre. Je lui recommandai de ne point dire que j'étois venu, et cela parce que je voulois lui faire une surprise, en mettant une lettre de ma main dans une de celles que j'avois, afin de l'embarrasser, pour en rire. Cette fille me le permit, et j'allai chez moi me débotter ; car, comme je vous ai dit, j'étois venu descendre chez elle. J'étois prévenu que ces lettres ne parloient que des affaires qui concernoient son héritage, et qu'elle ne seroit pas fâchée que j'en eusse décachetée une. Je le fis donc sans hésiter. Mais quelle lecture ! Il faut être moi pour bien concevoir ma rage et mon désespoir : je ne pouvois soupçonner qu'il y eût eu aucun tour là-dessous. Le facteur, des mains de qui je l'avois reçue étoit le même qui m'en apportoit chez moi. Cette lettre étoit signée par un nommé Gauthier. Cela me fit souvenir du soin qu'elle avoit pris de me cacher une adresse à un nom pareil. Je ne savois que dire, ni que penser. Vous êtes sans doute en peine de savoir ce que chantoit cette lettre, il est juste de vous le dire; en voici la copie mot pour mot :

LETTRE

« C'est avec la dernière joie, mademoiselle, que j'ai
» reçu votre lettre du 14, et que j'ai appris qu'enfin vous
» n'êtes plus sous la tyrannie de votre père. J'ai mille fois
» admiré la complaisance que vous aviez pour lui, et la
» vertu avec laquelle vous supportiez ses mauvaises hu-
» meurs. Je ne croyais pas que la piété filiale pût s'éten-
» dre jusqu'à rendre des services tels que ceux que vous
» lui avez rendus dans sa maladie. Enfin vous êtes libre,
» j'en remercie Dieu tous les jours, tant pour vous que
» pour moi. Je n'ai plus que très-peu de temps à rester
» ici, et dans quinze jours au plus tard j'espère aller goû-
» ter auprès de vous tous les plaisirs que peut promettre
» un amour heureux, vainqueur de tant de traverses, et
» d'un rival favorisé par un homme de qui vous dépendiez.
» Tel qu'il soit ce rival, je vous jure sa perte sitôt que je
» serai arrivé, ou ma mort me délivrera de l'horreur de
» vous voir entre ces bras. Puisque vous voulez bien vous
» donner à moi, rien ne m'empêchera d'être heureux, ni
» de vous prouver qu'on n'a jamais été plus fidèle, ni plus
» amoureux que Gauthier.

» A Grenoble, le. . . »

De bonne foi, mon cher ami, qu'auriez-vous fait en ma place? Quel parti auriez-vous pris? On ne meurt point de douleur, j'en serois mort dans le moment même. Je restai plus d'une heure comme bête, tant un coup si imprévu m'avoit étourdi. La rage succéda à ma douleur. Je n'écoutai plus que ma fureur, et résolus de prévenir cet homme qui promettoit si bien ma mort avant que de m'avoir vu. Je mis la main à la plume; je ne me souviens plus de ce que j'écrivis dans le transport où j'étois. Je lui renvoyai ses lettres sans avoir vu que celle de ce Gauthier, et lui envoyai aussi ce que je venois d'écrire. Je remontai à cheval dans l'instant même, et me rendis en poste à Grenoble, dans le dessein de voir si ce M. Gauthier seroit aussi méchant de près que de loin. La colère me donnoit des ailes; j'y fus en trente heures; et, sans me reposer, je fis chercher cet homme partout où je pouvois en apprendre des nouvelles : je n'en pus rien découvrir. Enfin rebuté de mes recherches inutiles, pire qu'enragé contre ma perfide, je traversai le Lionnois et le Forêt, et me rendis à Angoulême, résolu d'y rester jusqu'à ce que je l'eusse tout à fait oubliée. Quatre mois n'y ont pas suffi. J'y serois resté davantage; mais les intérêts de ma charge, à laquelle il a fallu me faire recevoir, m'ont forcé de revenir à Paris, il y en a environ trois, plus animé contre elle que jamais.

Elle vint pour me voir dès le lendemain que je fus revenu. Je fis dire que je n'y étois pas, et défendis qu'on la laissât jamais entrer si elle revenoit. Cet ordre a été exécuté : elle m'a écrit; je lui ai renvoyé ses lettres cachetées, avec son portrait et d'autres bijoux que j'avois eu d'elle. Depuis ce temps-là son cousin et d'autres ont voulu nous bien remettre ensemble; mais comme la trahison est trop noire et trop visible, je n'ai point voulu entendre parler d'elle. Elle ne m'a rien envoyé ; je ne lui demande rien, si ce n'est qu'elle me laisse en repos. Elle n'est point mariée, et je ne sais ce qui peut l'en avoir empêché ; car, outre son Gauthier, que je n'ai jamais pu découvrir, elle a été demandée par deux personnes qui valent mieux qu'elle, et qu'elle ne devoit pas refuser. Je n'ai pas cherché ce Gauthier avec beaucoup de soin, parce que j'ai cru que la meilleure vengeance que j'en pouvois tirer étoit de les mépriser l'un et l'autre.

A présent je ne sais ce qu'elle veut vous dire, mais je sais bien que je n'ai pas imposé d'un mot ; et je crois que vous ne feriez pas autre chose que ce que je fais, c'est-à-dire de témoigner une très-grande indifférence, qui n'est pourtant pas telle que je la voudrois ; car, pour vous en parler sincèrement, j'ai toujours des retours de tendresse qui me rappellent vers elle ; mais il me semble que la perfidie est trop noire pour ne me pas abandonner tout à fait à mon dépit et à mon honneur.

Si mademoiselle Dupuis, reprit des Frans, est une infidèle, j'approuve fort votre procédé. Elle ne mérite pas qu'un honnête homme songe à elle ; mais, n'étant pas prévenu comme vous, je jurerois qu'il y a là-dessous du malentendu. En effet, comment auroit-elle fait pour pratiquer ce M. Gauthier, sans que vous l'eussiez jamais vu, vous qui étiez toujours chez elle ? A quelle fin se promettre à deux en même temps ? Pourquoi vous manquer après tant de démarches faites en votre faveur ? Qu'auroit-elle eu à venir tant de fois vous chercher ? Que pourroit être devenu ce Gauthier ? Pourquoi vous écrit-elle ? Et enfin si elle est infidèle, pourquoi tenter votre raccommodement ?

Tout cela cache un mystère dont vous devriez déjà être éclairci, et je suis sûr qu'il y a du malentendu, ou du moins de la précipitation de votre côté, et du hasard du sien ; ou bien elle est la plus fourbe et la plus scélérate fille qui soit au monde, puisque Sylvie est morte.

Je ne sais ce qu'il peut y avoir, reprit des Ronais ; je vous avoue que je n'y connois rien moi-même, et que les faits ne me paroissent pas bien concertés. Je vous prie, quand vous la verrez, si la conversation tombe sur moi, comme je n'en doute pas, faites en sorte d'en savoir la vérité. Un regard fixe qu'elle jeta sur moi avant-hier dérangea une partie de ma colère, et c'est pour cela que je ne veux pas lui parler moi-même. Cela vaut fait, reprit des Frans, et dès aujourd'hui vous en saurez des nouvelles. J'ai promis à son cousin d'y aller demain ; mais il n'est que cinq heures, il fait beau, je suis en état de sortir, et je n'ai rien à faire. Si vous voulez me le permettre, j'irai tout présentement, et à mon retour je vous en dirai des nouvelles certaines en soupant. Je n'y tarderai qu'autant de temps qu'il m'en faudra pour m'instruire de de ce que je veux savoir ; car, franchement, j'ai besoin de repos, n'ayant presque point reposé ces deux dernières nuits que j'ai passé à la noce de M. de Jussy, et j'étois fatigué de mon voyage.

Des Ronais le remercia de ses offres, et ne les accepta que pour le lendemain, qu'il sortit à l'issue du dîner. Il vit ses oncles qui étoient de retour, et qui le reçurent fort bien, parce qu'il ne leur demanda rien. Il leur témoigna qu'il vouloit se fixer à Paris, et les pria de l'aider de leurs lumières pour lui faire acheter une charge, telle qu'il leur témoigna en vouloir une, et alla ensuite passer le reste de l'après-midi chez la maîtresse de son ami.

Ils se firent mille civilités l'un à l'autre. La belle Dupuis lui fit mille questions, à quoi il répondit, et finit par dire qu'étant arrivé comme étranger dans sa patrie, il avoit été fort heureux de rencontrer M. des Ronais, qui, par ses honnêtetés, et la retraite qu'il lui avoit donné chez lui, lui avoit fait connoître qu'il avoit toujours pour lui la même amitié qu'ils avoient contracté dès leur première jeunesse. C'est, ajouta-t-il, un fort honnête homme à qui je serois ravi de rendre service. Vous le pouvez, reprit mademoiselle Dupuis, en le remettant dans son bon sens, dont il est privé depuis huit mois. Il ne m'a rien paru dans lui que d'un homme fort sage, reprit des Frans. C'est pourtant un fou, et vous en conviendrez vous-même, ajouta-t-elle, quand vous saurez les extravagances qu'il m'a faites. Il m'a raconté, dit des Frans, ce qui s'est passé entre vous deux. Eh! vous a-t-il raconté, interrompit-elle, les belles visions qu'il s'est allé mettre dans la tête? J'en ai eu pitié au commencement, poursuivit-elle. J'ai fait ce que j'ai pu pour le désabuser; je ne me suis pas contentée d'aller chez lui plusieurs fois, quoiqu'il ait eu l'incivilité de me refuser sa porte dès la première. Cette action, qui a scandalisé tout le monde qui l'a sue, ne m'a point rebutée. Je lui ai écrit coup sur coup; il m'a renvoyé toutes mes lettres sans les lire. Il fait bien pire, car par-tout où il me voit, il me brusque, bien loin d'avoir pour moi la moindre des civilités que son sexe doit au mien; et tout cela fondé sur une lettre que j'ai voulu mille fois lui expliquer, sans qu'il ait voulu m'entendre. Dites-moi, de bonne foi, ajouta-t-elle, s'il n'est pas étonnant qu'un homme, assez fou pour courir en Dauphiné, dans le dessein de se battre avec un rival, refuse de faire un pas pour s'expliquer avec une fille qu'il aime? Car quelque mine qu'il fasse de me haïr, le pauvre garçon se trompe. Je le connois trop bien pour prendre le change. De mon côté, je ne m'en cache pas, quoique je doive être rebutée de ce que j'ai fait et de son peu de confiance en moi, je l'aime toujours également. J'ai voulu lui donner de la jalousie pour l'obliger d'en venir aux explications : j'ai perdu mon temps. Il n'a tenu qu'à moi de me marier et fort avantageusement; mais je ne puis songer qu'à lui, et je mourrai fille ou je l'épouserai. Je le regarde toujours comme devant être mon époux, non-seulement par la volonté et l'ordre de mon père, mais parce que je n'aime que lui. J'ai été fort long-temps à pleurer son changement, ou plutôt son opiniâtreté; je n'en suis point consolée, mais enfin il faut finir. Vous êtes son ami, ayez pitié de l'état où nous sommes lui et moi. Je suis lasse de me tourmenter inutilement; faites-nous la grace de savoir de lui quand il veut que je me justifie, cela sera bientôt fait. Je n'ai qu'à lui dire ce que je lui ai plusieurs fois écrit. Si nous nous raccommodons, nous vous aurons obligation du raccommodement. Et si vous ne vous raccommodez pas, reprit des Frans en riant, quelle obligation m'en aurez-vous? Je vous en aurai en mon particulier, reprit-elle, celle d'avoir achevé de me déterminer à me jeter dans un couvent avant la fin de la semaine. Mais je crois que nous renouerons, car je suis sûre qu'il m'aime autant que jamais; et, pour moi, je vais vous montrer à quel point je l'aime, puisque je garde encore des mesures avec lui, après en avoir reçu l'impertinente lettre que voilà et que je vous prie de lire. Elle lui mit une lettre entre les mains, il l'ouvrit et lut.

LETTRE

« Le hasard vient de me découvrir votre perfidie; je
» vous renvoie la lettre de votre cher amant, à qui j'en
» vais porter réponse pour ce qui me regarde. Vous lui
» avez apparemment dit que je suis un lâche, puisqu'il
» jure si bien ma perte sans me connoître. Il faut le voir,
» ce nouveau Mars. Je vais lui porter ma vie ou lui ar-
» racher la sienne. Je ne vais pas vous disputer, vous ne
» le méritez pas; je serois fâché d'avoir fait une pareille
» démarche pour une perfide comme vous. Je vais lui faire
» voir que vous n'êtes pas sincère, en lui mandant que je
» manque de cœur. J'en ai pourtant assez pour ne me
» venger de vous qu'en vous méprisant comme la plus
» infame des créatures. Je vous regarde comme une
» perdue, plus digne de compassion que de haine.
» Adieu, votre destin me vengera de vous. A force de
» chercher vous trouverez quelque plumet de votre ma-
» nière. Je vous renvoie tout ce que j'ai à vous. J'ai brûlé
» vos lettres; votre esprit est trop fertile en galanterie
» pour avoir besoin d'un pareil modèle, et j'estime vos
» faveurs à l'égard de celles des courtisanes. »

Vous voyez bien, poursuivit-elle après qu'il eut lu, que votre ami a pris tout de bon la chèvre[1]. Vous voyez bien

---

[1] *Prendre la chèvre*, se fâcher, être irrité, locution qui ne s'emploie plus aujourd'hui que dans les ateliers d'imprimerie où les compositeurs disent d'un de leurs camarades trop sensible à une plaisanterie : « *Il gobe la chèvre.* » (C-y.)

que je devrois le laisser-là; mais non, je l'aime trop pour n'avoir pas pitié des peines qu'il se donne à plaisir. Je n'ai montré cette lettre qu'à deux dames de mes amies. Si mon cousin l'avoit vue, ils ne seroient pas si bons amis qu'ils sont. Je vous la confie pour la rendre à M. des Ronais. Je l'ai toujours regardé comme mon mari; sur ce pied-là, je pardonne à ses mauvaises humeurs, et veux en agir avec lui comme si j'étois en effet sa femme, parce que je la serai quand il voudra. Ainsi je passe par-dessus tous les égards que je me dois comme fille. Mais s'il abuse encore cette fois-ci de ma bonté, vous pouvez lui dire que ce sera assurément la dernière.

Concertons tout, reprit des Frans; la lettre qu'il ouvrit vous étoit adressée; elle quadroit à vos aventures; elle étoit d'un amant favorisé, et je ne vois pas que M. des Ronais ait beaucoup tort d'avoir pris feu. Il est vrai, dit-elle, que la lettre m'étoit adressée, mais il n'est pas vrai qu'elle fût pour moi; c'est ce que je lui ferai connoître sitôt qu'il voudra. L'homme qui l'a écrite, et la demoiselle pour qui elle étoit, sont mariés ensemble, et sont tous deux à Paris. Il est bon que l'éclaircissement se fasse en leur présence, afin que M. des Ronais parle à M. de Terny, qui est le Gauthier de cette lettre. M. de Terny lui montrera de son écriture, et on lui dira pourquoi elle étoit sous un nom emprunté, et qu'elle m'étoit adressée. J'enverrai demain quérir le mari et la femme pour dîner ici : je suis certaine qu'ils y viendront; venez-y aussi, et amenez M. des Ronais; je suis fort trompée si nous ne nous séparons bons amis. Et si M. des Ronais, dit des Frans en riant, ne veut pas venir, que lui dirai-je? Que vous le ferez mettre aux Petites Maisons, reprit-elle aussi en riant.

Et pour témoigner que vous parlez par mon ordre, voilà, avec sa belle lettre, mon portrait que je lui renvoie. Rendez-le-lui, et dites-lui de ma part qu'il est un fou de me l'avoir renvoyé, que j'ai encore le sien, et que je le garderai toute ma vie. Je vois bien, reprit des Frans en riant, que votre raccommodement sera bientôt fait; car si vous l'aimez, je vous jure qu'il vous aime bien aussi, et que ce n'est qu'un dépit amoureux qui le tient. Avouez tout, interrompit-elle, et convenez qu'il est un extravagant, au désespoir à présent de n'avoir pas accepté les moyens que je lui ai donnés de s'éclaircir.

Comme il discouroit ainsi, il arriva une dame d'une magnificence achevée, qui venoit voir mademoiselle Dupuis. Des Frans voulut sortir, mais il en fut empêché par elle-même. Vous ne reconnaissez pas madame, lui dit la belle Dupuis, vous ne la regardez qu'avec indifférence. Il la regarda pour lors avec attention. Je demande pardon à madame, dit-il, si je ne me la remets pas d'abord. J'ai quelque idée de l'avoir vue, mais je ne puis me souvenir où c'étoit. Je suis tellement changée depuis ce temps-là, reprit cette dame, que je ne m'étonne pas, monsieur, que vous ne me remettiez point. Si peu de gens jettoient les yeux sur moi il n'y a que six ans, j'étois si peu de chose dans le monde, que quelque idée que vous en ayez, vous ne vous imaginerez jamais qui je suis à présent. Je ne sais point ce que vous êtes à présent, madame, reprit-il, mais vos traits me rappellent une fille qui demeuroit dans une maison où je fréquentois souvent. Je n'ose pas vous la nommer, par la grande disproportion de l'état où je vous vois, à celui où étoit cette fille. Vous ne vous trompez pourtant pas, reprit cette dame. Est-il possible, madame, reprit-il, que ce soit vous que j'ai vue autrefois si différente de vous-même? Oui interrompit la belle Dupuis, madame est la même personne que vous avez connue sous le nom d'Angélique, et qui ne doit à présent sa fortune qu'à sa beauté et à sa vertu. Elle est à présent femme de M. de Contamine. Ah! madame, reprit promptement des Frans, est-il possible que ce que mademoiselle Dupuis me dit, soit une vérité? Oui, monsieur, répondit cette dame, c'en est une ; tout le monde sait ce que j'ai été autrefois, et je m'en souviendrai toujours, pour me confirmer dans la reconnaissance que je dois à M. de Contamine, et à mademoiselle Dupuis, qui a bien voulu se donner pour moi des peines, dont je lui aurai obligation toute ma vie. Vous savez bien que je lui en ai quelqu'une, mais les dernières que vous ignorez, et que vous apprendrez quand il vous plaira, sont celles à qui je dois tout ce que je suis. Je n'ai rien fait pour vous, madame, qui mérite tant de reconnoissance, reprit cette aimable fille ; vous ne devez votre rang qu'à votre mérite ; vous êtes seule qui puisse me faire dire que la fortune seconde quelquefois la vertu. J'ignore, reprit des Frans, quels services mademoiselle a pu vous rendre, mais madame, après vous avoir vue ce que je vous ai vue, vous voir à présent l'épouse de M. de Contamine, je vous avoue que c'est un changement qui me passe, et que je ne puis presque comprendre. Eh bien, reprit l'aimable Dupuis, retournez chez M. des Ronais, il sait l'histoire de madame, elle a bien voulu la lui dire elle-même ; dites-lui qu'il vous en fasse le récit, il ne vous ennuiera pas, et je suis sûre que madame ne sera pas fâchée que vous l'appreniez ; car, outre qu'il n'y a rien qui ne soit à son avantage, je lui ai mille fois entendu parler de vous avec éloge : et cela me fait croire que des Ronais ne la désobligera pas.

Je ne serai jamais fâchée que M. des Ronais dise à M. des Frans ce qu'il sait de moi, reprit cette dame, et si j'étais fâchée de ce que quelqu'un sait mes affaires, ce seroit de ce qu'il les sait lui-même, sans avoir voulu me laisser voir clair dans les siennes, ni que je fusse sa confidente; mademoiselle Dupuis, poursuivit-elle, me dit dès hier que vous viendriez la voir aujourd'hui, c'est ce qui m'y a fait venir. Vous êtes l'ami de des Ronais, dites-lui de ma part que je suis scandalisée de son peu de civilité; qu'il devoit m'écouter quand j'ai voulu lui parler de sa maîtresse; qu'il ne pouvoit pas moins faire par complaisance pour mon sexe, s'il ne m'écoutoit pas pour ses intérêts propres; qu'il est cause du peu d'embonpoint de mademoiselle, et que je lui en veux bien du mal. Dites-lui pourtant que je ne suis pas malfaisante, et qu'au lieu de me venger de lui, comme je le pouvois, en animant sa maîtresse contre ses manières désobligeantes, j'ai toujours soutenu que ce n'étoit au commencement qu'un dépit amoureux, que la bonté de mademoiselle a nourri, et qu'une fierté hors d'œuvre de sa part a prolongé.

La belle Dupuis lui rendit compte de la conversation qu'elle venait d'avoir avec des Frans, qui continua. Des Ronais est trop heureux, madame, dit-il, d'avoir une aussi bonne protectrice, et une maîtresse si tendre, et je vous jure que s'il ne se rend pas à ce que je vais lui dire, je romprai avec lui pour toujours. Amenez-le-nous seulement, lui dit cette dame en riant; M. de Contamine et madame de Coligny seront demain tout le jour à Saint-Germain, je viendrai dîner ici; je m'en prie moi-même, et je me fais fort que nous le rendrons plus souple et humilié devant sa maîtresse, qu'un novice de couvent devant son provincial. Il le promit, et sortit.

Des Ronais l'attendoit avec impatience. Hé bien, lui dit-il, dès qu'il le vit, avez-vous de bonnes nouvelles à me dire? Non, répondit des Frans en riant, mais j'ai à vous quereller de la part de ma commère, qui est fort innocente de la lettre dont vous l'accusez d'être l'héroïne, et de la part de madame de Contamine, que j'ai laissée chez elle. Vous êtes trop heureux en bonne amie et en maîtresse; on vous aime toujours, et on est sûre d'être aimée aussi. On vous traite de fou et d'incivil, et on vous rend justice. On est prêt à vous épouser, et pour arrhes de la noce, voilà le portrait de la future épouse que je vous rapporte, avec la belle lettre que vous lui avez écrite. On vous fera connoître les *qui pro quo* demain à dîner; le rendez-vous est pris. Le prétendu Gauthier, qui n'est qu'un nom en l'air, s'y trouvera. C'est M. de Terny qui s'est servi du nom et de l'adresse de son valet de chambre, pour des raisons que vous saurez. Il écrira devant vous pour vous convaincre qu'elle étoit de sa main; et sa femme, pour lors sa maîtresse, vous certifiera qu'elle l'a reçue. On vous dira pourquoi ces lettres étoient adressées à votre maîtresse, et pourquoi elle renvoyoit les réponses. Enfin, on vous satisfera, on vous pardonnera vos brusqueries, et on vous épousera si vous voulez. Sinon, pour vous montrer qu'on ne reste dans le monde que pour vous, on se mettra dans un couvent.

Voilà ce qu'on m'a chargé de vous dire, et que vous preniez bien garde à vous bien servir de cette occasion-ci; car si vous la refusez, vous pouvez compter que ce sera la dernière. J'ai promis de vous mener au rendez-vous, sinon j'ai promis de rompre avec vous. Je tiendrai ma parole de quelque côté que ce soit, c'est à vous à choisir. Vous me dites-là tant de choses à la fois, répondit des Ronais, que je ne sais par où je commencerai pour vous satisfaire. Comment se peut-il qu'une lettre qui est écrite à une fille, qui quadre si bien à son sujet, qui lui est adressée sans enveloppe, et qu'elle reçoit par la poste, ne soit pas pour elle? Tous les faits sont vrais, reprit des Frans, on vous les avoue; mais on nie la conséquence que vous en tirez. On vous en instruira demain, j'y serai présent : toujours puis-je vous assurer que le changement que vous avez remarqué dans la beauté de votre maîtresse ne provient que du chagrin qu'elle a de vos manières. Elle n'aime que vous, elle ne compte que sur vous; c'est de quoi je puis vous répondre. Elle a voulu vous instruire de tout, et de bouche et par écrit. Elle a fait ce qu'elle a pu pour vous rappeler, et ce n'est que votre faute d'avoir été si long temps brouillés. Voilà tout ce que je puis vous dire, ne sachant rien de plus [1].

[1] A partir de ce moment l'histoire s'interrompt pour se mêler aux aventures de *M. de Contamine* et *d'Angélique*. Toutes les nouvelles de Challes s'enchaînent de la sorte; cependant il serait cruel de laisser le lecteur en suspens : la belle Dupuis se justifie facilement et épouse l'heureux des Ronais. (G-y.)

LETTRE A M. AMPÈRE

TOUCHANT LA

POÉSIE POPULAIRE

Dans le curieux rapport que vous publiez, monsieur, par ordre du gouvernement, sur les poésies populaires de la France, entre autres morceaux, j'ai remarqué celui qui a pour titre *la Femme du roulier*, chanson qui vous a été communiquée par M. Sainte-Beuve. Je vous l'avoue, j'ai été fort étonné de retrouver cette chanson dans un ouvrage *officiel*, publié sous le patronage du ministre de l'instruction publique.

Le sentiment de cette chanson est cruel, net, impitoyable, réel, positif; si un poëte d'aujourd'hui s'avisait d'imprimer une pareille *moralité*, chacun lui tomberait dessus et l'appellerait *réaliste*, titre injurieux qu'on jette à la face de quelques écrivains qui ont la maladresse d'étudier la nature et les sentiments de l'homme jusque dans leurs plus profonds replis.

La Femme du roulier, vous ne le savez peut-être pas, monsieur, est excessivement populaire chez les artistes depuis deux ans; on la chante dans les soirées de peintres, à L'atelier, et partout où le *bourgeois* est absent. En ceci les peintres ont raison : la bourgeoisie actuelle ne saurait comprendre cette complainte sinistre, d'où l'enseignement ne jaillit pas avec la vulgaire clarté d'un dénoûment de vaudeville.

J'ai observé justement ces effets, monsieur, dans une maison bourgeoise. Les jeunes filles étaient fatiguées de danser, les parents s'ennuyaient dans leur fauteuil, on pria un peintre de vouloir bien faire un peu de musique. Les artistes, monsieur, sont pris par le sentiment et ne s'inquiètent ni de la forme ni du fond d'une œuvre, ils la *sentent*, et n'en demandent pas davantage. Le peintre chanta donc la *Femme du roulier* en s'accompagnant au piano. A ces chansons est jointe ordinairement une mélodie particulière, monotone en apparence, qui cependant joue un rôle important dans la poésie populaire. Ce sont deux arts qui se tiennent embrassés aussi étroitement que le lierre après une vieille muraille, et qui séparés semblent boiteux et incomplets. Aussi, ai-je souvent pensé à l'ébahissement de quelques gens dits *sérieux* qui, ouvrant le *Moniteur* et tombant sur une chanson populaire, ne peuvent comprendre comment l'organe du gouvernement ouvre ses colonnes à des vers semblables. Ceux qui sont nourris de cette forte poésie populaire qui a l'apparence grossière de la soupe aux choux, n'ont pas besoin d'entendre la musique : ils ont l'instinct, la connaissance approfondie de cet art, et ils ne s'effrayent pas de *lire* une poésie un peu crue qui n'est pas corrigée par la musique, car ils devinent la mélodie, ils se rendent compte de l'effet qu'elle doit produire. De même un peintre en décors, le nez sur une coulisse de théâtre, ne s'effraye pas des coups de balai grossiers qui, à une certaine distance, doivent représenter des délicatesses d'architecture.

La mélodie de *la Femme du roulier* n'a rien qui la distingue des autres mélodies de campagne ; elle est simple, et sait se prêter aux accents mélancoliques et aux accents sinistres qui se trouvent à deux couplets d'intervalle de la chanson ; en cela elle est belle, puisqu'elle répond au dessein du poëte et qu'elle peut rendre des effets tout à fait différents.

Étant sur le terrain de la musique, permettez-moi, monsieur, de vous faire part des craintes que je conçois relativement à la partie musicale des *chansons populaires*. L'auteur des instructions relatives à la musique, M. Clément, ne me paraît pas avoir insisté assez vivement sur la question de la mélodie : on ne saurait trop retourner sa pensée dans ce cas pour la faire comprendre, il est bon de la présenter sous tant de formes différentes qu'elle paraisse rabâchée ; car les musiciens sont rares en province, les musiciens archéologues encore plus, et il faudra qu'à sa science le musicien joigne la compréhension de ces mélodies naïves, chose très-difficile. Les mélodies des chansons populaires sont toutes en dehors des lois musicales connues ; elles échappent à la notation, car elles n'ont pas de mesure ; une tonalité extravagante en apparence, raisonnable cependant, puisqu'elle est d'accord avec une poésie en dehors de toutes les règles de prosodie, ferait gémir les didactiques professeurs d'harmonie[1].

---

[1] Depuis deux ou trois ans, des esprits distingués cherchent à introduire le *quart de ton* dans la musique moderne. La musique popu-

Je me suis souvent amusé, monsieur, à déchiffrer des mélodies populaires de l'étranger, qui ont été gravées dans divers recueils de voyage. J'ai lu de la musique chinoise, et cependant je ne peux pas dire que je connaisse la musique chinoise, tant que je n'ai pas entendu l'accompagnement. Je dis à dessein *entendu*, car l'accompagnement noté ne signifierait rien; ces accompagnements joués par des musiciens nationaux prennent un rhythme tout particulier que le langage musical est impuissant à rendre par la notation, et qui diffère chez chaque peuple autant que la soupe aux nids d'hirondelles se distingue de notre pot-au-feu. Qui pourrait noter ces étranges mélodies des Ioways qui consistent en cris des hommes et des enfants, en frappements sur une peau tendue, et en une seule note tirée d'un mauvais sifflet? Rien de plus sauvage et de moins harmonieux; cependant le batteur de tambour s'anime, ses roulements saccadés augmentent de vitesse et de sonorité, le sifflet devient plus aigu, vous comprenez ce féroce *chant* de guerre.

Il en est de même de la musique de nos poésies populaires qui ne brille pas par des efforts immenses d'invention, et que des esprits peu exercés peuvent trouver toujours la même : n'étant pas variée, échappant aux lois musicales, se rapprochant le plus possible de la nature, inspirée par le cri des animaux, le chant des oiseaux, elle est presque impossible à faire entrer dans les cinq lignes de la portée musicale. Peut-être, pour être certain de sa pureté, pour bien contrôler qu'elle n'a pas subi d'altérations, d'enjoli-

laire est une mine d'intervalles harmoniques imprévus, sauvages ou raffinés, comme on voudra.

vements plus ou moins modernes, faudrait-il appeler dans le comité des hommes très-savants, tels que Meyerbeer, un des musiciens qui ont le plus tiré parti dans leurs œuvres savantes des inspirations naïves des paysans allemands. Car, monsieur, il est fort douteux que la province comprenne clairement la belle mission musicale dont on la charge, et il semble nécessaire qu'à Paris des esprits excessivement savants et non abrutis par la science, chose rare, passent une inspection sévère de ces mélodies pour leur rendre leur véritable caractère de simplicité.

J'en reviens, monsieur, à mes bourgeois, chez lesquels se chantait *la Femme du roulier*. Ils avaient demandé un peu de *musique*, comptant sur une polka ou sur une petite romance doucereuse et niaise, telle qu'en fabriquent MM. . . . . . pour les marchands de musique. Le musicien se mit au piano en chantant *la Femme du roulier*. Je n'avais pas fait jusque-là une grande attention ni à la chanson ni à la société. La chanson, je la connaissais, je l'avais entendue souvent : la société m'intéressait médiocrement ; mais quand le musicien eut terminé, je fus frappé de l'immense silence qui régnait dans le salon. La consternation était peinte sur toutes les figures ; on eût dit qu'une sinistre nouvelle s'était répandue parmi les invités, chacun était mal à l'aise et personne n'osait se regarder. La maîtresse de la maison me fit un signe, j'allai auprès d'elle et l'on me réprimanda fortement d'avoir laissé chanter une pareille chose en public, devant les demoiselles ; de son côté le pianiste était entraîné par les maris qui lui cherchaient querelle d'avoir fait entendre de telles grossièretés devant leurs chastes moitiés.

Je vous avouerai, monsieur, que sans avoir cherché le

scandale, j'étais dans le ravissement; je surprenais une fois de plus sur le vif l'esprit bourgeois qui s'insurgeait contre une œuvre puissante et morale. Je dis pour ma justification que je trouvais la chanson de *la Femme du roulier* d'une grande cruauté dans les détails, mais que de l'ensemble jaillissait une telle vérité sur les mœurs de certaines gens de campagne qu'on y trouvait un enseignement; je dis à un père de famille qu'il avait l'habitude de chantonner du Béranger devant ses demoiselles, et que certaines chansons du poëte étaient présentées sous une forme bien autrement égrillarde; je me rejetai sur Molière qui n'a jamais craint le mot *cru* et qu'on joue tous les jours en public; je tâchai de me rappeler que j'avais rencontré certains de ces bourgeois au théâtre du Palais-Royal, où les auteurs et les acteurs ne se font pas faute de jouer sur des situations excessivement équivoques. Rien n'y fit, ni raisons, ni protestations.

L'art vrai, ce qu'on pourchasse aujourd'hui sous le nom de *réalisme* avec l'acharnement que les paysans de la banlieue mettaient le jour de l'envahissement de l'Assemblée à crier: « A mort le *communisme!* » l'art simple, l'art qui consiste à rendre des idées sans « les faire danser sur la phrase, » comme disait Jean-Paul Richter, l'art qui se fait modeste, l'art qui dédaigne de vains ornements de style, l'art qui creuse et qui cherche la nature comme les ouvriers cherchent l'eau dans un puits artésien, cet art qui est une utile réaction contre les faiseurs de ronsardisme, de gongorisme, cet art trouve partout dans les gazettes, les journaux, les revues, parmi les beaux esprits, les délicats, les maniérés, les faiseurs de mots, les chercheurs d'épithètes, les architectes en antithèses, des adversaires aussi obstinés que les bourgeois dont je vous ai donné un portrait.

Mais, monsieur, il ne s'agit pas ici exclusivement de réalisme; les temps ne sont pas venus de discuter cette brûlante question qui fait jeter les hauts cris aux gens de mauvaise foi, aux esprits timorés et aux ignorants. La forteresse n'est pas bâtie; les armements se préparent en silence, il est vrai; tout annonce un combat sérieux, mais il faut attendre. Alors, monsieur, vous pourrez voir avec quel acharnement sera défendu ce terrain neuf; les Prussiens n'auront pas plus mal été reçus en Lorraine.

On comprend qu'un homme qui passe sa vie derrière un comptoir, qui rumine des opérations de bourse, qui ne pense qu'aux femmes perdues, qui rêve des combinaisons de rouge et noir, on comprend que cet homme applique ses facultés à de certaines choses positives qui lui bouchent le chemin du sentiment; il ressemble à un danseur dont les mollets se développent aux dépens des autres parties du corps, mais il est impossible d'admettre qu'un écrivain dont toute la vie se passe à développer le côté sensitif, nie des aspirations à la réalité dont il doit être un des plus fervents adeptes.

Aussi, loin de me fâcher contre les bourgeois qui se formalisaient de la chanson de *la Femme du roulier*, je ne songeai qu'à en rire. « Nous parlons deux langues différentes, leur dis-je. Vous croyez parler français, mais ce n'est pas notre français; nous ne nous entendons pas plus que si je vous parlais en patois picard et que vous me répondiez en langue provençale. Vous ne comprenez pas cette belle chanson, cela est fâcheux pour vous. »

La consternation violente de ces bourgeois a de quoi vous

étonner, monsieur, vous qui n'avez donné que trois couplets seulement de la fameuse chanson, lesquels couplets je transcris ici :

LA FEMME DU ROULIER

— CHANSON POPULAIRE DU BERRI —

La pauvre femme
(C'est la femme du roulier)
S'en va dans tout le pays,
Et d'auberge en auberge
Pour chercher son mari,
    Tireli,
Avec une lanterne.

— Allons, ivrogne,
Retourne voir à ton logis,
Retourne voir à ton logis
Tes enfants sur la paille ;
Tu manges tout ton bien
Avecque des canailles.

— Madam' l'hôtesse,
Apportez-moi du bon vin,
Apportez-moi du bon vin,
Là, sur la table ronde,
Pour boire jusqu'au matin,
Puisque ma femme gronde.

Avant de compléter cette poésie, permettez-moi, monsieur, de vous faire remarquer quelques fautes de détails qui jamais n'existent dans la poésie populaire. L'avant-dernier vers du premier couplet rompt brusquement avec la mesure des autres vers et est rempli par un simple *Tireli*. Quand un couplet renferme tout à coup un *Larifla*, un *Tra deri deri*, un *Bombaine*, vous pouvez être assuré, monsieur, que cette espèce d'onomatopée se retrouve dans les couplets suivants et qu'elle rime au moins par assonance avec le vers précédent.

Le second couplet doit donc se terminer ainsi :

>Tu manges tout ton bien,
> Tirelin,
> Avecque des canailles.

Et il faut chanter également le troisième couplet :

> Pour boire jusqu'au matin,
>   Tirelin,
> Puisque ma femme gronde.

C'est là justement un des côtés saillants de la poésie populaire qui néglige des règles que la prosodie regarde comme importantes, c'est-à-dire la rime, la césure, le nombre des pieds, et qui suit exactement un refrain, dont la coupe est réglée au premier couplet.

Je lis en sous-titre : « Chanson populaire du Berri. » Est-ce un fait bien certain, bien prouvé ? Je la trouve d'une langue bien française, pour une chanson sortie d'un village berrichon, car le mot *populaire* indique plutôt encore la campagne que la ville. C'est ici, monsieur, qu'il serait utile de consulter madame Sand, qui connaît parfaitement le Berri et qui a un vif sentiment de la poésie populaire. Madame Sand a imprimé, dans *la Comtesse de Rudolstadt*, quatre pages sur la musique populaire qui témoignent qu'elle comprend le charme de l'art naïf. Personne n'a rien écrit de mieux jusqu'ici sur ce sujet. Ce serait une expertise intéressante qu'un rapport de madame

Sand, établissant par des preuves et inductions, la connaissance du pays, du langage, des mœurs, si *la Femme du roulier* appartient ou non au Berri. Je crois, monsieur, au bon sens, au zèle, à l'intelligence des membres du comité, mais je crains qu'ils ne regardent la mission plutôt en archéologues qu'en artistes. Des hommes tels que Gérard de Nerval, qui a donné des échantillons de poésies populaires dans ses livres, Pierre Dupont, dont la musique est fortement nourrie des mélodies populaires, de tels hommes rendraient certainement des services réels dans l'entreprise actuelle.

Les trois couplets que vous avez donnés, monsieur, n'ont rien qui puisse blesser les oreilles de la marquise la plus délicate; mais les bourgeois avaient frémi dès le début du second couplet (omis dans votre rapport), et qui fait présumer d'autres couplets plus audacieux par la suite.

Quand la femme du roulier a couru tout le pays, sa lanterne à la main, et qu'elle est entrée dans toutes les auberges sans trouver son mari; elle entre dans une maison, mal famée sans doute : — Madame l'hôtesse, mon mari est-il ici? — Oui, madame, il est là-haut qui prend ses ébats avec une servante. C'est alors que la femme reproche à son mari de manger son bien avec des canailles; mais le roulier, fatigué des plaintes, demande du vin. — Je boirai ici jusqu'au matin, dit-il, puisque ma femme gronde.

« On peut trouver, disiez-vous, monsieur, une certaine moralité dans cette chanson, qui peint rudement l'abrutissement du vice et les suites du mauvais exemple. »

Mais la peinture du vice dans les trois premiers couplets est bien faible en comparaison de ceux qui suivent. Le cinquième couplet est navrant et d'une mélancolie aussi visible qu'un tableau : on voit la pauvre femme retourner à son logis. — Mes enfants, dit-elle, vous n'avez plus de père ; je l'ai trouvé couché avec une autre mère.

Voilà le grand mot lâché, et qui sert d'épouvantail aux bourgeois : le roulier était *couché* avec une servante. Pouah ! nous voulons bien dire des gravelures, à table, employer des équivoques indirectes, mais on ne lâche pas des mots aussi crus : cela est du dernier mauvais ton.

Le dernier couplet est un chef-d'œuvre, c'est un cri de vérité qui s'échappe du dernier vers; le dénoûment de *la Cousine Bette* n'est ni plus vrai, ni plus cruel. — C'est un libertin, que notre père, disent les enfants, un sans-gêne... La pauvre femme se console en pensant que ses enfants comprennent l'immoralité de leur père. — Bah ! s'écrient les enfants, nous ferons *tous de même*.

C'est sur ce trait désolant que s'arrête la chanson de *la Femme du roulier*, un petit-chef-d'œuvre qui contient un enseignement puissant, et que je rétablis ici, monsieur, dans son ordre primitif :

> La pauvre femme,
> C'est la femme du roulier,
> S'en va dans tout le pays
> Et d'auberge en auberge
> Pour chercher son mari,
>   Tireli,
> Avecque une lanterne.

> — Madam' l'hôtesse,
> Mon mari est-il ici ?
> — Oui, madame, il est là-haut,
> Là, dans la chambre haute,
> Et qui prend ses ébats,
>   Tirela,
> Avecque la servante.

— Allons, ivrogne,
Retourne voir à ton logis,
Retourne voir à ton logis,
Tes enfants sur la paille.
Tu manges tout ton bien,
    Tirelin,
Avecque des canailles.

— Madam' l'hôtesse,
Qu'on m'apporte du bon vin,
Qu'on m'apporte du bon vin,
Là, sur la table ronde,
Pour boire jusqu'au matin,
    Tirelin,
Puisque ma femme gronde.

La pauvre femme
Retourne à son logis,
Et dit à ses enfants :
— Vous n'avez plus de père,
Je l'ai trouvé couché,
    Tirelé,
Avecque une autre mère.

— Eh bien, ma mère,
Mon père est un libertin,
Mon père est un libertin,
Il se nomme Sans-Gêne,
Nous sommes ses enfants,
    Tirelan,
Nous ferons tous de même [1].

Ces poésies populaires, que vous recueillez avec tant de soin, monsieur, auront un but utile, il faut l'espérer. Un sentiment purement archéologique a poussé M. le ministre

---

[1] Il vient de paraître une brochure contenant six chansons populaires de l'Angoumois, recueillies par le bibliothécaire de la ville d'Angoulême. Je citerai la p'tite Rosette comme un petit chef-d'œuvre de vérité et de gaieté. (Voir page 196.)

de l'instruction publique à accueillir cette idée ; la pensée qui a présidé à cette œuvre est celle-ci : Sauver le plus possible, pendant qu'il en est temps encore, des débris de l'art populaire. Mais il arrivera forcément que quelques esprits heureusement doués, en étudiant cette collection de poésies populaires, comprendront la force que le *sentiment* donne à une œuvre, quand ce sentiment n'est gêné par aucune règle. Sans vouloir imiter la forme naïve et grossière de ces poésies, il est certain qu'un parfum en sort comme en passant près des genévriers de la montagne. Si ces poésies peuvent empêcher un homme, n'y en eût-il qu'un, d'apprendre la prosodie, le recueil des chansons populaires aura rendu un grand service.

Octobre 1853.

LA P'TITE ROSETTE

Voici le jour venut
Où Rosett' s'y marie : } *Bis.*
A' prend in homme
De quatre-vingt-dix ans ;
La p'tite Rosette
N'a sorment pas tiinze ans.

I' la prend pre la main,
l' la mene à l'église : } *Bis.*
« Voé-tu, Rosette,
» Tés amis, tés parents ?
» Ma p'tite Rosette,
» As-tu le tiœur content ? »

I' la prend pre la main,
l'' a mene à la danse : } *Bis.*
« Danse, Rosette ;

» Ménage bein tés pas,
    » Ma p'tite Rosette,
» Ne te fatique pas. »

I' la prend pre la main,   ⎫
I' la mene à la table :   ⎬ Bis.
    « Mange, Rosette,
» Mais mange doucement,
    » Ma p'tite Rosette,
» N'ébrèche pas tés dents. »

. . . . 1.

I' la prend pre la main,   ⎫
I' la mene en sa chambre : ⎬ Bis.
    « Voé-tu, Rosette,
» La chambre et le bià lit,
    » Ma p'tite Rosette,
» Où je pass'rons la nuit ? »

Quand vint sur la minuit,   ⎫
Le vieillard s'y réveille : ⎬ Bis.
(D'une voix tremblotante.)
    « Dors-tu, Rosette ?
» Dormiras-tu trejous ?
    » Ma p'tite Rosette,
» Pensons à nos amours. »

Quand vint le matin-jour,   ⎫
Où Rosette s'y réveille :   ⎬ Bis.
    « Mon Dieu ! dit-elle,
» Tii l'aroit jamais dit
    » Qu'à mon mariage
» J'aris si bein dormit ! »

« ¹ Couplet de mauvais goût ; les troubadours campagnards passent sans gradation de l'expression naïve à la plus grosse incongruité. » Encore une sotte concession à l'hypocrisie moderne. Ce couplet que M. le bibliothécaire d'Angoulême appelle de mauvais goût, est certainement d'une *franchise* et d'une gaieté rustique qui, si vous le supprimez, enlève tout le caractère de la chanson. (C-y.)

EST-IL BON ? EST-IL MÉCHANT ?

LETTRE A MONSIEUR LE MINISTRE D'ÉTAT

Monsieur le ministre,

Supposons une famine. Un citoyen trouve un moyen oublié pour parer à la calamité publique; ne consultant que l'intérêt de ses semblables, il adresse un mémoire au ministre de l'instruction publique pour exposer les idées qu'il croit utiles.

Il y a famine de comédies, monsieur le ministre.

Depuis *le Mariage de Figaro* il n'y a pas eu de comédie en France.

Par *comédie*, j'entends une œuvre dramatique résumant une époque, résistant aux engouements de la mode, s'appuyant sur des passions éternelles, possible à la représentation deux cents ans après la mort de l'auteur, toujours vivante, toujours jeune, fertile en enseignements.

La première république n'a rien laissé, ni l'empire, ni la restauration.

Collin d'Harleville, Picard, Casimir Delavigne, Luce de Lancival, Étienne, etc., sont loin d'atteindre à la hauteur des hommes de second ordre tels que Regnard, Marivaux, Lesage et même Dancourt.

Vers la fin de la restauration apparaît un homme habile, grand travailleur, producteur obstiné qui a fait longtemps les délices de Paris, de la province, dont l'œuvre s'est répandue dans toute l'Europe. Faut-il nommer l'heureux M. Scribe, aussi fécond à lui seul que deux Lope de Véga? Mais M. Scribe tant admiré, qui n'a compté que des succès, recueillera de son vivant tout ce qu'il avait le droit d'attendre de son immense fécondité. M. Scribe n'a même pas la force goguenarde et populaire qui enfanta un jour par hasard la farce cynique de *Robert Macaire*.

Je ne suis pas le premier à constater le rang qu'occupera un jour *Robert Macaire* dans l'histoire du théâtre sous Louis-Philippe ; des esprits distingués en ont montré les côtés vivants et brutalement satiriques. La caricature nous offre souvent de ces crayonnages grossiers qui subsistent par la pensée qui a guidé la main d'un dessinateur maladroit.

A la date de 1828, on rencontre un groupe important : MM. de Vigny, Victor Hugo, Dumas, qui cherchent à révolutionner l'art dramatique en France, et s'avancent fièrement, portant haut le drapeau de Shakspeare. Ce groupe historique, qui fera époque, fut imposant surtout par ses croyances, par ses luttes, par son audace, par l'ensemble de ses manifestations. Peintres, comédiens, poëtes, romanciers, étaient dans le grand complot qui fut dit *romantique*. Les Espagnols et les Anglais servaient de parrains glorieux aux jeunes enthousiastes qui ne doutaient de rien, niaient la tradition, et semblaient avoir pris comme poétique dramatique définitive, le *drame*. Sous *couleur locale*, il fut permis pendant vingt ans d'infester le théâtre de prétendus personnages historiques qui commettaient une série de crimes à donner le frisson. On ferait un martyrologe énorme des personnages tourmentés et mis à mort par le drame romantique. Ceux qui se posaient en adversaires des classiques obtinrent une réaction momentanée d'une vingtaine d'années contre la forme académique de la tragédie; mais ils n'étaient pas dans le sentiment de la nation, qui veut avant tout la *comédie*. Nous ne sommes ni Espagnols, ni Anglais; pour suivre jusqu'au bout l'exemple de Shakspeare, de Caldéron et de Lope de Véga, il fallait en même temps, comme ces grands génies, mélanger l'œuvre dramatique d'œuvres comiques. Shakspeare interrompt tout à coup sa série de compositions historiques pour se lancer dans des fantaisies d'où le grotesque n'est pas exclu. Il en est de même de Caldéron. Lope de Véga a plus écrit de comédies que de drames. Les romantiques s'en tinrent au drame et ne tentèrent pas la plus petite pointe dans le domaine de la comédie. C'est qu'il est plus difficile de peindre les vices de l'homme que ses crimes. Les Grecs ont trois grands dramaturges, Sophocle, Eschyle, Euripide, et ne peuvent montrer qu'un grand poëte comique, Aristophane.

Les romantiques, que l'histoire appréciera, ne firent qu'une manifestation dramatique de transition.

A la même époque, un grand homme qui a jeté la meilleure partie de ses forces dans le roman, voyait souvent voltiger devant son bureau le génie dramatique qui lui montrait une foule enthousiaste, des auditeurs visibles à la place de lecteurs invisibles, un nombreux public assemblé, ému, au lieu d'un acheteur isolé, inconnu. M. de Balzac était admirablement doué pour le théâtre, il l'a prouvé plus tard; mais il marchait trop en avant de son époque. Personne ne le comprit, il supporta des affronts semblables à ceux d'un collégien qui va porter son premier vaudeville dans un théâtre, et il mourut sans jouir du succès de *Mercadet*, la seule tentative de comédie de notre époque.

Mercadet est le seul essai de grande comédie depuis *le Mariage de Figaro*.

Le siècle, monsieur le ministre, est aux tentatives industrielles, au commerce d'argent, aux fortunes subites; des hommes de rien hier sont les puissances d'aujourd'hui. Combien, depuis la mort de Balzac, ne rencontre-t-on pas de *Mercadets*, de *faiseurs*, que d'heureuses spéculations ont élevés tout à coup?

Mercadet est une comédie, parce que M. de Balzac s'était appliqué à peindre un des côtés dominants de l'époque, l'argent; aussi, ceux qui ont assisté à la première représentation se rappelleront *l'indignation* profonde des gens à conscience facile. Ils voulaient faire croire que l'auteur était le *coquin*, et ils étaient condamnés par leurs propres enthousiasmes de *vertu* subite. La minorité, composée d'honnêtes gens, applaudissait; la majorité s'indignait. Le scandale fut tel que la pièce fut arrêtée momentanément; mais le ministre d'alors reconnut à la lecture de la comédie qu'il avait été trompé, et cent représentations successives furent le châtiment des gens qui reconnaissaient leur portrait trop fidèle.

Personne aujourd'hui ne doute que si *Mercadet* n'eût

été joué à son heure, si M. de Balzac eût été encouragé, ce grand homme ne nous eût laissé des comédies supérieures. Il avait la volonté doublée d'une forte intelligence, il aurait certainement donné à la Comédie-Française quelque chef-d'œuvre; mais comment était-il accueilli à cette même *Comédie* qui perdra son nom glorieux et qui a déjà perdu une partie de son influence à représenter des œuvres ternes et bâtardes? En fouillant dans les journaux du temps, il serait facile de retrouver une sorte de note communiquée par les sociétaires qui déclaraient que, par *respect* pour l'auteur, ils refusaient *Mercadet*, la comédie présentée par M. de Balzac.

De tout temps le jury de la Comédie-Française a commis de ces bévues, sans en retirer d'enseignement.

En 1830, M. Paulin, éditeur des *Œuvres inédites* de Diderot, offrait à la Comédie-Française le manuscrit de *Est-il bon? Est-il méchant?* comédie posthume de l'auteur du *Père de famille*. M. Taschereau, en publiant cette comédie dans la *Revue rétrospective*, a dit quel fut le sort de cette tentative :

« Les lecteurs-jurés, qui demandent des pièces à leurs fournisseurs, *n'ont pas même cru devoir examiner la comédie de Diderot.* »

J'ai toujours eu un vif enthousiasme pour Diderot, dont l'influence a été si grande à notre époque. Romans, histoire, philosophie, critique, l'illustre encyclopédiste a tout abordé avec un bonheur égal à sa hardiesse. Son œuvre passionnée est aussi vivante aujourd'hui qu'il y a un siècle ; ce qui m'étonnait le plus était que son théâtre bourgeois et vertueux ne répondait pas absolument aux principes qu'il émettait. *Le Fils naturel*, le *Père de famille*, avec des qualités particulières, sont empreints d'une espèce de système qui nous a valu trop de drames à sentiment de la France et de l'Allemagne, pièces larmoyantes dont Mercier et Kotzebue sont les plus sérieux représentants.

La vertu à l'état d'enseignement, des larmes un peu factices, de la sensiblerie, de la sentimentalité (ce qu'on appelle le *style mouillé*), telles sont les bases du nouveau drame bourgeois dont Beaumarchais fut victime le premier dans sa trilogie de *Figaro* qui se dénoue si misérablement par *la Mère coupable*. Si ces nouvelles doctrines poussèrent Sedaine à écrire *le Philosophe sans le savoir*, combien de drames piteux engendra cette tragédie bourgeoise qui inscrivait ce titre sur son drapeau?

Dès les premières scènes de la comédie de Diderot, je reconnus que le philosophe s'était enfin trouvé; il avait ôté son habit marron d'homme vertueux, il avait essuyé ses larmes de père de famille, il s'était regardé dans un miroir, et il avait souri; toutes les passions qui s'agitaient en lui, il les avait recueillies et couchées sur le papier; tous les mobiles qui le dirigeaient dans la vie, étaient accusés vivement et finement. La comédie était enfin trouvée.

Est-il bon? Est-il méchant? Voilà la vraie comédie, un mélange de Scapin et de Figaro pour type principal, une action spirituelle qui court à travers les quatre actes. Diderot le philosophe, l'historien, le conteur, le critique, pouvait s'appeler Diderot l'auteur dramatique.

Plein d'enthousiasme, je publiai alors dans un grand journal politique trois articles sur cette comédie: je croyais à la puissance des journaux, et je ne doutais pas que M. Arsène Houssaye, directeur des Français, qui a beaucoup écrit sur le dix-huitième siècle, ne profitât de mon avertissement; mais nous étions en 1851, les événements politiques se succédaient avec une telle rapidité que les questions littéraires préoccupaient peu d'esprits.

Qu'est-ce que trois articles de journaux pour un homme partagé entre les tracasseries d'acteurs et d'actrices, entre les réclamations d'auteurs vivants sans cesse apparaissant sur le seuil de son cabinet, plus terribles que le spectre de Banquo? Dans mon innocence, je croyais qu'il suffisait d'émettre une idée utile, persuadé qu'elle serait recueillie immédiatement par ceux qui ont pour mission de rechercher des œuvres dignes de notre premier théâtre.

Plus tard, un an après, M. Arsène Houssaye voulut bien me demander une comédie. « Il y aurait, dis-je au directeur de la Comédie-Française, un événement plus honorable pour votre direction si vous mettiez en lumière la comédie posthume de Diderot. » M. Houssaye ne la connaissait pas, et me pria de la lui confier.

Cela se passait en 1852; j'allais de loin en loin savoir des nouvelles de cette comédie, persuadé de son importance, de son succès. On me répondait qu'elle passait par diverses mains, qu'on l'examinait; M. Houssaye me demandait quel serait l'acteur propre à jouer le principal rôle.

En effet, la question était sérieuse. Il y a dans le répertoire classique de ces rôles énormes qui écrasent un acteur, à cause même de leur popularité. Tels sont le *Misanthrope*, *Don Juan*, *Figaro*. Jamais un peintre chargé de rendre la physionomie de *Don Quichotte* n'a pu parvenir à la hauteur de ce type immortel; ces grandes créations sont accablantes par leur précision même, autour de laquelle flottent comme des nuages épais les commentaires des enthousiastes. Cette figure du *Misanthrope* que je vois si précise, semble éblouir les meilleurs acteurs : ou ils sont consternés d'effroi en en approchant et en voulant l'étudier, ou bien de plates médiocrités se coiffent de la grande perruque et de l'habit à rubans verts, s'imaginant naïvement qu'ils sont le *Misanthrope*.

Hardouin, le meneur de la comédie *Est-il bon ? Est-il méchant ?* sans être à la hauteur du *Misanthrope*, est un homme de la famille de *Figaro*, encore un de ces rôles que tout le monde essaye et que personne ne joue. *Hardouin*, c'est Diderot lui-même, Diderot l'enthousiaste, Diderot le moraliste, Diderot l'ami de la vertu, Diderot le déclamateur, Diderot le conteur, enfin Diderot faisant le mal pour arriver au bien. Certes, il y a là de quoi effrayer un acteur consciencieux. J'appris qu'un des plus spirituels comédiens du Théâtre-Français avait lu la pièce et ne l'avait pas comprise. Je souris, car je ne demandais pas plus de huit jours pour lui faire comprendre cette pièce spirituelle, si claire et si amusante.

Il s'agit d'un homme qui, pour parvenir à ses fins, faire le bonheur des autres, trompe tout le monde, ministre, amis, maîtresses ; c'est un philosophe Scapin, se jouant de la société et se moquant des moyens pour arriver aux résultats. Hardouin joue avec les causes et ne s'inquiète que de l'effet. Son ardent amour de l'humanité le pousse à servir ceux qui l'entourent, il les trompera, mais il les rendra heureux. A la fin de la pièce chacun, indigné d'avoir été pris pour dupe par Hardouin, se demande : *Est-il bon ? Est-il méchant ?* Et la toile tombe, laissant aux spectateurs la question à résoudre.

Quoiqu'une analyse de comédie soit trop souvent aride, j'ai tenté de donner une idée de la pièce en y faisant entrer le plus possible du dialogue de l'auteur. Sans doute l'arbre paraîtra dépouillé de ses feuilles, mais un arbre en hiver est encore un arbre et peut donner une idée de sa verdure au printemps.

Madame de Chépy vit à la campagne et s'ennuie de la campagne; elle gronde tout le monde. Son laquais lui demande la permission de sortir :

— Je vous défends d'ici à huit jours, dit-elle, d'aller chez votre femme.

— Huit jours, c'est bien long, dit en soupirant le laquais.

— En effet, reprend madame de Chépy, c'est fort pressé de faire un gueux de plus, comme si l'on en manquait.

Elle demande qu'on aille chercher immédiatement Diderot[1], et qu'on prépare immédiatement de quoi écrire, car avec Diderot on ne se gêne pas plus pour faire écrire

---

[1] J'appelle *Hardouin* Diderot pour mieux faire comprendre le personnage, me basant sur l'opinion d'un contemporain, qui, dans les œuvres complètes de Diderot (Belin, 1817), a dit : « Toute la finesse, toute l'activité d'esprit que l'on emploie ordinairement à faire sa propre fortune, Diderot l'employait à obliger le premier venu; souvent même il se permettait de passer la mesure nécessaire. Une intrigue bien compliquée, lorsqu'il la croyait bonne à le conduire à ce but, prêtait un nouvel intérêt au plaisir qu'il avait de rendre service. Timide et maladroit pour son propre compte, il ne l'était jamais pour celui des autres. *Est-il bon? Est-il méchant?* c'est le titre d'une petite comédie (à cette époque, 1818, on ne connaissait de cette comédie que le premier jet en un acte) où il voulut se peindre lui-même. Il avait, en effet, plus de douceur que de véritable bonté, quelquefois la malice et le courroux d'un enfant, mais surtout un fonds de bonté inépuisable. »

un conte, une nouvelle, qu'avec un peintre à qui on demande trois coups de crayon sur un album. Mais arrive une amie, madame de Vertillac, brisée de fatigue, qui a pris la poste pour enlever sa fille, folle d'amour pour un jeune homme. Cette madame de Vertillac est tant soit peu l'amie de Diderot.

— Et mon petit Diderot, le voyez-vous, qu'en faites-vous?

— Rien qui vaille, dit madame de Chépy. Il court le monde, il pourchasse trois ou quatre femmes à la fois, fait des soupers, il joue, il s'endette ; il fréquente chez les grands, et perd son temps et son talent peut-être un peu plus agréablement que la plupart des gens de lettres.

— Où loge-t-il?

— Est-ce que vous vous y intéresseriez encore? demande madame Chépy.

— J'en ai peur, répond son amie. Je comptais lui trouver, sinon une réputation faite, du moins en bon train.

Les femmes ne sont jamais satisfaites de la réputation de l'homme qu'elles aiment. Beaulieu, la femme de chambre de madame de Chépy, est appelée ; ce n'est pas pour la toilette, elle a de l'intelligence, de l'esprit, elle lit, elle doit savoir des vers.

— Récitez-nous quelque chose, ma chère... Mais pas mal, point du tout mal... Tu pourras jouer un rôle, Beaulieu.

— Ah! dit la femme de chambre, on va jouer la comédie... quel est le titre?

— Le titre! je ne le sais pas, dit madame de Chépy. La comédie n'est pas faite.

Le cocher qui a été chercher Diderot s'est soûlé en chemin et blessé; cependant il a fini par faire la commission :

— Madame, je viens... c'est, je crois, de chez M. Diderot... oui, Diderot... là, au coin de la rue... au coin de la rue qu'elle m'a dite. Il demeure diablement haut, et son escalier était diablement difficile à grimper; un petit escalier étroit... à chaque marche on touche à la muraille ou à la rampe... J'ai cru que je n'arriverais jamais... J'arrive pourtant... Parlez donc, mademoiselle, cette porte n'est-elle pas celle de monsieur... monsieur... — Qui, monsieur? me répond une petite voisine... jolie, pardieu... très-jolie... un monsieur qui fait des vers? — Oui, des vers. — Frappez, mais frappez fort, il est rentré tard, et je crois qu'il dort. Je me dispose à donner un grand coup de pied dans la porte... Et voilà la tête qui passe la première, la porte jetée en dedans; moi, Flamand, étendu à la renverse. Le faiseur de vers s'élançant de son lit en chemise, écumant de rage, sacrant, jurant, et jurant avec une grâce!... Au demeurant bonhomme; il me relève : « Mon ami, ne t'es-tu point blessé? voyons ta tête. »

On ne tirerait rien de cet ivrogne de cocher, si Diderot n'arrivait presque aussitôt que lui. Il est effrayé quand on lui demande une comédie.

— Je suis désespéré de vous refuser net, mais tout net. Premièrement, parce que je suis excédé de fatigue et qu'il ne me reste plus une idée, mais pas une. Secondement, parce que j'ai heureusement ou malheureusement une de ces têtes auxquelles on ne commande pas.

— Ne dirait-on pas, dit madame de Chépy, qu'on vous demande un chef-d'œuvre?

— Vous demandez au moins une chose qui vous plaise, et cela ne me paraît pas aisé; qui plaise à la personne que vous voulez fêter, et cela est très-difficile; qui plaise à la société qui est faite aux belles choses; enfin, qui me plaise à moi, et je ne suis jamais presque content de ce que je fais.

De plus, Diderot a la tête pleine des affaires d'autrui; il a promis à une dame de se charger d'étudier un procès; malheureusement il est lié avec la partie adverse, il ne sait comment sortir d'une si fâcheuse position. Madame de Chépy ne veut pas entendre parler de procès, elle demande une comédie, et la comédie sera faite, quoi qu'en dise Diderot.

— Vous ne la refuseriez pas à ma femme de chambre, qui vous donne quelquefois à ma toilette des distractions dont je pourrais me choquer, s'il me convenait, mais dont je continuerai de rire.

— Moi, madame? s'écrie la Beaulieu.

— Oui, vous, mademoiselle. Il ne faut pas que cela vous fasse offense, ce bel attachement vous fait assez d'honneur.

— Il est vrai, dit Diderot, que je trouve mademoiselle très-honnête, très-décente, très-bien élevée.

— Très-aimable, dit la grande dame blessée.

— Très-aimable; pourquoi pas? demande Diderot.

— Mademoiselle, dit madame de Chépy ironiquement à sa femme de chambre, je vous supplie de vouloir bien intercéder pour moi auprès de M. Diderot.

— Ah! s'écrie le philosophe quand il est seul avec la femme de chambre, je suis obsédé d'embarras; j'en ai pour mon compte, j'en ai pour le compte d'autrui; pas un instant de repos. Si l'on frappe à ma porte, je crains d'ouvrir; si je sors, c'est le chapeau rabattu sur les yeux. Si l'on me relance en visite, la pâleur me vient. Ils sont une nuée qui attendent après le succès d'une comédie que je dois lire aux Français; ne vaut-il pas mieux que je m'en occupe que de perdre mon temps à ces balivernes de société? Ou ce que l'on fait était mauvais, et ce n'était pas la peine de le faire ; ou si cela est passable, le jeu des acteurs le rend plat.

— Je crois que le mieux est de persister dans votre refus, dit la jolie Beaulieu, car madame ne pourrait être que très-mortifiée.

— Bah ! je ferai la pièce, s'écrie Diderot.

On laisse Diderot en tête à tête avec un encrier. Il se gratte la tête : « Est-il possible de me demander une de ces facéties telles qu'on en joue au Palais-Royal ou Bourbon, n'est-ce pas me dire : Diderot, ayez subito, subito, l'esprit et la facilité d'un Laujon, la verve ou l'originalité d'un Collé? Voilà ce que je me laisse ordonner, rien que cela... Je suis un sot, tant que je vivrai je ne serai qu'un sot, et ma chaleur de tête m'empiégera comme un sot. »

A peine Diderot commence-t-il à débrouiller ses idées, qu'un laquais entre :

— Monsieur, c'est un homme qui a le dos voûté, les deux bras et les deux jambes en forme de croissant : cela ressemble à un tailleur comme deux gouttes d'eau.

DIDEROT. Au diable!

— C'en est un autre qui a de l'humeur et qui grommelle entre ses dents : il m'a tout l'air d'un créancier qui n'est pas encore fait à revenir.

DIDEROT. Au diable!

— C'en est un troisième, maigre et sec, qui tourne ses

yeux autour de l'appartement, comme s'il le meublait.

DIDEROT. Au diable! au diable!

— C'est une femme, dit le laquais.

DIDEROT, *prenant un visage gai*. Une femme!

LE LAQUAIS. Enveloppée de vingt aunes de crêpe; je gagerais que c'est une veuve.

— Jolie? demande Diderot.

— Triste, mais assez bonne à consoler.

— Quel âge?

— Entre vingt et trente.

— Faites entrer la veuve.

— Il y a encore deux autres personnages qui vous demandent...

— Faites entrer la veuve.

Diderot trouve la veuve charmante; il remarque un petit pied, il admire les mains. Diderot est connu dans tout Paris pour son bon cœur et l'intérêt qu'il porte aux malheureux. Madame Bertrand a perdu son mari, capitaine de vaisseau, qui s'est fait couler avec son équipage pour ne pas se rendre; elle a un enfant et pas de fortune; elle sollicite une pension qu'on lui a accordée, mais qu'elle voudrait réversible sur la tête de son enfant. Diderot trouve la demande difficile; il a un ami au ministère, mais cela ne suffit pas.

— Le point important, le grand point, dit-il, le point essentiel... c'est... de rendre personnelle la grâce qu'on sollicite, oui, personnelle. On est à peine écouté, même de son ami, quand on ne parle pas pour soi.

— Si vous intercédiez pour moi, s'écrie la veuve, vous vous rendriez mon affaire personnelle.

— Je ne m'en charge qu'à cette condition; ayez pour

agréable, madame, de vous rappeler que je vous en ai prévenue et que vous avez consenti...

Diderot rencontre son ami Poultier, premier commis de la marine, à qui il a promis depuis deux ans d'aller dîner chez lui et lui conte l'affaire de madame Bertrand.

— Ce qu'elle demande est impossible, dit celui-ci ; elle tracasse les bureaux, elle tracasse le ministre depuis six mois. Si encore elle demandait qu'on augmentât la pension, on l'augmenterait.

— Du tout, dit Diderot, elle consent qu'on diminue sa pension, pourvu qu'on la rende réversible sur la tête de son fils.

— Mais quel intérêt pouvez-vous prendre à cette femme?

— Quel intérêt j'y prends? dit Diderot. Le plus grand. Avez-vous regardé madame Bertrand?

— Elle est fort bien.

— Et si je la trouvais telle depuis six ans? continue Diderot.

— Vous en auriez assez, dit Poultier.

— Laissons la plaisanterie, dit le philosophe ; madame Bertrand estimait fort le brave capitaine Bertrand, mais elle n'en avait pas la tête tournée... Ces gens de mer, peu aimables d'ailleurs, sont sujets à de longues absences... Et cet enfant, pour lequel elle sollicite la réversibilité de la pension, cet enfant...

— Vous en êtes le père? demande le commis de la marine.

— Je le suppose, reprend Diderot.

— Pourquoi diable lui faire un enfant?

— C'est elle qui l'a voulu... Je ne suis pas riche, vous

connaissez ma façon de penser et de sentir. Dites-moi, si cette femme venait à mourir, croyez-vous que je pusse supporter les dépenses de l'éducation d'un enfant ou me résoudre à l'oublier, à l'abandonner? le feriez vous?

— Non, dit Poultier, mais est-ce à l'Etat à réparer la sottise des particuliers?

— Mon ami, dit Diderot, vous êtes d'une probité trop rigoureuse. Vous craignez d'ajouter une goutte d'eau à l'Océan. Mais des prostituées, des proxénètes, des chanteuses, des danseuses, des histrions, une foule de lâches, de coquins, d'infâmes, de vicieux de toute espèce épuiseront le trésor, pilleront la cassette, et la femme d'un brave homme...

Poultier promet de s'occuper de la demande; il réussira, et ne veut pas que Diderot le remercie.

— Ne me remerciez pas trop, dit le commis; je n'ai jamais eu la conscience plus à l'aise. Voilà, en effet, une belle récompense pour un homme de lettres qui a consumé les trois quarts de sa vie d'une manière honorable et utile, à qui le ministre n'a pas encore donné le moindre signe d'attention, et qui, sans la munificence d'une souveraine étrangère...

En effet, le soir Poultier revient avec le brevet signé du ministre; la veuve manque de se trouver mal de joie; elle appelle son fils pour se jeter aux genoux de son protecteur. Le commis de marine, prenant l'enfant sur ses genoux, se souvient de la paternité de Diderot, et dit à la veuve :

— C'est bien son père, c'est à ne pouvoir s'y méprendre; qui a vu l'un voit l'autre.

Madame Bertrand répond qu'elle espère qu'il aura le

courage de son père; mais il ne lui ressemble point du tout.

POULTIER. Ce sont pourtant ses yeux, même couleur, même forme, même vivacité.

— Mais non, monsieur, dit la veuve; M. Bertrand avait les yeux bleus, et mon fils les a noirs; M. Bertrand les avait petits et renfoncés, mon fils les a grands et presque à fleur de tête.

— C'est son regard vif et doux.

— Son père l'avait sévère et dur, dit la veuve.

— Combien cela fera de folies! s'écrie l'ami de Diderot; combien cela vous donnera de chagrins! Que cela fera couler de larmes à sa mère! Quelle nuée de jaloux, de calomniateurs, j'entrevois là! Comme cela aura la fureur de dire tout ce qu'il est de la prudence de taire! Et puis gare la lettre de cachet, la Bastille ou Vincennes!

Après le départ du protecteur de son enfant, la veuve, qui n'a pas compris l'horoscope qu'il a tiré, demande à Diderot si Poultier n'a pas la tête un peu dérangée.

— Non, il est grand physionomiste, dit le philosophe.

— Je ne trouve pas, dit madame Bertrand; il veut que mon fils ressemble à son père, dont il n'a pas le moindre trait.

— Pardonnez-moi, madame, dit Diderot; c'est une chose qui m'a frappé comme lui. Jugez vous-même : les formes de mon visage et celles de M. votre fils sont tout à fait rapprochées.

— Qu'est-ce que cela prouve? demanda la veuve.

— Quoi! vous ne devinez rien?

Quand elle sait la vérité, madame Bertrand veut arracher les yeux à Diderot. C'est une honnête femme : elle renverra plutôt au ministre son brevet de pension.

— Ne vous ai-je pas prévenue que j'en ferais mon affaire personnelle ? dit Diderot, qui se sauve en riant. « Je suis né, dit-il, je crois, pour ne rien faire de ce qui me convient, pour faire tout ce que les autres exigent et pour ne contenter personne, non, personne, pas même moi. »

Au milieu de cette intrigue avec madame Bertrand, Diderot trouve le moyen de traiter une affaire de succession très-embrouillée qui dure depuis dix ans entre sa vieille amie madame Servin et l'avocat des Renardeaux, de Gisors.

— J'avais une sœur que j'aimais à la folie, dit-il à l'avocat de province, un peu dévote ; mais, à cela près, la meilleure créature, la meilleure sœur qu'il y eût au monde. Je l'ai perdue. On a disposé de sa succession sans son aveu. Ma sœur vivait avec une amie ; celle-ci, accoutumée au rôle de maîtresse dans la maison, a tout pris, tout donné, tout vendu, lits, glaces, linge, vaisselle, batterie de cuisine, argenterie, et il ne me reste de mobilier non plus que vous en voyez sur ma main. Je ne sais quel parti prendre. Perdre une bonne partie de son bien, surtout quand on n'est pas mieux dans ses affaires que moi, cela me paraît dur ; attaquer l'ancienne amie d'une sœur, cela me paraît indécent. Que me conseillez-vous ?

— Je vous conseille d'abandonner tout et de ne pas plaider, dit l'avocat des Renardeaux. J'ai exactement la même affaire avec une madame Servin ; j'ai déjà dépensé deux cents louis ; j'en dépenserai encore deux cents autres ; et si je gagne, je ne tirerai pas le quart de mes déboursés.

Diderot fait beaucoup d'objections et se décide à ne pas poursuivre son affaire.

— Mais, en retour du service que vous me rendez en me dissuadant d'entamer une mauvaise affaire, dit Diderot à l'avocat, si, par hasard, je finissais la vôtre? Savez-vous que cela ne me serait pas du tout impossible?

L'avocat des Renardeaux se laisse prendre aux contes de Diderot sur sa prétendue sœur morte; il donne au philosophe une procuration signée en blanc, qui autorise Diderot à tout terminer selon qu'il lui plaira. Diderot s'amuse un peu du provincial qu'il vient de tromper si adroitement; car il avait en mains, depuis le matin, une procuration en blanc de madame Servin, qui ne demandait pas mieux que d'arrêter la procédure, quitte à en passer par les volontés de la partie adverse. Cependant des Renardeaux ne tombe point dans la fausse bonhomie de Diderot, qui assure qu'il veut mourir à Gisors.

— Et moi je vous dis que les têtes comme la vôtre, dit le provincial, ne savent jamais ce qu'elles feront, et que vous irez vivre et mourir où il plaira à votre mauvais génie de vous mener. Ne faites point de projets.

— Ma foi, répond Diderot, j'en ai tant fait qui se sont évanouis, que ce serait le mieux; mais on fait des projets comme on se remue sur sa chaise, quand on est mal assis.

L'avocat n'a pas tourné les talons qu'un autre avocat arrive, et c'est le plus terrible des avocats : un amoureux! En voilà qui parleraient jour et nuit de leur affaire, qui n'oublient pas le plus petit détail, qui les répètent, qui les rabâchent et qui veulent qu'on les entende. Il s'appelle de Crancey; il adore la fille de madame de Vertillac avec une telle exagération que la mère a cru devoir enlever sa fille. L'amant s'est déguisé en postillon.

— Ah! mon ami, dit-il, avec quelle attention je leur évitais les mauvais pas! comme j'allongeais le chemin, en dépit des impatiences de la mère! combien de baisers nous nous sommes envoyés, renvoyés, elle du fond de la voiture, moi de dessus mon cheval, tandis que sa mère dormait! combien de fois nos yeux et nos bras se sont élevés vers le ciel! C'étaient autant de serments. Quel plaisir à lui donner la main en descendant de voiture, en y remontant! Combien nous nous sommes affligés! que de larmes nous avons versées!

L'amoureux n'a pas dit le quart de ses histoires amoureuses, que madame de Vertillac entre avec sa fille et reconnaît le faux postillon. Supplications, prières, tout est inutile; si de Crancey poursuit encore la fille, la mère la mettra au couvent.

— Non, s'écrie Diderot, je crois que le ciel, la terre et les enfers ont comploté contre cette pièce... Les obstacles se succèdent sans relâche... Une pièce à terminer, une pension à solliciter, une mère à mettre à la raison, et puis arranger des scènes au milieu de tout cela!... Cela ne se peut... ma tête n'y est plus...

L'homme qui a écrit *la Religieuse* pour faire une plaisanterie à un marquis, l'homme qui a écrit des lettres si remarquables à mademoiselle Voland, n'est pas embarrassé quand il s'agit de correspondance amoureuse; il fabrique de fausses lettres de l'amant qui annoncent que l'intrigue avec mademoiselle de Vertillac a été un peu loin et qu'elle ne tardera pas à porter ses fruits: il fait lire la correspondance à la mère, qui pleure à la nouvelle de l'événement.

— Qui l'aurait imaginé! s'écrie madame de Vertillac, d'une enfant aussi timide, aussi innocente!

— Vous l'étiez autant qu'elle, dit Diderot.

— D'un homme aussi sage, aussi réservé! reprend la mère.

— Feu M. de Vertillac ne l'était pas moins.

— Je ne sais comment cela se fait, dit la mère.

— Votre fille le sait encore moins, répond Diderot.

Finalement, la mère indulgente et qui ne veut pas le déshonneur de sa fille, consent au mariage. Diderot ne livre pas la comédie qu'on lui a demandée, mais il obtient une cure de campagne qu'on voulait enlever à un pauvre vieux curé. Seulement la société se constitue en tribunal pour juger ce Diderot, qui est si bon et si méchant en même temps.

Il y a d'abord plainte de madame Bertrand contre le sieur Diderot.

— Quels sont vos griefs? De quoi vous plaignez-vous?

— De ce que le sieur Diderot, que voilà, se dit père de mon enfant, dit la veuve.

— L'est-il?

— Non.

— Levez la main et affirmez. (*Madame Bertrand lève la main.*)

— Et de ce que, sous ce titre usurpé, il sollicite une pension.

— L'obtient-il? demande le tribunal.

— Oui.

— Condamnons ladite dame Bertrand à restituer la façon.

Il y a plainte de dame et demoiselle de Vertillac et sieur de Crancey contre ledit sieur Diderot.

— C'est un homme horrible, abominable, s'écrie madame de Vertillac. Pour consommer un mariage auquel une mère s'opposait, il a supposé ma fille grosse, il a contrefait des lettres.

Diderot, mademoiselle de Vertillac et de Crancey sont condamnés à se jeter aux pieds de madame de Vertillac, qui devra les relever et les embrasser.

Il y a plainte de madame de Chépy contre ledit sieur Diderot, qui a fait faire la comédie par un autre. Et le galant tribunal prononce ce jugement léger :

— Renvoyés dos à dos, sauf à se retourner en temps et lieu.

Il y a plainte du sieur des Renardeaux, avocat, contre le sieur Diderot, qui est condamné à prendre une retraite de deux mois au moins à Gisors, pour n'y rien faire ou pour y faire ce que bon lui semble.

Il y a plainte du sieur de Lescour, poëte, contre le sieur Diderot, qui demande une pièce, qui se fait un mérite d'un service rendu par un autre, qui fait enfermer l'auteur toute une journée pour faire la pièce, et qui déclare, quand elle est faite, qu'on ne la jouera pas.

Diderot est condamné à une amende de six louis, applicable aux cabalistes du parterre de la Comédie-Française, à la première représentation de la pièce que le poëte de Lescour fera jouer.

Il y a plainte de la demoiselle Beaulieu contre les sieurs de Surmont et Diderot conjointement. La jolie femme de chambre a un vilain rôle malhonnête. A chaque ligne, à chaque mot, sa pudeur est alarmée.

— Est-il bon? ou est-il méchant? se demande la société.

— L'un après l'autre, dit la femme de chambre.

— Comme vous, reprend madame de Vertillac, comme moi, comme tout le monde.

Pour bien faire comprendre ce caractère à un comédien, je lui aurais donné à lire *les Lettres à mademoiselle Voland*. C'est là que Diderot se montre tout entier, qu'il parle perpétuellement de lui sans jamais fatiguer son lecteur; l'homme de génie est peint en pied, entouré de la spirituelle société qui a posé pour la comédie de : *Est-il bon? Est-il méchant?* En étudiant d'un peu près la comédie et les lettres à mademoiselle Voland, on pourrait donner à chaque femme de la comédie son nom réel. Diderot vécut beaucoup dans ces cercles spirituels du dix-huitième siècle dont il était le favori : spirituel, galant, aimant les femmes, aimé des femmes, on lui pardonnait tout, il n'était gêné en rien ; par la hardiesse de ce qu'il a imprimé, on peut juger des hardiesses qu'il coulait dans de fines oreilles trop disposées à l'écouter.

Après une ou deux lectures des *Lettres à mademoiselle Voland*, un acteur saurait ce que fut Diderot et dans sa démarche et dans son habillement, et dans son caractère et dans ses pensées. S'il ne le savait pas, c'est qu'il ne serait pas acteur. Les portraits peints et gravés d'après Diderot ne le rendent pas suffisamment; les peintres de son époque ne l'ont pas compris. Mais un de ses contemporains, Garat, a tracé d'après lui un croquis qui est un chef-d'œuvre, et que l'acteur ferait bien de consulter [1].

---

[1] *Mercure* de 1779.

Certes, il n'est pas difficile de *composer* un rôle avec des indications précises. Je l'ai déjà dit : *Hardouin* n'est que le masque de Diderot : pour étudier le caractère de Hardouin, il faut étudier Diderot; mais le manque d'action ne m'inquiétait pas, c'était le manque de volonté de la Comédie-Française que j'entrevoyais avec les années qui s'écoulaient. Deux ans après la remise par moi de *Est-il bon ? Est-il méchant ?* rien n'était décidé ; les préoccupations de la direction étaient exclusivement tournées vers mademoiselle Rachel, dont on annonçait le départ. Mademoiselle Rachel partie, je reparus ; mais on me rendit la brochure avec l'invitation de faire quelques coupures, la forme de *quatre actes* n'étant pas dans les habitudes du théâtre.

Toucher à Diderot me semblait un crime, malgré l'avis de M. Taschereau : « C'est M. Paulin qui nous communique cette pièce qu'il n'a pas comprise dans sa publication des *OEuvres inédites*, jugeant que cette comédie, *avec quelques légères coupures*, pouvait être représentée sur la scène française. » Je suis ennemi des arrangements ; mais puisqu'il fallait un arrangement, je préférais le mien à celui d'un auteur dramatique quelconque qui n'aurait peut-être pas le même enthousiasme que moi pour Diderot.

J'allais me mettre à la besogne lorsqu'un papier plié en quatre tomba de la brochure imprimée ; je l'ouvris, je le lus, et aujourd'hui même j'en suis douloureusement ému, en songeant à l'avenir des œuvres dramatiques.

La Comédie-Française confie les pièces qu'on lui envoie à l'examen d'un homme qui analyse la pièce et la juge en premier ressort. Cette analyse est soumise au directeur ; si le jugement de l'examinateur est favorable, la pièce est admise à une seconde épreuve plus positive, celle du jury des comédiens. Ainsi tout dépend du premier examinateur anonyme, chargé de la plus grave des missions : d'un coup de plume, d'une phrase, par une analyse légère il conclut au rejet définitif d'une œuvre dramatique.

La comédie de Diderot avait été soumise à l'examinateur dont voici le rapport sensé :

EST-IL BON ? EST-IL MÉCHANT

COMÉDIE INÉDITE DE DIDEROT, EN QUATRE ACTES, EN PROSE.

Rapport de M. Eug. Laugier, examinateur, à M. Arsène Houssaye.

Cette comédie retrouvée dans les écrits de Diderot, n'a pas été imprimée dans la dernière édition des œuvres inédites de l'auteur, parce que les éditeurs ont pensé qu'elle pourrait être représentée sur la scène française.

Les éditeurs ont eu raison, et nous considérerions comme une bonne fortune pour le Théâtre-Français la représentation de cette pièce. C'est une peinture de mœurs pleine de verve en même temps qu'une excellente comédie de caractères. Outre que Diderot s'y met personnellement en scène, le style porte le cachet de la manière impossible à imiter du célèbre philosophe. C'est la belle langue du dix-huitième siècle dont le secret est perdu. Les traits y sont vifs, acérés, la plaisanterie souvent amère, la phrase concise et toujours gracieuse, les remarques profondes, et toute cette gaieté est un peu triste.

Les allusions, quelque peu libres que l'on rencontre dans le dialogue, sont de l'époque et se trouvent d'ailleurs dans la plupart des pièces de l'ancien répertoire, sans avoir toujours comme ici la même finesse et le même esprit.

Sans doute, il y aurait à faire quelques légères coupures, qu'il faudrait pratiquer avec discrétion de peur de rien gâter, mais ce sont là de simples détails qui ne feraient que ressortir la délicate ciselure du diamant retrouvé.

Nous avons donc la ferme conviction que remettre Diderot en lumière dans des conditions tout à fait contraires au PÈRE DE FAMILLE, *serait pour la Comédie-Française une détermination qui amènerait honneur et profit.*

23 octobre 1854.

Ainsi la comédie de Diderot serait « une bonne fortune pour le Théâtre-Français, » et on ne l'a pas jouée.

C'est *une excellente comédie de caractères.* Et on ne l'a pas jouée.

C'est « la belle langue du dix-huitième siècle, dont le secret est perdu. » Et on n'a pas mis en lumière cette belle langue.

Il y aurait *honneur et profit* pour la Comédie-Française à jouer cette pièce. Et on l'a laissée dans les cartons.

J'ai remis la brochure en 1851 ; elle a été lue en 1854, *trois ans après.*

Nous sommes en 1856, et depuis *cinq ans* cette comédie attend son tour.

Ainsi, voilà une œuvre sur laquelle tout le monde était d'accord, examinateur, directeur, pour qui le dix-huitième siècle semble familier; Diderot est à la mode aujourd'hui, il est mort, il ne froisse personne, il laisse une comédie qui « amènerait *honneur et profit* » (n'oublions pas le profit), et elle restera tristement posthume. Son vrai titre n'est pas : *Est-il bon ? Est-il méchant ?* mais plutôt : La jouera-t-on ? Ne la jouera-t-on pas ?

Supposons une famine, monsieur le ministre. Un citoyen trouve un moyen oublié pour parer à la calamité ; ne consultant que l'intérêt de ses semblables, il adresse un mémoire au ministre de l'agriculture pour exposer les idées qu'il croit utiles.

Il y a famine de comédies, monsieur le ministre.

Je suis avec respect, monsieur le ministre, votre très-humble et très-obéissant serviteur.

1er décembre 1856.

LA LITTÉRATURE EN SUISSE

I

Du roman à tendances : le pasteur Bitzius (Jérémias Gotthelf).
Ulric le valet de ferme. — De l'art vertueux : Lavater.

Il serait tout à fait prétentieux de prétendre avoir saisi en quelques semaines de séjour en Suisse le mouvement littéraire qui se passe dans ce pays ; cependant j'ai plus lu de livres que je n'ai regardé la nature, et j'ai plus causé avec les hommes qu'escaladé les montagnes. Il en résulte que je crois avoir deviné sinon approfondi une question fort importante pour la France. Divers problèmes relatifs au roman se sont mieux éclaircis que si j'étais resté à Paris, et je suis revenu après avoir étudié une certaine quantité de faits qui sont de nature à jeter une vive lumière sur la question de la morale en littérature.

La Suisse, malgré ses divisions profondes, malgré ses troubles intestins, malgré des dissensions qui peuvent se rallumer d'un jour à l'autre, est une nation qui tend tous les jours à vivre de la vie intelligente. La Suisse achète à elle seule autant de livres que la France, pourvu que ces livres rentrent dans un certain esprit et ne côtoient pas trop vivement les sentiers de passions peintes avec trop de vivacité. En ce sens, il est prouvé que la littérature, qui, depuis quelques années, tend à peindre les mœurs des courtisanes, ne peut y obtenir aucune espèce de succès. *Les Scènes de la Bohême, la Dame aux camélias*, qui représentent un des coins de la vie parisienne, ces livres, quoique écrits sans parti pris d'immoralité et quoiqu'ils portent au fond leur enseignement, ne conviennent pas à ce public sévère.

Le roman tranquille, qui ne soulève pas de grands orages de passions, qui n'apporte pas de troubles dans le cœur, qui ne rend pas soucieux après la lecture, le livre calme, chaste, domestique, avec un petit prêche dans la bouche d'un des héros, tel serait le parangon littéraire demandé par les Suisses. Aussi s'explique-t-on les grands succès obtenus par M. Souvestre, qui ne se contente pas de professer dans les principales villes de la Suisse française, mais dont les ouvrages se vendent à des nombres inconnus à la librairie parisienne. Les romans de M. Souvestre ont été appelés des *Bréviaires* par les admirateurs de cet écrivain consciencieux et estimable.

La Suisse traite les écrivains dits vertueux comme ici on traite les auteurs dramatiques dits moraux : les premiers vendent leurs livres à de grands nombres et en tirent de notables bénéfices, comme les autres reçoivent des primes d'encouragement. Malheureusement, ces primes et ces succès engendreront l'hypocrisie de plus en plus. L'homme qui se fait moral en vue d'un bénéfice, qui ratisse soigneusement les passions qui sortent de sa plume, ment à sa conscience; il produit une œuvre sans portée, parce que la sincérité y manque. Sous ce masque de chasteté se cache quelquefois une figure clignotante de satyre, et son œuvre n'est qu'une suite de longs démentis visibles à des yeux observateurs.

L'œuvre tend à se grouper à d'autres œuvres, l'homme fait partie d'un groupe d'autres hommes; les œuvres et les hommes appartiennent à une époque, sont ses enfants et ses reflets; ils ne sont pas vicieux personnellement, ils sont entachés de maladies héréditaires incurables et ne doivent pas porter la peine d'une fatalité qui les gouvernait. Gœthe n'a pas fait *Werther*, M. de Sénancourt n'a pas écrit *Obermann*, Benjamin Constant n'est pour rien dans *Adolphe*. Déjà nous voyons dans ces livres l'expression des passions d'une époque, et dans ces hommes les instruments intelligents qui ont classé ces passions. Qu'adviendrait-il si, obéissant à des encouragements de ministères, à des critiques contemporaines, à des goûts momentanés, Gœthe, Sénancourt et Benjamin Constant eussent voulu moraliser leurs œuvres, y introduire des prédications, en changer le dénoûment et s'inquiéter de ces criailleries, de ces jappements qui attendent toute œuvre désintéressée, nouvelle et passionnée?

Ces considérations et bien d'autres me revenaient en étudiant les publications de la Suisse qui, quoique morales, ont un côté particulier tenant au pays, et que j'essayerai d'analyser. Depuis quelques années, une réputation s'élève en Suisse, fait de grands progrès en Allemagne et est pour ainsi dire inconnue en France : je veux parler de M. le pasteur Bitzius, qui se cache sous le pseudonyme de Jérémias Gotthelf, et qui, retiré dans une petite cure des environs de Berne, sait mettre d'accord les intérêts de ses paroissiens et des lecteurs avides de la Suisse allemande. Il y aura bientôt quatre ans que le romancier Gotthelf publie ses romans, et il n'aura atteint la grande célébrité européenne que du jour où la France admettra ses livres.

Il est vrai de dire qu'en fait de traductions la France ne se presse jamais, à moins d'un succès bruyant et incompréhensible, tel que celui de *l'Oncle Tom;* elle attend souvent que la renommée s'établisse autour d'un auteur pour l'adopter, et encore ne l'adopte-t-elle qu'à moitié, quand elle ne le dénature pas, quand elle ne lui enlève pas ses angles. Depuis quarante ans, Jean-Paul Richter est encore à attendre l'aumône d'une traduction à peu près sérieuse ; dans les modernes romanciers, Dickens n'a pas la réputation voulue ; mademoiselle Frédérika Bremer n'a guère été propagée que par le parti catholique, et Aüerbach, sauf le petit volume de M. Max Büchon, était hier encore inconnu des Français.

Je groupe ces trois noms parce qu'ils serviront à faire comprendre la manière de Gotthelf (sauf Dickens, qui est déjà le romancier populaire d'une grande nation). Les romans de mademoiselle Frédérika Bremer la Suédoise, ceux d'Aüerbach l'Allemand et ceux du pasteur bernois Gotthelf se tiennent par la peinture de la vie domestique, des scènes champêtres, de la vie de campagne et par le manque de passions des villes.

Je n'ai pas lu, dans leur langue, les œuvres de M. Bitzius : la difficulté de la langue (il s'agit de patois bernois, c'est-à-dire d'un allemand particulier, même incompréhensible pour des Allemands de Berlin) m'a arrêté ; mais quelques livres traduits, la communication de traductions sous presse, certains passages choisis et qui m'ont été expliqués avec conscience, m'ont rendu le véritable sentiment du nouveau romancier suisse qui devra peut-être un jour atteindre à une réputation française au moins égale à celle de M. Toppfer, de Genève. Il y a en effet, pour les esprits troublés et inquiets de notre époque, un certain charme à se plonger dans ces lectures tranquilles et consolantes, où la peinture du bien et du bon amène à une conclusion douce, où quoique avec la certitude que le dernier chapitre montrera la punition du coquin et la récompense de l'homme vertueux, le livre se fait lire avec attachement.

Tel est le roman : *Ulric le valet de ferme, ou comment Ulric arrive à la fortune*. Le livre répond bien à son titre et surtout à son sous-titre ; l'intérêt est habilement conduit sans aucuns moyens violents ; la connaissance de la campagne éclate à chaque ligne, on sent que l'auteur en est plein ; ses personnages ne sont pas seulement habillés à la paysanne, ils en ont le langage, les sentiments, et, ce qui est le propre des vrais romans, il n'y a, pour ainsi dire, pas d'action, ou du moins elle est si simple qu'elle peut être contée en quatre mots. Il s'agit d'un valet de ferme, Ulric, que le début nous montre sans économie, courant après une mauvaise fille ; son maître, le fermier Budenbour, le sermonne avec douceur, lui enseigne la valeur de l'argent, la nécessité d'une bonne conduite. Ulric a d'abord beaucoup à faire pour échapper aux mauvais conseils qui le pressent ; petit à petit les paroles de son maître prennent racine, dans chaque circonstance de sa vie elles crient dans son cœur, il échappe à un mauvais mariage, il épouse une fille sans fortune comme lui ; mais sa bonne conduite a donné confiance à ceux qui le connaissent, et il obtient assez de crédit pour louer une ferme à son compte ; il se marie, et le bonheur, ce bel astre aux rayons brillants, que nous voyons apparaître si rarement, dore son avenir.

Il a fallu un grand talent pour tirer de ce plan un volume, et cependant le volume se lit avec un grand charme, et peut-être d'autant plus de charme pour nous autres Français que la réaction est violente : quitter les orages de la vie parisienne et tomber dans un chalet, abandonner l'eau-de-vie pour le petit-lait, sentir l'odeur des pins au lieu de l'asphalte, respirer l'air pur des montagnes au lieu de l'odeur du gaz : telles sont les impressions qui séparent le roman suisse des romans français ; mais la vie parisienne est conçue de telle sorte qu'elle grise, qu'elle dévore et qu'aucune autre vie n'est possible. Les montagnes, les glaciers, les torrents, les forêts, les cascades, l'air pur, le lait ne pourront jamais retenir un Français longtemps ; de même les romans vertueux, à tendances, la peinture de la vie de famille, les passions douces, ramèneront inévitablement au roman passionné, qui n'est que le reflet de la vie française.

Si M. Gotthelf n'avait pas un rare talent d'observateur, la lecture de son livre serait à peine soutenable, et il arriverait à un *berquinisme* insupportable ; mais *Ulric le valet de ferme* n'a pas le défaut de certaines nouvelles du même auteur, entre lesquelles je citerai celle qui a pour titre *le Dimanche du grand-père*, espèce de sermon ennuyeux, écrit plutôt par un pasteur que par un romancier. Ici éclate visiblement le danger de la littérature à tendances ;

l'art est renversé par l'enseignement ; celui-ci l'enveloppe si bien de son vêtement gris à larges manches, qu'on ne l'aperçoit plus du tout. Ce n'est plus un livre, c'est une tribune d'église protestante ; je ne vois pas l'homme qui écrit, j'entends le ministre qui prêche. L'encrier est vaincu par la parole ; il n'y a plus de lecteurs, il y a des auditeurs. Ce ne sont plus des gens qui veulent se distraire, ce sont des pécheurs qui s'inclinent.

Le roman d'*Ulric* est un livre remarquable ; je ne doute pas un jour de son succès européen ; les épisodes sont charmants, et je n'en veux citer qu'un : c'est la fille de ferme qui ne sait encore discerner si le garçon de ferme l'aime réellement :

« Fréneli, ne pouvant plus tenir au lit, s'habilla et vint si doucement entr'ouvrir la porte de la maison que personne ne l'entendit. Tout était encore tranquille au dehors. Alors elle voulut aller se laver, suivant l'usage, dans l'eau fraîche de la fontaine ; mais une figure était déjà penchée sur le bassin avec la même intention : c'était le désiré de son cœur, c'était Ulric ! Les doutes, l'anxiété, tout disparut. Mais son espièglerie naturelle vint encore cette fois au secours de la modestie de la jeune fille, et lui aida à voiler, sous une apparence de plaisanterie, le sentiment profond qui l'animait. Elle s'approcha sans le moindre bruit, et tout d'un coup posa ses deux mains sur les yeux de l'homme vigoureux, surpris si inopinément. Il fit un saut, une exclamation ; puis, saisissant ces mains audacieuses, il les reconnut avec une joie inexprimable. « C'est toi ! » dit-il. Alors Fréneli, voyant qu'il la comprenait, laissa glisser ses mains, et appuya sa tête sur la poitrine de celui qu'elle acceptait ainsi pour époux. Comme les ondes de la fontaine se succédaient pures et limpides, ainsi la certitude du bonheur se répandit dans le cœur d'Ulric. Il serra doucement la jeune fille dans ses bras,

Ce qu'il dit d'abord se confondit avec le murmure de l'eau, puis la fontaine entendit : « Veux-tu être à moi? — Oui, pour toujours! » Elle entendit encore beaucoup d'autres choses, mais elle ne les a jamais répétées. »

Il est difficile de peindre plus fraîchement cette jolie sensation de deux amants dont le cœur est dans l'anxiété, et que la moindre rencontre rend à la tranquillité et au bonheur. Ce morceau est d'autant plus précieux que l'amour est employé avec beaucoup d'économie par M. Bitzius, qui évite, en sa qualité de pasteur protestant, de peindre la passion, quand même elle conduit à une conclusion honnête; mais dans beaucoup d'autres livres le ministre se trahit souvent et met dans la bouche de ses personnages des prédications un peu longues sur la morale, bien heureux quand il ne se jette pas dans les sentiers de la politique. Alors l'auteur erre tout à fait, il devient un homme qui discute, il se fait *réactionnaire,* non pas que je l'approuverais davantage s'il se montrait *révolutionnaire.* Qu'importent au romancier les révolutions, les troubles, les émeutes du moment; ne sont-ce pas des *accidents* imperceptibles dans l'histoire de l'humanité?

Il m'est arrivé une fois dans de grands moments de troubles où on se tuait dans Paris, de me désespérer, de gémir sur tant de sang versé de part et d'autre et de ne pouvoir chasser de mon idée ces images de désolation. Inquiet, tourmenté, ne sachant que devenir dans la ville ensanglantée, ne rencontrant que visages sombres parmi ceux qui se tenaient en dehors des troubles civils, je quittai Paris : à une lieue de là on n'entendait ni la fusillade ni le canon, le soleil dorait les champs, la verdure reposait la vue, les paysans sifflaient à la charrue, et j'oubliais la guerre civile *à une lieue de Paris*. Tout à l'heure maudissant la Providence, je me surprenais à l'adorer, et je trouvais bien petits les hommes qui s'entre-tuaient à quelques pas de moi pour je ne sais quels triomphes.

Montez sur une cathédrale élevée et regardez sans pitié les fourmis qui s'agitent dans ces petits corridors de pierre qu'on appelle des rues. Est-ce possible? L'art donne un grand *égoïsme* (à défaut d'autre mot), qui empêche de s'arrêter aux petites dissensions de la vie politique. Certainement je n'aime pas le caractère de ce Gœthe qui s'efforça de se changer en statue de marbre, en Jupiter Olympien, qui ne voulut plus aimer passé vingt ans parce que *cela prenait trop de temps*, comme il l'a dit; l'homme, une fois enfermé dans cette triste maison, arrive à se figer, il ne veut plus connaître son époque, il est indifférent à ce qui se passe, et, quoi qu'il fasse, ses œuvres porteront la peine de cette souveraine *tranquillité;* mais entre le calme absolu de Gœthe et les colères politiques de M. Bitzius, il y a un milieu dans lequel l'artiste se tient. De même que je me défie d'un homme qui a des quantités d'admiration pour ceci et pour cela, et puis encore pour autre chose, qui aime indistinctement les hommes de troisième ordre, de second ordre et les grands génies, je ne saurais trop m'étonner d'une autre classe qui perd son temps à s'inquiéter des moindres événements, des moindres troubles. La vie d'un homme ne serait jamais assez grande pour contempler toutes les petites variations de la sphère politique; il ne pourrait trouver assez de larmes pour les moindres révolutions. Il est bon de garder ses admirations pour les grandes œuvres, et ses colères pour les grands crimes; autrement, on est un dissipateur, et au jour de triomphe, sûr du châtiment, on a dépensé en menue monnaie ses écus de six francs.

Le pasteur Bitzius, avec ses petites colères, restera inexpliqué et indifférent aux lecteurs hors de son village. Il attache lui-même une pierre au cou de ses livres en les faisant servir à défendre des intérêts politiques trop minimes ou entachés d'actualité. Il en est de même pour la partie prédicante et par trop moraliste de ses livres : le roman est une forme sur laquelle se greffent difficilement les idées trop visiblement enseignantes. Il a fallu le génie de trois hommes pour faire pousser en France cette littérature à tendances, Diderot, Voltaire, Jean-Jacques. Certainement l'art moderne n'a pas dit son dernier mot, à cette heure surtout il est inquiet, chercheur; il ne se contente plus des routes battues, il repousse également les doctrines endormies de ces peintres-littérateurs qui n'admettent que la couleur et la forme, qui en voyage s'inquiètent de l'apparence d'une maison sans se demander comment vivent les gens dedans, et qui dépensent un talent considérable à rendre par des mots la conformation des girouettes ; l'art moderne n'en est plus là, il cherche la vérité, il observe attentivement les faits à leur naissance, les groupe, les analyse, essaye de les montrer dans toute leur vérité. L'art moderne chasse l'auteur de son livre autant qu'il est possible; chez M. Bitzius, les personnages sont trop souvent l'enveloppe du pasteur protestant : sous les habits de ses personnages divers on reconnaît toujours un ministre de l'Évangile. Je sais qu'un romancier est un homme et que, quoi qu'il fasse, sa personnalité apparaîtra de temps en temps dans ses livres comme la lueur d'une chandelle passe à travers les jointures d'une porte mal fermée ; mais il y a moyen d'éviter ces transpositions d'art.

Lavater, qui était ministre protestant comme M. Bitzius, l'a parfaitement compris en publiant le *journal d'un observateur de soi-même*. Il voulait enseigner, et il enseigne. Il ne dit pas à ses lecteurs : Prenez, ceci est un roman. Il ne cherche pas à tromper le lecteur et à envelopper la morale dans du papier de confiseur : on sait d'avance qu'on va lire un livre plein de sentiments évangéliques ; ceux qui ne se soucient pas de morale, laissent le livre. Malheureusement M. Bitzius n'a pas compris tout à fait son rôle triple de romancier, de moraliste ou d'écrivain politique ; il lui eût été facile de diviser dans des brochures ou dans des livres ses sentiments politiques et ses sentiments de ministre protestant : alors, dégagé de toute influence étrangère, il eût abordé le roman l'esprit libre et il n'eût pas introduit des éléments de discussion trop étrangers à l'art.

II

Papiers inédits de Jean-Jacques. — De la littérature cantonale. Histoire d'un enthousiaste de Rousseau. — Le musée des jésuites.

La Suisse a de commun avec l'Allemagne la décentralisation de la littérature, d'où il arrive que chaque ville un peu importante a un groupe d'écrivains, une revue et des publications spéciales qu'il serait curieux de pouvoir étudier à fond. A Genève, M. Cherbulliez, libraire-éditeur, publie la *Bibliothèque universelle* et un certain *Bulletin de critique* qui existe depuis fort longtemps, que la France ne soupçonne pas, et qui a pourtant une certaine action sur ses produits de librairie. M. Cherbulliez est le grand maître de la littérature en Suisse; il y jouit d'une forte influence et gouverne même la Toscane et le Piémont, qui tendent à se rallier au protestantisme. Sa Revue pénètre donc dans trois pays importants, outre la France, où il a un comptoir important. Peut-être quelques curieux comme moi se sont-ils arrêtés devant les montres des libraires protestants à Paris à regarder le titre des volumes : *Êtes-vous pardonnés ? question pour* 1850, brochure in-18, ou la suivante brochure : *Êtes-vous heureux, pleinement heureux ?* ou bien les sermons du pasteur Athanase Coquerel ; je ne m'inquiétais pas d'en connaître davantage. Il y avait comme un voile gris qui m'aurait empêché d'ouvrir ces livres, et je n'en soupçonnais pas davantage ; mais ceci ne représente que la littérature de propagande, et nous n'avons pas le droit de nous en moquer, car en fouillant les librairies catholiques nous trouverions des publications d'une forme aussi peu littéraire et des petits romans religieux de M. d'Exauvillez qui certainement ne nous mettraient pas en joie. Mais M. Cherbulliez a la plus grande action sur notre littérature, qu'il repousse ou qu'il exile de la Suisse, car quoique libraire il a une grande influence de critique.

Son bulletin critique analyse activement les publications françaises et en décide la fortune à l'étranger. M. Cherbulliez n'est pas toujours tendre pour nos nouveautés : il les traite même assez légèrement : j'ai remarqué, en parcourant une collection de trois ans, des jugements portés

un peu vite et une grande rigueur pour les romans qui
tendent à sortir des lignes convenues. Je ne relèverai pas
nombre d'attaques personnelles contre mes livres, insérées
dans ce bulletin de censure ; il suffit que l'auteur croie ce
qu'il a écrit pour que je m'en trouve satisfait. Je n'ai jamais eu la prétention de changer les tempéraments des
hommes ; je regarde un roman, un conte, comme jetés dans
un immense panier où sont entassés beaucoup d'autres
livres. Une puissance mystérieuse les fait apparaître au-
dessus et dresser la tête quelquefois plus tôt, quelquefois
plus tard, quelquefois jamais. S'ils sortent, tant mieux ;
s'ils restent au fond du panier, tant pis ; il y avait certainement une raison sérieuse pour qu'ils y restassent. Aussi
suis-je plein de respect pour les hommes de bonne volonté
qui appellent les livres soit avec des cris de colère, soit
avec des cris d'enthousiasme ; je trouve que malgré leurs
sentiments sympathiques ou défavorables, ils font déjà un
métier assez pénible que de tirer pour ainsi dire les
numéros de cette loterie.

M. Cherbulliez ne montre pas un vif enthousiasme vis-
à-vis des romanciers français ; j'en excepte toutefois deux
hommes, M. Ponsard dont le succès de *l'Honneur et l'Argent* a été tel que pour ce cas seulement la Suisse s'est
adonnée à la contrefaçon ; ordinairement elle tire ses con-
trefaçons de la Belgique. Le succès de M. Ponsard n'a
rien de surprenant : il ferait le tour du monde qu'il ne
s'étonnerait pas ; il caresse le sentiment *bourgeois* et n'at-
teindra jamais la popularité des comédies de Kotzebue.
Les colères sont inutiles en pareil cas ; il faut laisser
s'éteindre tranquillement l'enthousiasme bourgeois, le plus
ingrat des enthousiasmes. Le second littérateur, enfant

chéri des Suisses, est M. Souvestre; chantant la famille, moraliste doux et sans angles, écrivain estimable, M. Souvestre devait certainement, par la nature de son talent qui se rapproche de l'enseignement, plaire à des lecteurs protestants.

Heureusement l'influence de M. Cherbulliez, quoiqu'on en retrouve des racines même à Berne, tend à diminuer dans les autres cantons qui offrent des revues rivales. La plus remarquable de ces rivales est certainement la *Revue suisse*, dans laquelle paraissent des travaux remarquables, et qui est rédigée par M. F. Bovet de Neufchâtel, M. Aimé Steinlein de Lausanne, et M. Olivier, qui, de Paris, envoie de piquantes indiscrétions sur les hommes et les choses de notre société. A Fribourg, M. Daguet publie l'*Émulation*, une petite revue; et j'ai été fort étonné au milieu de ces questions brûlantes de politique, de jésuites, d'insurrection, de rencontrer un homme assez tranquille pour diriger une école, écrire une revue, publier de gros volumes et préparer nombre de travaux curieux sur la Suisse.

C'est dans l'ancien collége des jésuites, près de la chapelle, que j'ai vu encore des traces de sang de la dernière insurrection; les ouvriers réparaient les portes trouées par les boulets; les vitriers remettaient les vitres. J'avais une vive curiosité de voir les portraits des jésuites qu'on a actuellement rassemblés dans un musée : le sentiment populaire ne s'est pas trompé, nous portons tous en nous une personnification des jésuites que nous semblons avoir reçue en naissant. Ce singulier musée, peint par un jésuite enthousiaste, mais ignorant dans l'art de la couleur et du dessin, m'a frappé par cet aspect de *peinture de sacristie* effrayante, froide, sévère, sauvage, implacable et vraie, que pouvait faire comprendre seulement la peinture d'un vitrier ascétique. L'art ne donne pas cette impression terrible que la foi a mise aux mains d'un ignorant pour faire passer dans son pinceau la ressemblance sans artifice de ces hommes longtemps gouverneurs du monde et qui ont conservé de cette domination occulte des traits particuliers, des regards bizarres et une coloration étrange dont peut à peine donner l'idée l'aspect de certaines toiles espagnoles.

Les jésuites, en quittant précipitamment le collége lors des affaires du Sonderbund, quoiqu'en emportant leurs papiers les plus précieux, ont laissé une histoire manuscrite du collége, depuis la fondation, que M. Daguet se propose d'imprimer prochainement; mais cette publication sort du domaine de la littérature, sur lequel je tiens à me tenir. En général, les écrivains suisses comprennent bien leur mission, analogue à celle des hommes d'intelligence égarés dans les départements français; ils s'occupent des questions littéraires cantonales plutôt que fédérales, ils font des monographies qui seront la gloire de notre siècle, en écrivant sur des choses et des hommes qu'ils peuvent étudier longtemps avec amour.

M. Steinlein a publié des études fort curieuses sur la poésie populaire suisse. Il s'est trouvé, chose assez singulière, au dix-huitième siècle, du temps de Gessner, à l'époque où de fades bucoliques étaient à la mode en Allemagne, en 1763, un écrivain suisse, Usteri, qui a le sentiment de la réalité aussi prononcé qu'Henri Monnier. *Monsieur Henri*, idylle bourgeoise en dialecte de Zurich, renferme des morceaux très-comiques dont il faut citer absolument un échantillon pour donner une idée du réalisme d'alors. Ce sont deux bourgeoises complimenteuses qui s'invitent à prendre du café :

« Encore une tasse, cousine. — Merci infiniment. — On ne marche pas sur un pied, cousine. — Allons, pour le respect que je vous dois. — Encore une tasse, cousine. — Je crois, cousine, que vous voulez me tourmenter; vraiment j'en aurais honte. — Je vous prie, pourquoi des compliments? Toutes les bonnes choses sont par trois. — Eh bien! puisque vous l'ordonnez. — Encore une tasse, cousine. — Non vraiment, ça me ferait sauter. — Il y a bien encore un coin de vide; vous voyez, les tasses sont si petites. — Mais non, je ne le veux pas. — Je ne vous laisse pas tranquille. — Allons, puisque vous le voulez. — Encore une tasse, cousine. — Mais y pensez-vous, cousine *syndique*? C'est bien dommage qu'on ne soit pas un tonneau, car de meilleur café on n'en boit nulle part, il faut le dire. — Eh bien! si je dois vous croire, je vous prie. — Non, non, c'est trop. — Est-ce qu'il vous incommode peut-être? — Oh! pour ça non, cousine *syndique*, bien au contraire; les maux de tête et d'estomac, je dois le dire, il me les enlève à la minute. — Aussi, dans l'intérêt de votre précieuse santé, encore une tasse, cousine. — Non, non, vous m'excuserez maintenant. Assez, c'est assez. — Je n'en démords pas. — Je vous en supplie. — C'est pour votre santé. — Alors on ne peut pas refuser. — Encore une tasse, cousine. — Ma foi, je vous assure, j'en ai déjà jusqu'au cou. — Vous badinez, il n'y a qu'à boire. — Oui, mais quelle boisson! et du lait, et du sucre, et des petits pains encore! Pensez-y donc, cousine *syndique*, je pourrais bien *prendre une petite pointe*. — Eh bien! nous voulons en courir la chance; j'aimerais tant à vous voir *avec une petite pointe*. Faites-moi donc ce plaisir. — A vos périls et risques, cousine *syndique*. — Encore une tasse, cousine. — A présent, je reste ferme comme un roc; sept tasses, je pense, c'est quelque chose

de beau ; un batteur de blé pourrait à peine en boire autant.
— Sept tasses, ça fait un nombre impair ; je ne veux pas absolument que nous en restions là ; cette nuit vous ne pourriez pas dormir. Mais j'aperçois que le café devient *un petit peu* trouble. Tenez, Lisette, faites-en de l'autre. — Mais voulons-nous la faire venir la seconde cafetière ? je pense que non, car pour dire la vérité, j'en ai vraiment jusqu'au cou. »

Le plus comique de ce dialogue comique vient de ce qu'il est tiré d'un *poëme;* on a peine à croire que la *poésie* puisse rendre une conversation aussi vulgaire, si la prosodie patoise n'offrait des libertés qui paraissent de la prose. Mais les poëtes qui ont admiré la *Mort d'Abel* du dessinateur de Zurich, se voileront la face devant ce morceau daguerréotypé avec beaucoup de finesse. Cependant, pour ne pas faire charger la tête du poëte Restéri d'imprécations par les adversaires du réalisme, il est bon d'ajouter qu'il écrit également des morceaux fort touchants, entre autres la *Plainte de la pauvre dame Zwingli.*

Pénétré de la même dévotion littéraire, M. F. Bovet a publié deux brochures de la plus haute curiosité : la première contient des *Fragments inédits des Confessions de J. J. Rousseau,* et la seconde un *Discours sur les richesses,* tout à fait neuf, du philosophe génevois. C'est surtout par cette dernière brochure qu'on est à même de connaître Jean-Jacques sous un nouveau jour ; la quantité de petits papiers à éplucher, qui auraient semblé sans importance à des éditeurs moins intelligents, montre un singulier homme épris au moins autant de la forme que du fond. On l'aurait à peine cru en lisant les livres à idées de l'auteur des *Confessions;* il a un respect sans pareil pour l'expression.

« Quant aux pensées, dit M. Bovet, que l'auteur voulait employer dans la suite de son ouvrage, elles sont griffonnées sur un grand nombre de petits morceaux de papier de formes diverses. Tandis que les premières pages, copiées sans trop de ratures, paraissaient avoir reçu leur rédaction définitive, les fragments placés à la suite ne sont que des brouillons. Ce n'est pas toutefois le premier jet de la pensée de Rousseau, car la plupart sont chargés de corrections. Je les ai tous transcrits, quoique quelques-uns ne présentent que peu d'intérêt. On verra que Rousseau notait, à mesure qu'elles lui venaient à l'esprit, non seulement les pensées dont il voulait faire usage, mais même les phrases et expressions qui paraissaient heureuses et qu'il pensait pouvoir une fois ou une autre placer dans ses écrits. Quoique le soin extrême avec lequel l'illustre écrivain polissait son style soit devenu presque proverbial, celui qui n'a pas vu ses manuscrits ne saurait encore s'en faire une idée. Telle expression, telle image, telle alliance de mots qui parait toute simple et que nous lisons sans y prendre garde, a été changée et corrigée jusqu'à dix fois; souvent même la phrase a précédé la pensée. »

L'idée du *Discours sur les richesses* est simple. Un jeune homme, Chrysophile, veut devenir riche afin de faire le bien. Mais, dit l'auteur, quand tu seras riche, resteras-tu dans les mêmes idées? Pour arriver à être riche, il faut que tu commences par devenir avare. Apprends plutôt à mépriser la fortune. Telle est la substance du *Discours sur les richesses*, qui ne fut pas terminé. A partir de la première moitié, des pensées apparaissent isolées sous la forme de maximes; elles devaient se fondre dans le discours. Quant aux deux derniers petits morceaux de papier rassemblés avec soin par M. Bovet, le premier contenait ces mots : *Ébranle d'un bras nerveux cet affreux colosse*, et le second carré de papier : *Osent indignement transformer leurs amis en valets.* Ainsi est mise en lumière cette singulière méthode, qui prouve combien le mot avait de valeur pour Jean-Jacques et la façon bizarre dont l'idée germait dans son cerveau. On a peine à comprendre l'insistance singulière que Jean-Jacques attachait au membre de phrase *ébranle d'un bras nerveux cet affreux colosse*, qui, par l'enflure de l'expression, appartient à l'époque, et rappelle plutôt les préoccupations d'un poëte classique, d'un homme à tragédies, que celles d'un prosateur dont les idées eurent tant d'influence.

M. Bovet me racontait, à l'appui de ces notes, une historiette qu'il tient d'un vieillard qui a connu Jean-Jacques : Les lettres qu'il écrivait, les plus simples billets, étaient rédigés avec une précaution académique ; rien que pour souhaiter le bonjour à un ami, Rousseau faisait des brouillons, raturait et ne croyait jamais livrer de phrase assez parfaite. Un jour cependant, un laquais attendait de lui une réponse pressée ; Jean-Jacques se met à son bureau et écrit un billet du premier jet, contre son habitude ; mais à peine le laquais chargé de la réponse était-il parti que le philosophe court après lui dans la rue. Il craignait, dans un billet à main levée, d'avoir laissé quelques taches de style. Il rattrape le domestique, lui reprend son billet et le relit en pleine rue. Mécontent de la rédaction et ne pouvant corriger la lettre sur le coin d'une borne, il dit au laquais d'annoncer à ses maîtres qu'il n'était pas chez lui et qu'il n'a pu répondre. Là-dessus Jean-Jacques s'en revient à la maison, heureux d'avoir dérobé au public une phrase qu'il jugeait sans doute manquer de *nombre*.

Vanité des choses humaines! l'homme est gouverné par le destin. Le meilleur écrivain a des moments d'hallucination où il ne voit plus, où il ne lit plus, où il est incapable de jugement; plus il relit, moins il voit une grosse faute de français qui traverse sa phrase, plus il corrige, et plus il ajoute d'imperfections. Je lisais dernièrement les *Confessions*, et je ne m'inquiétais guère d'éplucher les fautes, car je les crois nécessaires à un bon livre. En copiant un passage dont j'avais besoin pour ma citation, je trouvai dans une phrase le verbe *avoir* répété *huit fois*.

Indépendamment de manuscrits *inédits* de Jean-Jacques, M. Bovet doit un jour faire paraître un livre d'une haute curiosité, dont il a en main les matériaux, et qui dévoilera tout à fait Rousseau : ce sont les lettres de tous ses contemporains à lui adressées. Quelle fortune! Des lettres de Voltaire, de d'Alembert, de Grimm, et surtout des lettres de Diderot, le philosophe inconnu; car on peut l'appeler ainsi tant que ses papiers, ses plans, ses notes, ses fragments nombreux, qui sont encore à cette heure perdus dans la poussière d'un grenier de Paris, n'auront pas été publiés. C'est un grand bonheur et un grand honneur pour un écrivain consciencieux que d'avoir une telle mission à remplir. On fait acte de respect et d'intelligence envers les maîtres en imprimant religieusement leurs dernières paroles et leurs bégayements. Les papiers d'un grand homme mort ne renferment-ils pas ses premiers essais lorsque son esprit chancelait encore, et ses dernières pensées alors que l'âge commençait à glacer le sang? Tous nous devons désirer de connaître à fond nos pères. Après les confessions qu'a laissées Jean-Jacques, il est difficile de compromettre quelqu'un. D'ailleurs il était dans l'intention de Rousseau de publier tous ces documents ; il en avait chargé ses éditeurs.

Dans ces lettres on a retrouvé une adresse de Rousseau qui était restée inconnue. Le nouvel éditeur en a donné un fac-simile dans le *Discours sur les richesses*. L'enveloppe ayant été déchirée d'un côté, on lit maintenant :

A Monsieur

Monsieur Rousseau

rüe de Grenelle-St-Hono

a ris la rüe des Deu

à l'ho

Jusqu'alors on savait seulement que Rousseau avait demeuré rue de Grenelle-Saint-Honoré, dans un hôtel ; mais, malgré les recherches des admirateurs les plus dévoués, il était impossible de découvrir cet hôtel garni, qui avait changé depuis longtemps de destination.

Il y a à Paris un enthousiaste de Jean-Jacques qui laisse bien en arrière ceux qui se sont attachés à la mémoire des hommes de génie ; cet enthousiaste, après avoir longtemps balancé entre les diverses rues de Paris dans lesquelles avait demeuré Jean-Jacques, finit par s'installer rue de Grenelle-Saint-Honoré, précisément parce qu'elle offrait un mystère à éclaircir, à savoir, la véritable maison du philosophe. Il commença par acheter tous les livres qui avaient été écrits sur Jean-Jacques, espérant toujours trouver le numéro inconnu, ce petit hôtel modeste sans doute qui avait donné asile à l'écrivain pauvre. A cette époque, les almanachs du commerce, les indicateurs, n'étaient pas rédigés avec le développement actuel; le fameux hôtel restait dans l'obscurité. Pendant trois mois notre enthousiaste visita toutes les maisons les unes après es autres, dérangeant les portiers, les locataires, et sans s'arrêter aux rebuffades que lui valaient des gens qui se souciaient peu de la mémoire du philosophe, qui connaissaient tout au plus son nom par la rue Jean-Jacques, il se livrait à des perquisitions infinies, qui auraient pu faire honneur à un commissaire de police. Malgré ses recherches, l'enthousiaste ne découvrit rien; mais quoiqu'il fût mordu par ce désir de découvertes dont sont atteints tous les collectionneurs, du grand au petit, depuis celui qui fouille les monuments assyriens jusqu'à celui qui recherche un mouchoir de Louis XVII, il s'en consolait; car il avait d'autres découvertes non moins importantes. C'était un homme nourri de Rousseau, plus que nourri, on pourrait dire confit; il connaissait les œuvres complètes et les nombreuses éditions à tel point qu'il savait si une virgule avait été ajoutée par un éditeur; il connaissait Jean-Jacques mieux que Jean-Jacques lui-même : je ne parle pas du moral du philosophe, je parle des petits faits. N'ayant jamais passé un jour sans lire un volume du philosophe; ayant noté tous les commentateurs, tous les éditeurs, les biographes, ayant étudié attentivement les contemporains amis ou ennemis, doué d'un esprit de rectitude, mais un peu dans le genre étroit d'un teneur de livres, cependant avec assez de bon sens pour ne pas partager les haines hypocondriaques de Rousseau, il était arrivé à un tel résultat qu'il pouvait dire : « Ici Jean-Jacques se trompe dans les *Confessions;* il dit n'avoir séjourné qu'une fois à Neufchâtel, il se trompe : il y est allé deux fois, » et il le prouvait. Il se livrait à des minuties sans pareilles, et ses commentaires sur la volumineuse correspondance imprimée du philosophe l'amenaient à savoir qu'un éditeur s'était trompé quelquefois de jour, quelquefois de date. Cet enthousiaste, tous les ans faisait un voyage en Suisse, s'attachant spécialement à parcourir les endroits où avait séjourné Rousseau. Une année le voyait à Genève, une autre à l'Ile Saint-Pierre, une autre aux différents lieux décrits dans les *Confessions*, et il n'emportait qu'un seul volume de Jean-Jacques, n'importe lequel, qu'il lisait et relisait sans cesse pendant son voyage. Quand il avait terminé ses excursions il recommençait, et on le voyait arriver chez quelque compatriote de Rousseau, qu'il savait également un admirateur. « J'ai découvert cette année, disait-il, que dans la soixante-troisième lettre de la correspondance de telle édition on a commis une faute énorme : l'éditeur l'a datée du lundi 17 avril dix-sept cent et tant; eh bien, cette année-là, le lundi n'était pas le 17, c'est un mercredi. » Il ne fallait pas lui dire que peut-être la date était fausse et que peut-être le jour était bon : il se serait emporté; car ses documents, qu'il rédigeait pour lui, qu'il ne montrait à personne, et dont on peut juger de l'étendue par de pareils faits minuscules, étaient chose décisive. Cependant à chaque voyage en Suisse, il se plaignait toujours de n'avoir pu découvrir le numéro de l'hôtel où avait demeuré Jean-Jacques dans la rue de Grenelle-Saint-Honoré. Il n'eut connaissance qu'assez tard de la brochure de M. Bovet, et il n'y attachait pas d'abord une grande importance. Au fond, il n'estimait pas les nouveaux commentateurs, et trouvait qu'il avait déjà bien assez de travail avec les œuvres complètes de Jean-Jacques, sans les augmenter d'œuvres inédites. Quelqu'un lui ayant dit qu'un fac-simile donnait décidément la véritable adresse de Rousseau, il fut moitié content, moitié jaloux de n'avoir pu découvrir le premier le point douteux. Mais l'adresse ne contenait pas de numéro; car à cette époque le système de numérotage des maisons n'était pas adopté par la ville de Paris. Ce qui le frappa le plus fut l'indication : *a vis la rüe des Deu*, ce qui voulait dire vraisemblablement : *vis-à-vis la rue des Deu*. Voilà donc un renseignement. L'hôtel où demeurait Jean-Jacques était vis-à-vis la rue des Deu... — *Deu !* s'écria notre homme, qui chercha d'abord quel nom pouvait commencer par *Deu*; puis il s'aperçut que la déchirure avait enlevé l'*x* et qu'il fallait lire des *Deux*; puis il découvrit sans peine qu'il s'agissait de la rue des Deux-Écus, une vieille rue bien antérieure au séjour de Rousseau. L'hôtel était donc situé en face de la rue des Deux-Écus. Notre homme quitta précipitamment la Suisse et revint à Paris étudier cette maison qui faisait face à la rue indiquée. A peine arrivé, l'enthousiaste sauta. Il n'y avait pas à s'y tromper : la maison qui était en face de la rue des Deux-Écus était vieille, noire, âgée au moins d'un siècle, elle n'avait pas varié, et cette maison qui donna jadis asile à Jean-Jacques, cette maison qui lui avait tant préoccupé l'esprit, l'enthousiaste l'habitait depuis cinq ans.

III

M. Max Büchon ; ses œuvres. — *Christian*, nouvelle inédite du pasteur Bitzius.

Berne, quoique appartenant à la Suisse allemande, est cependant une ville qui penche vers la France ; beaucoup d'habitants de la ville parlent français : il y a deux journaux écrits en français. On aime la littérature française dans cette ville, qui n'a que peu à faire pour se dégager de l'influence genevoise. Le pasteur Bitzius (Jérémias Gotthelf) habite près de Berne, mais on ne peut dire qu'il dirige le mouvement littéraire du canton, car il publie ses livres en Allemagne, à Berlin. M. Max Büchon, demeurant actuellement à Berne, a pensé à la France en traduisant trois écrivains étrangers que nous ne connaissions pas, le poëte Hebel, le romancier Gotthelf et le conteur Aüerbach.

Il a fallu un grand dévouement à M. Max Büchon pour faire passer dans notre langue ces trois écrivains qui emploient chacun un idiome particulier. Hebel écrit une certaine langue *allémanique* déjà si différente de l'allemand que le poëte lui-même ne croyait pas à la possibilité de faire passer ses œuvres en haut allemand : « Ce serait absolument, disait-il, comme si l'on voulait introduire dans la haute société une fille de village en toilette de ville. » Le pasteur Bitzius (Jérémias Gotthelf) se sert de la langue bernoise, c'est-à-dire d'un patois qui est à l'allemand ce que le patois picard est à la langue française. Aüerbach sème ses contes de mots de terroir, de plaisanteries particulières à la forêt Noire : c'étaient des études d'une grande difficulté qui nous effrayeraient s'il fallait étudier dans notre propre pays les malices de la langue d'oc, les finesses auvergnates ou les farces normandes : aussi faut-il tenir un grand compte à M. Max Büchon d'avoir tenté ces excursions dans des langues étrangères.

Sous peu paraîtront les *Nouvelles* de M. Gotthelf, choisies avec un grand soin, et d'où seront écartées celles qui tendent à moraliser trop directement et à donner aux paysans des tendances politiques. M. Büchon, quoique exilé, reste pur de politique dans ses écrits ; rien ne trahit, même dans ses préfaces, ses convictions et ses sentiments. M. Gotthelf, qui n'a pas cette force, a cependant réussi quelquefois à oublier les passions du moment ; alors il excelle à peindre le comique des paysans ; nul ne s'entend mieux que lui à rendre les propos de lessiveuses à la fontaine, les conversations des domestiques de ferme. Il y a du côté de Berne peut-être plus qu'ailleurs un certain esprit, un bon sens comique, une bonne humeur qui datent de loin, et dont on retrouve les traces sur quelques maisons de l'Oberland, où sont inscrites en vieil allemand des légendes courtes, précises et malignes qui m'ont frappé. J'ai relevé deux de ces inscriptions pleines de naturel et de sans-façon :

Bâtir

est un beau plaisir

qui coûte bien de l'argent

je ne l'aurais pas cru,

De l'autre côté de la maison on lit encore :

Celui qui veut bâtir

sur la route

doit s'apprêter

à beaucoup de critiques.

Que ces légendes soient de tradition, qu'elles aient été répétées depuis des siècles, elles n'en montrent pas moins la finesse oberlandaise qui se gausse des passants et qui leur clôt la bouche ; quoique M. Bitzius soit de l'Emmenthal, il n'est pas éloigné de l'Oberland, et son esprit comique tient de celui des paysans oberlandais. La cuisine joue un certain rôle dans le canton de Berne; on y mange beaucoup. Le romancier a bien peint deux gourmands qui jouent un grand rôle dans *Christian*, nouvelle, dont je détache un fragment du prochain volume de M. Max Büchon :

« — Bonsoir, madame, bonsoir, dit une voix à l'angle de la maison; il faut que je voie où vous pêchez; nous voudrions manger quelque chose; un petit poisson, ou quelque autre chose de bon, comme on le trouve chez vous; mais nous sommes pressés. Le frère de monsieur notre bailli est avec moi, il aime ce qui est bon. — Comment cela va-t-il, ma chère dame? dit un homme à petites jambes arquées en sabres, marqué de la petite vérole et au teint jaune pâle, lequel tenait une tabatière à la main. — Comme ça, comme ça, monsieur le greffier, dit l'hôtesse, comme d'habitude; ça va toujours comme ça veut et jamais comme nous voulons. Et là-dessus, elle fit une mine comme si elle allait avaler la tabatière du greffier.

» — Parbleu! dit le greffier, ne vous plaignez pas. Les gens à qui les poissons courent d'eux-mêmes dans le filet, comme à vous, ne doivent pas se plaindre. Je changerais bien volontiers avec vous.

» — Vous plaisantez ; vous y regarderiez à deux fois, et quant aux poissons, monsieur le greffier n'a pas à se plaindre ; les plus gras et les plus gros, c'est dans ses filets qu'ils se prennent ; et si par-ci par-là un petit poisson s'égare chez nous, ce n'est toujours qu'un petit poisson, un petit goujon, c'est-à-dire des arêtes au lieu de chair. Mais pour quant au poisson, comment le voulez-vous ? Est-ce frit, ou à la sauce ? ajouta vite l'hôtesse, pour prévenir la réplique à son atout.

» — Des deux façons, ma chère dame, dit le greffier en prenant une prise ; surtout si vous avez de bonnes grosses truites, et non pas seulement des goujons. D'abord, une demi-douzaine des plus belles ; en avez-vous d'une livre ? à la sauce, et ensuite un bon plat de friture. Vous la faites très-bien. On n'en mange nulle part comme ici ; seulement la dernière fois elle était peut-être trop peu frite ; ainsi donc, cette fois, un peu plus roussie ; le colonel est un gourmand, et je l'ai amené ici exprès. Il s'imaginait qu'on mangeait ici comme des porcs ; je lui ai dit que je voulais le conduire quelque part où nous aurions quelque chose comme il n'en aurait trouvé ni en Hollande ni en France ; ainsi donc, soignez-nous cela, ma chère dame. A propos : dans la sauce, n'oubliez pas un bon verre de vin, le pain bien grillé et de beaux oignons. Pour un vieil avaloir de troupier comme le sien, il faut des choses fortes, car cela est fait avec du cuir solide. Et à propos, la dernière fois les poissons saignaient encore à la tête ; ils étaient une idée trop peu cuits ; ainsi donc, vous comprenez, un peu davantage, parce que les gros ont besoin de rester un peu plus sur le feu que les petits.

» — Savez-vous une chose, monsieur le greffier ? venez cuisiner vous-même ; vous vous en tirerez certainement mieux que moi. Vous pourrez faire cela tout à point à votre convenance, sauf votre respect.

» La discussion sur la qualité du vin continue entre les deux gourmands et l'hôtesse qui bientôt se fâche.

» — Permettez, ma chère dame, nous voulons aller voir comment vous prenez le poisson dans le vivier; c'est une chose qui m'a toujours beaucoup intéressé; vous ne croyez pas. — Colonel, cria-t-il alors du dehors par la fenêtre, venez donc voir le vivier; elles vont chercher le poisson.

» La figure de l'hôtesse devint pareille à un boulet rouge.

» — Mais, vraiment, je croirai bientôt qu'il n'y a plus de diable, ou qu'il commence à vieillir, et ne sert plus à rien, car sans cela il aurait emporté ces vermines de messieurs, avant qu'ils fussent venus patauger par ici, grommela-t-elle, et elle partit, avec la clef et le filet, d'une rapidité qu'on n'eût guère attendue d'une femme de son embonpoint.

» Avec leurs petites jambes, le greffier et le colonel, homme roide, mais bien rasé, comme ils l'étaient encore alors, ne parvinrent pas à la rattraper; et le vivier était déjà ouvert, ainsi que la première victime prise quand ils purent mettre le nez dans l'obscurité de ce réservoir plein d'espérances, où l'hôtesse recommençait déjà à promener son filet d'une main habile. Un superbe poisson était déjà dans le grand plat qu'Ursi avait apporté de suite après, avec un autre plat plus petit pour la friture.

» — Mais ce sont des poissons misérables, dit le colonel quand l'hôtesse retira son filet avec plusieurs poissons, les posa devant elle, et saisit une forte truite, à laquelle d'un pouce vigoureux elle cassa la nuque, tout à fait misérables. En Hollande, on en a de tout autres. On en a de deux pieds de long, et qui pèsent vingt livres; des misères comme ceux-là personne ne les regarde. Ce doit être pour la friture.

» — Au contraire, dit le greffier, c'est pour le plat à la sauce; vous ne sauriez croire combien ils ont la chair délicate, colonel; c'est tout autre chose que ces masses de vingt livres. J'ai aussi été en Hollande, et je sais quelle chair grossière ont ces sortes de poissons; cela a des fils comme chez nous la plus grossière viande de bœuf.

» — C'est précisément là le meilleur, dit le colonel; cela ne paraît grossier que sur l'assiette; dans la bouche, ça est fin et délicat comme un blanc-manger.

» — Pas du tout, colonel; goûtez seulement cette chair-ci, et vous parlerez autrement. Mais, ma chère dame, vous ne choisissez pas du tout, en vérité, dit le greffier, qui devenait inquiet, voyez ces deux-là dans ce coin; ce sont deux jolis morceaux, prenez-les, ils pèsent bien une livre, et même plus.

» Mais, chose curieuse, l'hôtesse ne pouvait attraper ces belles pièces. Elle précipita son filet autour du vivier, le retira et dit : — Ce doit en être un; et elle cassa la nuque à une superbe truite, avant que le greffier eût eu le temps de crier : — Attendez, attendez, ce n'est pas une de mes deux; tenez, les voilà encore.

» Pendant ce temps-là, le colonel continuait à insulter à ces misères, en vantant la Hollande et surtout la France; six victimes étaient déjà sur le plat, que le greffier criait toujours: — Là! là! madame, voilà les bonnes! Donnez-moi donc le filet; ce serait bien le diable si l'on ne pouvait les prendre.

» — Mais, monsieur le greffier, en voilà déjà six, répondit l'hôtesse.

» — Quand même il y en aurait douze, ce serait tout à fait égal, dit le greffier, donnez-moi le filet. Sur cela, il s'empare du filet et le plonge dans l'eau avec fureur; mais de ces poissons, pas moyen d'en attraper un; ils disparaissaient comme des éclairs, et quant à poursuivre des éclairs, on sait très-bien que ce n'est pas dans des bureaux de greffier que cela s'apprend. M. le greffier se mettait en fièvre et s'éclaboussait horriblement, quand tout à coup sa perruque tomba dans l'eau, sans qu'il pût comprendre comment cela s'était fait; mais dans son ardeur il la fit encore plonger plus profond, au lieu de la repêcher avec son filet. Le colonel ne rit pas peu, et déclara qu'en effet, ni en

France ni en Hollande, il n'avait jamais vu pareil poisson. L'hôtesse contemplait en ricanant l'air piteux avec lequel le greffier regardait sa perruque, tout en disant que ça tournait presque toujours ainsi, quand on voulait se mêler de choses auxquelles on n'entendait rien.

» — Qu'on y entende ou qu'on n'y entende pas, dit le greffier en ressaisissant le filet.

» — Non pas, non pas, dit l'hôtesse; on n'y va pas ainsi avec des poissons dans un vivier, car de ce train-là ils seraient tous morts demain. Voyez, donnez-moi le filet, peut-être réussirai-je maintenant. En effet, du premier coup l'hôtesse attrapa l'un des gros poissons; mais aussitôt elle appela Ursi et dit : — Prends ceux-là, pendant que j'en pêcherai d'autres pour la friture, sans quoi nous n'en finirons pas aujourd'hui.

» — Mais, ma chère dame, et l'autre? dit le greffier; vous n'en avez qu'une.

» — Sept gros poissons pour vous deux! dit l'hôtesse, et avec cela deux douzaines pour la friture, il me semble que ça peut passer. Si vous n'en avez pas assez, on aura bientôt fait d'en apprêter d'autres. »

Cette citation, mieux que toutes les définitions, fait comprendre le côté comique du romancier bernois, qui, par là, se sépare un peu de M. Aüerbach [1]. L'auteur des *Scènes villageoises de la forêt Noire* a plus de sentiment que M. Gotthelf; celui-ci laisse apercevoir plus de bonne

---

[1] Depuis, il m'a été donné de lire d'autres romans du pasteur Bitzius, et ma sympathie momentanée a baissé de beaucoup. Manque absolu d'art, littérature de petite ville, romans propres à donner en prix aux bons travailleurs des comices agricoles; M. Bitzius ne sera jamais lu en France, sauf dans les librairies protestantes de la rue Basse-du-Rempart. Il peut se trouver parfois dans les livres de M. Bitzius des détails heureux, mais quelle lourdeur de composition, quel bavardage et quel patois ! (Note de 1857.)

humeur et d'esprit joyeux, celui-là plus de mélancolie.
Je n'ai vu ni l'un ni l'autre de ces romanciers, je n'ai pu
me procurer leurs portraits; mais, par leurs œuvres, je
les connais physiquement. Si M. Gotthelf était un maigre
pasteur, pâle et ascétique, les joues caves, je ne croirais
plus jamais à la science instinctive; et, bien certainement, M. Aüerbach, par beaucoup de détails intimes de
ses œuvres, par l'analyse des chagrins des paysans, ne
peut être un joyeux compagnon chantant à plein gosier.
Yvo est le chef-d'œuvre d'Aüerbach comme *Ulric le valet
de ferme* représente le roman le plus réussi de Gotthelf.
Ces deux livres, *faits avec rien*, sont d'autant plus difficiles à analyser, que nous n'avons pas d'œuvres correspon-
dantes en France. *Yvo* est un jeune garçon qui vit jusqu'à
dix ans de la vie de campagne, après quoi on l'envoie au
séminaire pour en faire un pasteur. Après quelques années d'études théologiques, les doutes l'assiégent; il ne se
sent pas de force à diriger les âmes, il hésite, il combat, et
un beau jour il revient au village se faire fermier. Je ne
saurais indiquer en peu de mots l'épanouissement des
années d'enfance d'Yvo, ses premières sensations pour
chaque objet de la nature, sa camaraderie avec un bon
garçon de ferme, ses *amitiés* si tendres avec une jolie enfant de son village : autant vaudrait essayer de raconter
une symphonie.

Nous avons eu une traduction d'*Yvo* à Paris, que personne n'a lue, et qui est allée s'éteindre dans les comptoirs d'un libraire de la rue du Pot-de-Fer. Mais quelle
traduction! D'un roman protestant on a fait un roman
catholique ; et je ne sais si, malgré les peines du traducteur, l'esprit d'examen et les conclusions ne se tournent

pas contre le catholicisme. Le traducteur, du reste, a avoué, dans sa préface, ses scélératesses avec une grande naïveté. Il y a évidemment un moule pour les traducteurs ; car ils en sortent presque tous avec le même esprit de niaiserie et d'ignorance ; ils *arrangent*, coupent et assassinent des personnages avec le plus grand sang-froid. « Nous avons retranché, disent-ils ordinairement, des personnages dont le langage grossier n'aurait pu être supporté en France. » Ces traducteurs me rappellent l'assassin qui, aux assises, avouait avoir tué un homme *parce qu'il était grêlé*. La littérature manque malheureusement de police, de juges et de prisons, sans quoi la grande majorité des traducteurs serait exposée à de cruels châtiments, auxquels toutes les intelligences applaudiraient.

M. Max Büchon n'appartient pas à cette classe de traducteurs, par la raison qu'il est lui-même créateur, et qu'il agit à l'égard des maîtres avec de grands respects. Les œuvres complètes d'Aüerbach, les romans de Gotthelf, actuellement sous presse, montreront un modèle de traduction. Je n'ai qu'une petite chicane à lui faire. Pourquoi avoir traduit *en vers* les poésies d'Hebel? Notre langue est si restreinte en face des richesses de langue étrangère, surtout de l'Angleterre et de l'Allemagne, qu'il faut déjà un grand tact pour faire passer dans notre prose un peu étroite l'ampleur de la prose étrangère. C'est presque le chameau entrant dans l'ouverture d'une aiguille. Notre prose fait l'effet d'un laminoir par lequel sortent amincis les produits étrangers soumis à son action. Qu'en sera-t-il quand il faudra mouler ces produits dans une machine qui se prête si peu au moulage, le vers français, instrument de torture qui allonge la pensée, qui l'amoindrit, qui lui casse les os, qui lui enlève la voix? Mais nous avions le plus grand intérêt à connaître Hebel complet. Quelques morceaux jusqu'ici avaient été traduits en France, et l'esprit surnage si la lettre est un peu dénaturée. D'ailleurs M. Büchon, par son vers franc, rocailleux, prosaïque, ennemi de l'épithète, se rapproche un peu du vrai langage.

Nous avons en France un livre intitulé : *Chants populaires de l'Allemagne.* Une femme distinguée, qui se cache sous le pseudonyme de *Sébastien Albin,* a rendu avec une rare vigueur et un grand courage de traduction les chants anciens et modernes de l'Allemagne. Il y a des ballades de Gœthe, de Schiller, de Brentano, d'Arnim, de Rückert; il y a des chants vigoureux de Luther; il y a aussi des chœurs d'une sauvage énergie des paysans du moyen âge; le romantisme allemand a donné une nouvelle vie aux vieux châteaux des bords du Rhin. Les poëtes patriotiques sonnent la trompette; les uns disent leurs plaintes dans des vers d'amour, les autres se moquent de l'amour. Au milieu de ce volume curieux, rempli de toutes les passions des poëtes, j'ai été frappé par de petites pièces de vers domestiques, qui ne ressemblent en rien aux autres morceaux.

C'est la vie du paysan dans toute sa simplicité; ce sont ses joies, ses bonheurs, ses tristesses, les jours de pluie, les jours de soleil, pendant qu'il fume une grosse pipe de buis, avec des sculptures comiques et grossières de la forêt Noire.

Ce qui séduit tout d'abord dans ces poésies, c'est la grande sincérité de l'auteur qui illumine chaque vers. On se sent entraîné vers ces douces peintures, de telle sorte qu'on a envie de se faire immédiatement protestant. Il n'est pas besoin de lire la biographie de l'auteur pour sentir qu'il est *vrai*, et que, pour écrire ainsi, il a fallu un vif amour de la campagne et de la nature.

Non pas que la nature soit traitée dans les tons crus du réalisme : au contraire, l'auteur est aussi maniéré que le peintre Watteau, mais en sens contraire. Si nos Français du dix-huitième siècle mettaient de la poudre aux arbres et faisaient de tout paysage un lieu propre au débarquement de Cythère, l'Allemand Hebel ne trouve pas la nature assez paysanne, et il lui met de gros sabots. Une rivière passe à Hausen, petit village peuplé exclusivement de luthériens : Hebel va habiller sa rivière en fille protestante; ce n'est plus l'eau qui court, c'est une jeune fille en corsage vert, en plastron de velours bordé de rouge tendre, avec deux grandes nattes; enfin tout le costume d'une servante endimanchée du pays d'Hausen. Tout devient humain, vivant, les jours de la semaine, comme dans la fameuse ballade du *Dimanche matin* qui cause avec le samedi. On voit le soleil fumer sa pipe comme un brave Allemand; les petits oiseaux se disent bonjour dans le feuillage; les arbres, dans l'hiver, mettent leur perruque de neige; le nouvel an va frapper à la porte de chacun du village, et apporte à tous un cadeau, des conseils, une douce parole de consolation et d'espoir; les moineaux jurent *sacrebleu* comme un charretier.

Tel est Hebel à la surface. Certes, le procédé est facile, d'une imitation commode. Toute l'Allemagne a abusé de cette manière, qui est venue plus d'une fois se jeter sous la plume des poëtes français. Le fameux *Jean Grain d'Orge* de Burns n'est pas autre chose; mais, sous cet habit plaisant, que de grandes qualités se trouvent dans Hebel, qu'il est impossible d'imiter! Quel est celui qui rendra le charme de la vie domestique s'il n'y croit pas? Un écrivain libertin pourra-t-il cacher sous une enveloppe villageoise les principes éternels de morale, de devoir, d'honneur? Quel autre qu'un honnête pasteur protestant chantera la grandeur du travail, le contentement de l'esprit, la sérénité du cœur? Cela ne s'imite pas.

Tous les jours nous cherchons de nouvelles formes au roman; nous y transportons l'archéologie, le moyen âge, l'horrible, le baroque, le grotesque, le goguenard, la galanterie, le cynisme, les mauvais lieux, les maladies nouvelles de notre siècle, le patois des champs, l'honnêteté ou la débauche, l'adultère et la chasteté. Depuis vingt ans le roman a essayé de tout et s'est lassé de tout. Des formes les plus bizarres on en arrive aux formes les plus simples, de la langue la plus *colorée* à la langue la plus crue.

La maladie de notre temps a été la recherche ardente de procédés nouveaux, qui, du reste, servent merveilleusement une absence trop grande d'idées et d'observations.

Le langage le plus magnifique, qui voile la pauvreté de sentiments humains, me fait penser aux épées de fonctionnaires municipaux de province : la garde est en nacre, la lame est en bois; mais aussi, je suis plein de reconnaissance pour les esprits chercheurs, bourrés d'idées, qui se soucient médiocrement de la forme souvent pénible et pareille à un écheveau emmêlé. J'admets les formes les plus bizarres, les plus maniérées, les plus tourmentées, quand le fond en vaut la peine.

Certainement personne, après avoir lu les poésies *allemaniques* de Hebel, n'est tenté de le chagriner pour avoir travesti d'une façon rustiquement plaisante les choses de la nature. D'ailleurs, Gœthe et Jean-Paul, qui ne prodiguaient pas leurs admirations, ont traité Hebel en maître et ont applaudi des premiers à ses poésies.

Hebel, Burns et Pierre Dupont ont un lien de parenté par le vif et réel amour de la campagne ; mais Hebel se sépare du poëte irlandais et du poëte populaire français par une morale douce et persuasive. Burns et Pierre Dupont se sont laissé entraîner aux colères politiques ; ils tiennent d'une main la flûte champêtre et de l'autre la pioche ; ce sont deux paysans qui vivent heureux au sein de la nature, mais qui, de temps en temps, se réveillent l'esprit froissé par la politique. Hebel ne sait pas ce qu'est le gouvernement : il se promène par les champs, regardant les cerisiers avec l'inquiétude d'un homme qui craint la rougeole pour ses enfants ; car le cerisier représente la provision de kirsch pour l'année ; il promène les idées du prochain sermon qu'il prononcera devant les habitants de Schewetlingen ; il fume sa pipe de bois avec le calme d'un digne ministre protestant, et il s'écrie à chaque saison : « Qu'on est heureux d'avoir une pipe à fumer ! » Ce qu'il connaît de la ville, c'est le cri du guet, c'est l'horloge, c'est la garde civile ; mais il ne s'inquiète guère des longs articles ennuyeux des gazettes. Douce et tranquille vie que celle de ce brave poëte, dont on peut se rendre compte des sermons par une nouvelle de Toppfer ! Le journal de Lavater, qu'on ne connaît pas en France, rend bien le type de ces poëtes et pasteurs protestants qui tiennent le milieu entre la Suisse et l'Allemagne, et qui vivaient à l'écart dans une jolie cabane de bois à un étage et une balustrade s'avançant au-devant de la maison, et un grand arbre au-dessus de la maison. Vie pure, touchante, consacrée au bien et au développement des bons sentiments dans l'esprit des paysans.

La forme employée par Hebel, le soleil qui fume sa pipe, par exemple, était un moyen pour frapper plus vivement l'esprit de ses naïfs lecteurs. C'est une petite adresse, en même temps qu'une petite flatterie, qui n'a rien de choquant. dans le langage particulier dont se servait le poëte. Les vers de Hebel ne sont pas plus de l'allemand que les poésies du perruquier Jasmin ne sont du français; aussi en a-t-on fait des éditions traduites en allemand, car les Allemands ne connaissent pas plus ce patois que nous le patois picard.

Hebel est un des poëtes les plus curieux de l'Allemagne de la fin du dix-huitième siècle ; il restera évidemment et tiendra une place honorable au milieu de la petite phalange qui a compté pour chefs Gœthe, Schiller, Jean-Paul Richter et Hoffmann. L'Allemagne a produit beaucoup d'esprits intelligents, curieux à étudier; mais ce sont des esprits de second ordre. Il n'y a eu que quatre hommes véritablement grands, et en même temps qu'eux Hebel, plutôt Suisse qu'Allemand.

Hebel est un poëte sincère ; il n'a pas mis de paysans en scène parce qu'alors le vent littéraire tournait du côté de la campagne ; il les a peints parce qu'il les connaissait, ne les perdait pas de vue et les aimait. C'est chez lui qu'il est curieux d'étudier l'art à tendances. Hebel fut ministre protestant comme M. Gotthelf; mais il avait en partage une bonté et une tendresse évangéliques. L'amour de la nature éclate à chaque vers et le ramène à la Providence. Quand il enseigne, sa morale se fait douce et se cache sous un petit drame domestique, sous les actes les plus naturels de la vie. La pipe de porcelaine, le kirsch, tout lui sert de matière à poésie ; jamais rien de convenu ne sort de sa plume, par une bonne raison : il a peu produit, cinquante ou soixante morceaux seulement. Hebel a eu le grand bonheur de ne pas faire des poésies en poëte. S'il a écrit ses idylles rurales, c'est qu'il avait le mal du pays, lorsque, professeur à Carlsruhe, il revoyait en imagination son beau pays de Bâle et sa bien-aimée la rivière de la Wiese, qu'il regarde un peu comme une jolie paysanne. Tout enfant, Hebel eut une naïveté poétique qu'il garda sa vie durant. Un de ses biographes raconte qu'au sortir de l'école il ramassait le plus qu'il pouvait de chrysalides ; il leur creusait une petite tombe à chacune, et sur la tombe il plantait une croix en attendant le jour de leur résurrection. M. Max Büchon a cité dans son avant-propos une lettre charmante dans laquelle le poëte raconte son entrevue avec une célèbre comédienne allemande, qui, pour lui faire honneur, récita en plein théâtre et devant lui la jolie poésie qui a pour titre *Préférence*. Cette lettre, qui montre un pasteur protestant fort négligé dans ses vêtements, se rendant dans la loge d'une reine de théâtre, et qui poussa Hebel à l'embrasser (*C'était bon !* dit-il), vaut, par sa simplicité, un de ses meilleurs poëmes.

Malgré l'enveloppe sauvage et patoise dont sont hérissées les poésies de Hebel, et qui les fait ressembler à une noix dans son écorce de brou ou à un marron avec ses épines, les traducteurs n'ont pas reculé devant cette langue allémanique formée d'ancien allemand, de patois de canton, de monosyllabes français et italiens, de mots à terminaisons de voyelles. Les poésies d'Hebel aujourd'hui sont populaires en Allemagne, où le moindre paysan les sait par cœur. La vogue d'*Hermann et Dorothée*, de Gœthe, fut grande de son temps. Mais qu'il y a loin de ces aspirations du poëte de la cour de Weymar à ces cris de regret qui poussaient Hebel à écrire *pour lui* ses sensations du pays ; car il n'eut pas l'intention d'abord de les publier, il ne s'en croyait pas digne, et il fallut que quelques-uns de ses amis le forçassent à cette publication.

Heureux poëte ! il a écrit quand il éprouvait une sensation ; il n'a pas fait commerce de ses vers, il a eu une vie modeste et tranquille. Aujourd'hui, le dernier paysan allemand sait son nom.

Si M. Büchon n'avait reçu en naissant que les aptitudes de second ordre qui conviennent à un traducteur, son travail aurait moins de mérite : il y a des spécialités qui se lancent dans telle voie, parce que cette voie répond à leur tempérament ; quelques-unes résolvent des problèmes effrayants sans connaître la science ; d'autres retiendraient dix langues à la fois après avoir causé avec des étrangers ; cela est un don naturel, connu sous le nom de *facilité*. L'étude, les patientes recherches, l'intelligence n'ont rien de commun dans ces aptitudes ; mais M. Max Büchon est poëte, il était prosateur avant d'avoir fréquenté les conteurs étrangers, et j'ai noté dans *le Val d'Héry, idylle salinoise*, publiée en 1848, avant la fureur des romans campagnards, une petite description qui montre combien le poëte comprend la nature et avec quel bonheur il en empreint sa prose. C'est une description des Prés-Thiennaud, près de Salins :

« Avec ses grands carrés de blés verts et de navettes défleuries, ses prés tout blancs de marguerites, ses touffes de turquies naissants, de champs de pommes de terre aux teintes encore brunes, sa ceinture de haies vives, et son encadrement de vineuses collines, toute cette plaine, à pareille heure, semble vraiment se pâmer d'amour sous le regard brûlant de ce généreux soleil; ce sont dans tous les arbres des bourdonnements d'abeilles et des frémissements d'oiseaux qui n'en finissent plus; pas plus que n'en finissent en haut les fanfares des alouettes; pas plus que n'en finissent en bas, dans les herbes, les mille cris perçants des scarabées, des grosses mouches et des cigales; pas plus que n'en finit encore le murmure assoupissant de l'eau, derrière les saules de la rivière.

» A chaque coup de vent il s'exhale de toutes ces choses d'immenses bouffées des plus vivifiants parfums que l'on croit d'abord voir trembler un instant, comme une natte impalpable, à quelques pieds du sol, pour aller battre ensuite, par grandes vagues, les collines de *Prailles* et de *Fosse-Fleurie*, de *Coulange* et de *Gratte-Oiseau*, de *Pré-Mourot* et de *Côte-au-Belître*, qui se les renvoient entre elles avec la plus fraternelle courtoisie. »

M. Max Büchon a fait suivre sa traduction d'Hebel de *Scènes champêtres* qui lui appartiennent en propre, et qui montrent un poëte sous la peau du traducteur. Sous ce titre sont dépeints avec exactitude les habitants des campagnes, leurs usages, leurs mœurs, les ouvriers des villages, les animaux, les travaux des champs; c'est une galerie de tableaux flamands dont certains sont réussis complétement. *La Foire* n'a jamais trouvé de peintre plus mouvementé qui, dans un petit cadre, sût faire passer une multitude considérable de curieux, de marchands, de bêtes à cornes, de maquignons. Et quel tapage! quel bruit! les marchands appellent les passants, les paysans gris boivent dans les cafés-billards, les aveugles chantent

> . . Quelque assassinat, rimé Dieu sait comment,
> Et dont chacun pourtant se munit lestement...

Les vaches s'élancent furieuses à travers les boutiques et renversent les étalages :

> Plus loin, c'est un cheval, un ruban sur la queue,
> Qu'on fait trotter devant des gens en blouse bleue,
> Et qui ne comprend pas qu'on lui serve à la fois
> Tant d'éloges d'un jour et tant de coups de fouet.

Comme poëte descriptif, M. Max Büchon se montre d'une grande supériorité dans le morceau intitulé *la Pâte au four*. C'est un intérieur complet :

> Le dressoir, dont souvent on lave chaque planche,
> Se redresse tout fier de sa vaisselle blanche,
> Alignant sur trois rangs, aux voyantes couleurs,
> Ses assiettes à coq et ses grands plats à fleurs.

On voit d'un coup d'œil la marmite, le plat à barbe, l'arrosoir, la salière, même le vieux balai caché dans un coin, l'horloge dans sa longue boîte et le chat qui, blotti sur la fenêtre, suit d'un œil en dessous les moucherons qui volent contre les carreaux. Mais le silence est tout à coup rompu par les enfants qui reviennent de l'école en chantant, et qui ont aperçu dans l'écuelle le beurre et les œufs frais préparés pour le gâteau. Ils s'approchent, touchent à la farine, en couvrent leurs habits comme s'ils avaient été au moulin...

> Heureux si même, hélas! ils ne sont pas en train
> De sauter, pour mieux voir, les trois dans le pétrin.

Une fermière ne rendrait pas mieux compte de la cuisson des gâteaux et de l'enfournement et du défournement et des mystères du four.

> Le four est chaud ; il faut en retirer la braise,
> Et l'écouvillonner, pour qu'en cette fournaise
> Les pains et les gâteaux, si mous en s'installant,
> Ne s'assimilent pas quelque charbon brûlant.
>
> Sur la pelle d'abord les bons gâteaux s'étendent,
> Aux applaudissements de ceux qui les attendent ;
> Puis c'est le tour des pains, qu'on a soin de rouler
> Dans les *gaudes*, afin qu'ils n'aillent pas coller.
>
> Ces pains ont d'abord l'air d'autant de têtes chauves ;
> Mais bientôt la chaleur les fait devenir fauves,
> Et parfois on dirait, de leurs flancs échauffés,
> Qu'il s'échappe, en cuisant, des soupirs étouffés.

Dans les *Scènes champêtres* de M. Büchon, une des meilleures pièces, à mon avis, est *le Dimanche matin*; c'est une paysanne qui se lamente de tout ce qu'elle a à faire avant d'aller à l'église, et qui, en pensant aux vaches à traire, aux enfants à nettoyer, à la soupe à préparer, s'écrie :

> Je ne comprends, ma foi, pas bien à quel propos
> On dit que le dimanche est un jour de repos.

En quelques vers tout le remue-ménage de la ferme est bien décrit : il manque des boutons au pantalon du mari, il veut de l'eau bouillante pour sa barbe, puis il se coupe, il jure :

> Ensuite, pour sa barbe, il veut de l'eau bouillante.
> Il y va d'une main si lourde et si violente,
> Qu'il se coupe et qu'il jure, et me refuse net
> Le miroir que j'attends pour mettre mon bonnet.

Tout ce qui tient à la campagne, les animaux, le cochon, les poules, est décrit avec un grand soin ; les petits marchands ambulants sont peints en pied, et ont également l'honneur d'un cadre. Mais il ne faut pas croire que le poëte soit purement descriptif ; il ne voit pas que la forme et la couleur. Aussi le morceau intitulé *les Foins* est-il un de ceux que je préfère ; le poëte étudie les secrets enfantements de la terre, le travail perpétuel de la création, la séve qui monte dans les racines :

> Oh! comme la nature est riante, et comme elle
> Ferait couler à flots, de sa forte mamelle,
> Si nous l'interrogions, moins grossiers ou moqueurs,
> La santé dans nos corps et l'amour dans nos cœurs[1].

Nul sentiment amer, nulle trace de regrets ne paraissent sous la plume du poëte, quand il chante les montagnes de la Franche-Comté. Et cependant qui plus que l'auteur a aimé sa province, lui qui ne l'a jamais quittée, lui qui n'a jamais voulu se mêler au mouvement parisien! A Paris, M. Max Büchon eût été poëte à sa fantaisie, sans inquiéter personne ; il est plus difficile d'être poëte en province, on froisse trop d'amours-propres.

Le moindre mot détruit tout un passé tranquille, honnête et laborieux. M. Max Büchon l'a éprouvé. Aujourd'hui, dans un beau pays, bienveillant pour les étrangers, le poëte n'en est pas moins sur la terre étrangère. Mais n'est-il pas dans la destinée du poëte d'amasser toutes les souffrances, de les garder en soi, de les caresser, d'en

---

[1] On ne manquera pas d'affirmer que ces petits tableaux flamands sont mon *idéal* en poésie. Qui oserait nier les grands souffles de la Bible et de Shakspeare?

souffrir et de les aimer, pour, quand le cœur sera plein de larmes, les égoutter une à une sur le papier, et laisser un petit morceau de poésie tel que *le Mal du pays*, de Wyss :

« Mon cœur, mon cœur, pourquoi si triste? Pourquoi ces douleurs, ces soupirs? Il fait si beau sur la terre étrangère : mon cœur, mon cœur, que te manque-t-il donc?

» — Ce qui me manque, hélas! tout me manque. Ici je suis comme perdu. Si belle que soit la terre étrangère, elle ne sera jamais le pays.

» Ah! je voudrais retourner au pays, mais bientôt, oh! oui, bientôt. Je voudrais revoir mon père et ma mère, ma montagne, mes rochers, mes forêts.

. . . .

» Je voudrais revoir la petite maison brune; devant toutes les portes, des voisins qui saluent cordialement, et une joyeuse fête chez nous.

» Ici personne ne nous aime, personne ne nous tend si amicablement sa main, et pas un enfant ne veut me sourire comme dans mon pays.

. . . .

» Mon cœur, mon cœur, à la garde de Dieu! c'est une souffrance... Ah! résigne-toi. Si le Seigneur le veut, il fera sans doute que nous soyons bientôt au pays. »

Août 1853.

SUR M. COURBET

LETTRE A MADAME SAND

A l'heure qu'il est, madame, on voit à deux pas de l'Exposition de peinture, dans l'avenue Montaigne, un écriteau portant en toutes lettres : Du réalisme. *G. Courbet. Exposition de quarante tableaux de son œuvre.* C'est une exhibition à la manière anglaise. Un peintre, dont le nom a fait explosion depuis la révolution de février, a choisi, dans son œuvre, les toiles les plus significatives, et il a fait bâtir un atelier.

C'est une audace incroyable, c'est le renversement de toutes institutions par la voie du jury, c'est l'appel direct au public, c'est la liberté, disent les uns.

C'est un scandale, c'est l'anarchie, c'est l'art traîné dans la boue, ce sont les tréteaux de la foire, disent les autres.

J'avoue, madame, que je pense comme les premiers, comme tous ceux qui réclament la *liberté* la plus complète sous toutes ses manifestations. Les jurys, les académies, les concours de toute espèce, ont démontré plus d'une fois leur impuissance à créer des hommes et des œuvres. Si la liberté du théâtre existait, nous ne verrions pas un *Rouvière* obligé de jouer *Hamlet* devant des paysans, dans une grange, faisant sourire l'ombre du vieux Shakspeare, qui se croirait, au dix-neuvième siècle, à Londres, représentant ses pièces dans un bouge de la Cité.

Nous ne savons pas ce qu'il meurt de génies inconnus qui ne savent se plier aux exigences de la société, qui ne peuvent dompter leur sauvagerie et qui se suicident dans les cachots cellulaires de la convention. M. Courbet n'en est pas là : depuis 1848, il a exposé, sans interruption, aux divers Salons, des toiles importantes qui, toujours, ont eu le privilége de raviver les discussions. Le gouvernement républicain lui acheta même une toile importante, l'*Après-dînée à Ornans*, que j'ai revue, au musée de Lille, à côté des vieux maîtres, et qui tient sa place hardiment au milieu d'œuvres consacrées.

Cette année, le jury s'est montré avare de place à l'exposition universelle pour les jeunes peintres : l'hospitalité était si grande vis-à-vis des hommes acceptés de la France et des nations étrangères, que la jeunesse en a un peu souffert. J'ai peu de temps pour courir les ateliers, mais j'ai rencontré des toiles refusées qui, en d'autres temps, auraient obtenu certainement de légitimes succès. M. Courbet, fort de l'opinion publique, qui, depuis cinq ou six ans, joue autour de son nom, aura été blessé des refus du jury, qui tombaient sur ses œuvres les plus importantes, et il en a appelé directement au public. Le raisonnement suivant s'est résumé dans son cerveau : on m'appelle *réaliste*, je veux démontrer, par une série de tableaux connus, comment je comprends le *réalisme*. Non content de faire bâtir un atelier, d'y accrocher des toiles, le peintre a lancé un manifeste, et sur sa porte il a écrit : *Le réalisme.*

Si je vous adresse cette lettre, madame, c'est pour la vive curiosité pleine de bonne foi que vous avez montrée pour une doctrine qui prend corps de jour en jour et qui a ses représentants dans tous les arts. Un musicien allemand hyper-romantique, M. Wagner, dont on ne connaît pas les œuvres à Paris, a été vivement maltraité, dans les gazettes musicales, par M. Fétis, qui accuse le nouveau compositeur d'être entaché de *réalisme*. Tous ceux qui apportent quelques aspirations nouvelles sont dits *réalistes*. On verra certainement des médecins réalistes, des chimistes réalistes, des manufacturiers réalistes, des historiens réalistes. M. Courbet est un réaliste, je suis un réaliste : puisque les critiques le disent, je les laisse dire. Mais, à ma grande honte, j'avoue n'avoir jamais étudié le code qui contient les lois à l'aide desquelles il est permis au premier venu de produire des œuvres réalistes.

Le nom me fait horreur par sa terminaison pédantesque; je crains les écoles comme le choléra, et ma plus grande joie est de rencontrer des individualités nettement tranchées. Voilà pourquoi M. Courbet est, à mes yeux, un homme nouveau.

Le peintre lui-même, dans son manifeste, a dit quelques mots excellents : « Le titre de réaliste m'a été *imposé* comme on a imposé aux hommes de 1830 le titre de romantiques. *Les titres, en aucun temps, n'ont donné une idée juste des choses : s'il en était autrement, les œuvres seraient superflues.* » Mais vous savez mieux que per-

songez, madame, quelle singulière ville est Paris en fait d'opinions et de discussions. Le pays le plus intelligent de l'Europe renferme nécessairement le plus d'incapacités, de demi, de tiers et de quart d'intelligence; doit-on même profaner ce beau nom pour en habiller ces pauvres bavards, ces niais raisonneurs, ces malheureux vivant des gazettes, ces curieux qui se glissent partout, ces impertinents qu'on tremble de voir parler, ces écrivassiers à tant la ligne qui se sont jetés dans les lettres par misère ou par paresse, enfin, cette tourbe de gens inutiles qui juge, raisonne, applaudit, contredit, loue, flatte, critique sans conviction, qui n'est pas la foule et qui se dit la foule.

Avec dix personnes intelligentes, on pourrait vider à fond la question du *réalisme;* avec cette plèbe d'ignorants, de jaloux, d'impuissants, de critiques, il ne sort que des mots. Je ne vous définirai pas, madame, le *réalisme;* je ne sais d'où il vient, où il va, ce qu'il est; Homère serait un *réaliste,* puisqu'il a observé et décrit avec exactitude les mœurs de son époque.

Homère, on ne le sait pas assez, fut violemment insulté comme un réaliste dangereux. « A la vérité, dit *Cicéron* en parlant d'Homère, toutes ces choses sont de pures inventions de ce poëte, qui s'est plu à *rabaisser* les dieux jusqu'à la condition des hommes; il eût été mieux d'*élever* les hommes jusqu'à celle des dieux. » Que dit-on tous les jours dans les journaux?

S'il me fallait d'autres illustres exemples, je n'aurais qu'à ouvrir le premier volume venu de critique, car, aujourd'hui, il est de mode de réimprimer en volume les inutilités hebdomadaires qui se publient dans les journaux. On y verrait, entre autres, que ce pauvre Gérard de Nerval a été conduit à une mort tragique par le *réalisme*. C'est un gentilhomme amateur qui écrit de pareilles misères ; vos drames de campagne sont entachés de réalisme. Ils renferment des *paysans*. Là est le crime. Dans ces derniers temps, Béranger a été accusé de réalisme. Combien les mots peuvent entraîner les hommes !

M. Courbet est un factieux pour avoir représenté de bonne foi des bourgeois, des paysans, des femmes de village de grandeur naturelle. Ç'a été là le premier point. On ne veut pas admettre qu'un casseur de pierre vaut un prince : la noblesse se gendarme de ce qu'il est accordé tant de mètres de toile à des gens du peuple ; seuls les souverains ont le droit d'être peints en pied, avec leurs décorations, leurs broderies et leurs physionomies officielles. Comment ! un homme d'Ornans, un paysan enfermé dans son cercueil, se permet de rassembler à son enterrement une foule considérable, des fermiers, des gens de bas étage, et on donne à cette représentation le développement que Largillière avait, lui, le droit de donner à des magistrats allant à la messe du Saint-Esprit [1] ! Si Velasquez a fait grand, c'étaient des seigneurs d'Espagne, des infants, des infantes ; il y a là au moins de la soie, de l'or sur les habits, des décorations et des plumets. Van der Helst a peint des bourgmestres dans toute leur taille, mais ces Flamands épais se sauvent par le *costume*.

Il paraît que notre costume n'est pas un costume : j'ai honte, vraiment, madame, de m'arrêter à de telles raisons. Le costume de chaque époque est régi par des lois

[1] Voir les curieuses peintures de l'église Saint-Étienne du Mont.

inconnues, hygiéniques, qui se glissent dans la mode, sans que celle-ci s'en rende compte. Tous les cinquante ans, les costumes sont bouleversés en France; comme les physionomies, ils deviennent *historiques* et aussi curieux à étudier, aussi singuliers à regarder, que les vêtements d'une peuplade de sauvages. Les portraits de Gérard, de 1800, qui ont pu sembler vulgaires dans le principe, prennent plus tard une tournure, une physionomie singulières. Ce que les artistes appellent *costume*, c'est-à-dire, mille brimborions (des plumes, des mouches, des aigrettes, etc.), peut amuser un moment les esprits frivoles; mais la représentation sérieuse de la personnalité actuelle, les chapeaux ronds, les habits noirs, les souliers vernis ou les sabots de paysans, est bien autrement intéressante [1].

On m'accordera peut-être ceci, mais on dira : Votre peintre manque d'idéal. Je répondrai à cela tout à l'heure, avec l'aide d'un homme qui a su tirer de l'œuvre de M. Courbet des conclusions pleines d'un grand bon sens.

Les quarante tableaux de l'avenue Montaigne contiennent des paysages, des portraits, des animaux, de grandes scènes domestiques et une œuvre que l'artiste intitule :

[1] Les uns aiment les costumes d'une époque, les autres d'une autre; mais la majorité se prononce en faveur du costume *Louis treize*. Les beaux feutres! les belles plumes pendantes! les beaux pourpoints à l'espagnole! Beautés entrevues à l'aide des *Mousquetaires* d'opéra-comique. J'ai le regret de dire à ces admirateurs qu'ils sont des ignorants. Ce costume Louis treize tant admiré est lourd, incommode; il *engonce* les personnages. Ce sont les peintres amis de la vérité; et non pas M. *Mélingue*, qu'il faut étudier : le portrait de Cinq-Mars de *Le Nain* démontre suffisamment l'embarras des personnages dans ces **beaux habits.**

Allégorie réelle. D'un coup d'œil, il est permis de suivre les progrès qui se sont faits dans l'esprit et le pinceau de M. Courbet. Avant tout, il est né *peintre*, c'est-à-dire que nul ne peut contester son talent robuste et puissant d'ouvrier : il attaque une grande machine avec intrépidité, il peut ne pas séduire tous les yeux, quelques parties peuvent être négligées ou maladroites, mais chacun de ses tableaux est *peint;* j'appelle surtout peintres les Flamands et les Espagnols. Véronèse, Rubens, seront toujours de grands peintres, à quelque opinion qu'on appartienne, à quelque point de vue qu'on se place. Aussi je ne connais personne qui songe à nier les qualités de peintre de M. Courbet.

M. Courbet n'abuse point de la *sonorité* des tons, puisqu'on a transporté la langue musicale dans le domaine de la peinture. L'impression de ses tableaux n'en sera que plus durable. Il est du domaine de toute œuvre sérieuse de ne pas attirer l'attention par des retentissements inutiles : une douce symphonie de Haydn, intime et domestique, vivra encore, qu'on parlera avec dérision des nombreuses trompettes de M. Berlioz. Les éclats des cuivres en musique ne signifient pas plus que les tonalités bruyantes en peinture. On appelle maladroitement *coloristes* des maîtres dont la palette en fureur fait jaillir des tons bruyants. La gamme de M. Courbet est tranquille, imposante et calme; aussi n'ai-je pas été étonné de retrouver, *consacré* maintenant à jamais en moi, le fameux *Enterrement à Ornans*, qui fut le premier coup de canon tiré par le peintre, regardé comme un émeutier dans l'art. Il y a près de huit ans que j'ai imprimé, sur M. Courbet, inconnu, des phrases qui annonçaient sa destinée : je ne les citerai pas, je ne tiens pas plus à avoir raison le premier que de porter les modes du jour de Longchamps. Deviner les hommes et les œuvres dix ans avant la majorité, pure affaire de *dandysme* littéraire qui fait perdre beaucoup de temps. Dans ses nombreux morceaux de critique, Stendhal a imprimé, en 1825, des vérités audacieuses, qui l'ont fait trop souffrir. Aujourd'hui même, il est encore en avance de son temps. « Je parierais, écrit-il à un ami en 1822, que, dans vingt ans, l'on jouera, en France, Shakspeare en prose. » Il y a de cela *trente-trois ans*, et, bien certainement, madame, nous n'aurons pas cette jouissance de notre vivant. M. Courbet est loin d'être accepté aujourd'hui, il le sera certainement avant quelques années. Ne serait-ce pas jouer le rôle de la mouche du coche, que d'écrire, dans vingt ans, que j'avais deviné M. Courbet? Le public ne s'inquiète guère des ânes qui ont poussé des beuglements quand la musique de Rossini fut représentée en France; le spirituel, l'amoureux Rossini fut traité à ses débuts avec aussi peu de ménagements que M. Courbet. On imprima force injures à propos de ses œuvres comme à propos de l'*Enterrement.*

A quoi bon avoir raison? On n'a jamais raison.

Deux bedeaux de village à trogne rouge, deux sacs à vin, serviront de thème à ces critiques frottés de littérature dont je vous parlais tout à l'heure; opposez-leur, dans le même tableau, les charmants enfants, le groupe des femmes, les pleureuses, aussi belles dans leur douleur que toutes les Antigones de l'antiquité, il est impossible d'avoir raison.

Le soleil donne en plein midi sur des rochers, l'herbe est joyeuse et sourit aux rayons, l'air est frais, l'espace est grand, vous retrouvez la nature des montagnes, vous en aspirez les senteurs ; un plaisant arrive, qui, pour avoir puisé son instruction et son esprit dans le *Journal pour rire*, bafouera les *Demoiselles de village*.

La critique est un vilain métier qui paralyse les plus nobles facultés de l'homme, qui les éteint et les annihile : aussi la critique n'a-t-elle une réelle importance que dans les mains d'illustres créateurs : Diderot, Gœthe, Balzac, et d'autres, qui préfèrent baigner tous les matins leurs fibres enthousiastes plutôt que d'arroser des chardons que chaque critique tient renfermés sur sa fenêtre dans un vilain vase.

J'ai retrouvé, à l'avenue Montaigne, ces fameuses baigneuses, plus grosses de scandales que de chairs. Voilà deux ans que ce fameux scandale est éteint, je ne vois plus aujourd'hui qu'une créature peinte solidement qui a le grand tort, pour les amis du convenu, de ne pas rappeler les Vénus anadyomènes de l'antiquité.

M. Proudhon, dans la *Philosophie du progrès* (1853), jugeait sérieusement les *Baigneuses* : « L'image du vice comme de la vertu est aussi bien du domaine de la peinture que de la poésie : suivant la leçon que l'artiste veut donner, toute figure, belle ou laide, peut remplir le but de l'art. »

Toute figure, belle ou laide, peut remplir le but de l'art! Et le philosophe continue : « Que le peuple, se reconnaissant à sa misère, apprenne à rougir de sa lâcheté et à détester ses tyrans ; que l'aristocratie, exposée dans sa grasse et obscène nudité, reçoive, sur chacun de ses muscles, la flagellation de son parasitisme, de son insolence et de sa corruption. » Je passe quelques lignes et j'arrive à la conclusion : « Et que chaque génération, déposant ainsi sur la toile et le marbre le secret de son génie, arrive à la postérité sans autre blâme ni apologie que les œuvres de ses artistes. » Ces quelques mots ne font-ils pas oublier les sottises qu'on ne devrait ni écouter ni entendre, mais qui agacent comme une mouche persistante dans ses bourdonnements ?

L'*Atelier du peintre*, qui sera fortement discuté, n'est pas le dernier mot de M. Courbet; séduit par les grands maîtres flamands, espagnols, qui, à toutes les époques, ont groupé autour d'eux leur famille, leurs amis, leurs Mécènes, M. Courbet a voulu tenter de sortir cette fois du domaine de la réalité pure : *allégorie réelle*, dit-il dans son catalogue. Voilà deux mots qui jurent ensemble, et qui me troublent un peu. Il faudrait prendre garde de faire plier la langue à des idées symboliques que le pinceau peut essayer à traduire, mais que la grammaire n'adopte pas. Une *allégorie* ne saurait être *réelle*, pas plus qu'une *réalité* ne peut devenir *allégorique* : la confusion est déjà assez grande à propos de ce fameux mot *réalisme*, sans qu'il soit nécessaire de l'embrouiller encore davantage [1].

Le peintre est au milieu de son atelier, près de son chevalet, occupé à peindre un paysage, se reculant de sa toile dans une pose victorieuse et triomphante. Une femme nue est debout près du chevalet. Va-t-elle poser dans ce

---

[1] Les utopistes, les mystiques, ont l'habitude de déranger la langue. M. Courbet ne voudrait pas passer pour un utopiste; mais son *allégorie réelle* ressemble furieusement à « l'Épître *secrète* adressée *publiquement* à S. A. le prince Louis-Napoléon » par M. Wronski, le Dieu du Messianisme.

paysage? c'est ce qui semble bizarre. A deux pas du peintre est un petit paysan qui tourne le dos au public, dont on ne voit pas la figure et dont la pantomime est si expressive, qu'on devine ses yeux, sa bouche. Ce petit paysan est la meilleure figure du tableau. Il est tout ahuri de voir sur cette toile ces arbres après lesquels il grimpe, cette verdure sur laquelle il se roule, ces rochers sur lesquels il passe son temps au soleil, à courir les nids.

A droite, une femme du monde donnant le bras à son mari vient visiter l'atelier, son petit garçon joue avec des estampes. (M. Courbet est-il bien certain qu'un petit enfant de bourgeois riche entrerait dans un atelier avec ses parents, quand il s'y trouve une femme nue?) Des poëtes, des musiciens, des philosophes, des amoureux, s'occupent chacun à sa manière pendant le travail de l'artiste. Voilà pour la réalité.

A gauche, des mendiants, des juifs, des femmes allaitant des enfants, des croque-morts, des paillasses, un braconnier regardant avec mépris un chapeau à plumet, un poignard, etc. (défroques du romantisme sans doute), représentent l'allégorie, c'est-à-dire que tous ces personnages des basses classes sont ceux que le peintre aime à peindre, en s'inspirant de la misère des misérables. Tel est, à la grosse, le fond de ce tableau, auquel je préfère, pour ma part, l'*Enterrement à Ornans*.

Beaucoup seront de mon avis, les négateurs de M. Courbet les premiers; mais je ne crains pas de me ranger momentanément avec eux, en expliquant ma pensée. Dans le domaine des arts, il est d'habitude d'assommer les vivants avec les morts, les œuvres nouvelles d'un maître avec ses anciennes. Ceux qui, aux débuts du peintre, auront le plus crié contre l'*Enterrement*, seront nécessairement ceux qui en feront le plus grand éloge aujourd'hui. Ne voulant pas être confondu avec les nihilistes, je dois dire que la pensée de l'*Enterrement* est saisissante, claire pour tous, qu'elle est la représentation d'un enterrement dans une petite ville, et qu'elle reproduit cependant *les* enterrements de *toutes* les petites villes. Le triomphe de l'artiste qui peint des individualités est de répondre aux observations intimes de chacun, de choisir, de telle sorte, un type que chacun croie l'avoir connu et puisse s'écrier : « Celui-là est vrai, je l'ai vu ! » L'*Enterrement* possède ces facultés au plus haut degré : il émeut, attendrit, fait sourire, donne à penser et laisse dans l'esprit, malgré la fosse entr'ouverte, cette suprême tranquillité que partage le fossoyeur, un type grandiose et philosophique que le peintre a su reproduire dans toute sa beauté d'homme du peuple.

Depuis 1848, M. Courbet a eu le privilége d'étonner la foule : chaque année on s'attend à des surprises, et jusqu'ici le peintre a répondu à ses amis comme à ses ennemis.

En 1848 l'*Après-dînée à Ornans*, grand tableau d'intérieur de famille, obtint un succès réel sans trop de contestations. Il en est toujours ainsi aux débuts d'un artiste. Puis vinrent les scandales successifs :

1er scandale. — L'Enterrement à Ornans (1850).

2e scandale. — Les Demoiselles de village (1851).

3e scandale. — Les Baigneuses (1852).

4e scandale. — Du Réalisme. — Exhibition particulière. — Manifeste. — Quarante tableaux exposés. — Réunion des divers scandales, etc. (1855).

Or, de tous ces scandales, je préfère l'*Enterrement* à toutes les autres toiles, à cause de la pensée qui y est enfermée, à cause du drame complet et humain où le grotesque, les larmes, l'égoïsme, l'indifférence, sont traités en grand maître. L'*Enterrement à Ornans* est un *chef-d'œuvre :* depuis le *Marat assassiné* de David, rien, dans cet ordre d'idées, n'a été peint de plus saisissant en France.

Les *Baigneuses*, les *Lutteurs*, les *Casseurs de pierre*, ne renferment pas les *idées* qu'on a bien voulu y mettre après coup. J'en trouverai plutôt dans les *Demoiselles de village* et dans les nombreux paysages qui démontrent combien M. Courbet est attaché à son sol natal, sa profonde nationalité locale et le parti qu'il peut en tirer.

On répète encore cette vieille plaisanterie: *Vive le laid! le laid seul est aimable,* qu'on met dans la bouche du peintre ; il est surprenant qu'on ose ramasser de pareilles niaiseries, qui furent jetées, il y a déjà trente ans, à la tête de M. Victor Hugo et de son école. Toujours le système de la vieille tragédie renaîtra de ses cendres. Les progrès sont bien lents et nous avons peu marché depuis une trentaine d'années.

Aussi est-il du devoir de tous ceux qui luttent de s'entr'aider, d'attirer au besoin les colères des médiocrités, d'être solides dans leurs opinions, sérieux dans leurs jugements, et de ne pas imiter la prudence du vieillard Fontenelle.

J'ai la main pleine de vérités, je me dépêche de l'ouvrir.

Cette lettre, madame, n'est que l'annonce de quelques autres lettres traitant plus directement des idées nouvelles qui sont dans l'air et que je tâcherai de fixer, m'appliquant surtout à celles relatives à la littérature.

J'ai un peu critiqué l'*Atelier du peintre*, quoiqu'il y ait un progrès réel dans la manière de M. Courbet : il gagnera sans doute à être revu plus tranquillement dans d'autres moments. Ma première impression a été telle, et je crois généralement à ma première impression. Les bavardages, les commentaires, les critiques de journaux, les amis et les ennemis, viennent ensuite troubler le cerveau à tel point, qu'il est difficile de retrouver la pensée dans sa pureté première : mais au-dessus de l'impression, je mets les travaux mystérieux du *temps*, qui démolit une œuvre ou la restaure. Chaque œuvre pleine de conviction est traitée avec amour par le temps, qui ne passe son éponge que sur les inutilités de la mode, les *jolies* imitations du passé et les œuvres de convention.

S'il est une qualité que M. Courbet possède au plus haut degré, c'est la *conviction*. On ne saurait pas plus la lui dénier que la chaleur au soleil. Il marche d'un pas assuré dans l'art, il montre avec orgueil d'où il est parti, où il est arrivé, ressemblant en ceci à ce riche manufacturier qui avait accroché à son plafond les sabots qui l'avaient amené à Paris.

Le *Portrait de l'auteur* (*étude des Vénitiens*), dit-il lui-même dans son catalogue, *Tête de jeune fille* (pastiche florentin), le *Paysage imaginaire* (pastiche des Flamands), enfin l'*Affût*, que l'auteur intitule lui-même plaisamment *Paysage d'atelier*, sont les sabots avec lesquels il est arrivé d'Ornans et qui lui ont servi à courir après la nature.

Ces quelques tableaux appartiennent au domaine de la *convention*; quelles enjambées de géant le peintre a faites depuis cette époque pour quitter ce pays chéri des peintres du quartier Breda! Assurément il eût obtenu des succès dans ce pays s'il avait eu la paresse d'y rester, et il aurait grossi la population de cent artistes de talent, dont le succès est si grand aux vitres des marchands de tableaux de la rue Notre-Dame-de-Lorette. Le facile métier que de faire du *joli*, du tendre, du coquet, du précieux, du faux idéal, du convenu à l'usage des filles et des banquiers ! M. Courbet n'a pas suivi cette voie, entraîné d'ailleurs par son tempérament. Aussi M. Proudhon lui annonçait-il son sort en 1853.

Le public, disait-il, *veut qu'on le fasse beau et qu'on le croie tel.*

« Un artiste qui, dans la pratique de son atelier, suivrait les principes d'esthétique ici formulés (je rappelle l'axiome précédent : toute figure belle ou laide peut remplir le but de l'art), serait traité de séditieux, chassé du concours, privé des commandes de l'État et condamné à mourir de faim. »

Cette question de la *laideur* à propos des *Baigneuses*, le philosophe la traitait de haut. Il sait combien le moral a de poids sur le physique. Le caricaturiste Daumier voyait le fait du côté grotesque. Les éternels bourgeois qu'il a immortalisés de son crayon et qui vivront à travers les siècles dans toute leur laideur moderne, s'écrient en regardant un tableau de M. Courbet : « Est-il possible de peindre des gens si affreux ? » Mais au-dessus des bourgeois, qu'on a beaucoup trop vilipendés [1], il faut placer une classe plus intelligente, qui a tous les vices de l'an-

---

[1] J'ai trouvé souvent plus de bon sens dans la rue aux Ours que dans la Chaussée-d'Antin.

« Vous possédez à fond l'ésotérique, la plastique, l'architectonique et le plastique.

» Depuis Orphée et Lycophron jusqu'au dernier volume de M. de

cienne aristocratie sans en avoir les qualités. Je veux parler des fils de bourgeois, une race qui a profité de la fortune de médecins, d'avocats, de négociants, qui n'a rien fait, rien appris, qui s'est jetée dans les clubs de jeux, qui a la manie des chevaux, de l'élégance, qui touche à tout, même à l'écritoire, qui achète même une maîtresse et un quart de Revue, qui veut commander aux femmes et aux écrivains, c'est en vue de cette race nouvelle que le philosophe Proudhon terminait ses appréciations sur M. Courbet :

« Que le magistrat, le militaire, le marchand, le paysan, que toutes les conditions de la société, se voyant tour à tour dans l'idéalisme de leur dignité et de leur bassesse, apprennent, par la gloire et par la honte, à rectifier leurs idées, à corriger leurs mœurs et à perfectionner leurs institutions. »

Septembre 1855.

Lamartine, vous avez dévoré tout ce qui s'est forgé de mètres, aligné de rimes et jeté de strophes dans tous les moules possibles.

» Vous connaissez tous les peintres depuis André Rico et Bizzamenco, jusqu'à MM. Ingres et Delacroix.

» Les bas-reliefs d'Égine, les frises du Parthénon, les vases étrusques, les sculptures iératiques de l'Égypte, l'art grec et l'art romain, le gothique et la renaissance : vous avez tout analysé, tout fouillé ; mais vous avez, tant la poésie vous préoccupait, supprimé la nature, le monde et la vie.

» Ah ! malheureux enfant, jetez vos livres au feu, déchirez vos gravures, brisez vos plâtres, oubliez Raphaël, oubliez Homère, oubliez Phidias !

» Vous écrasez d'un ineffable dédain tout honnête commerçant qui préfère un couplet du vaudeville à un tercet du Dante... *Cependant il est de ces bourgeois dont l'âme (ils en ont) est riche de poésie, qui sont capables d'amour et de dévouement, et qui éprouvent des émotions dont vous êtes incapable, vous dont la cervelle a anéanti le cœur.* » (*La Toison d'or*, T. GAUTIER.)

UNE VIEILLE MAITRESSE

LETTRE A M. LOUIS VEUILLOT

Le vif intérêt que vous prenez aux lettres, monsieur, me fait vous adresser cette étude que je vous engage fortement à lire ; elle vous délassera, je l'espère, des tensions d'une polémique religieuse dont vous semblez sortir victorieux : quoique frivole en apparence, cette lettre se rattache par un certain côté aux questions que vous ne dédaignez pas de traiter.

Une Vieille Maîtresse accolée à votre nom, monsieur, semblerait à beaucoup de vos pieux lecteurs une injure, un manque de respect et de délicatesse ; mais déjà vous avez deviné qu'il s'agit du livre d'un de vos admirateurs, d'un défenseur zélé du trône et de l'autel, d'un ennemi des encyclopédistes, d'un homme bien élevé, littérateur par hasard, d'un dandy, M. Barbey d'Aurevilly.

Son roman m'a semblé tellement *curieux* que je l'ai relu deux fois à un an de distance, et que j'ai passé près de huit jours à en extraire des notes précieuses : je ne comprends pas son peu de succès en librairie, et je l'attribue au format dans lequel il a été publié tout d'abord. Le titre est excellent, rempli de promesses ; généralement la librairie aime ce mot de *maîtresse*, qui semble être l'apanage de la littérature depuis une dizaine d'années. Courtisanes, aventurières, femmes entretenues, lorettes, dames du demi-monde sont excessivement demandées sur la place parisienne.

On a vendu jadis un mauvais livre dont le succès est dû exclusivement à son titre : *Voyage autour de ma maîtresse*. La fortune a été subite d'études plus âcres et plus réelles : *les Maîtresses parisiennes*, de M. Arnould Frémy. Comment se fait-il que M. Cadot n'ait pas bénéficié amplement du titre affriolant d'*Une Vieille Maîtresse* ? C'est ce que je peux vous dire en un mot. La librairie de cabinet de lecture, en format in-octavo, a été tuée par la fortune immense de l'in-dix-huit à un franc.

M. Barbey d'Aurevilly est arrivé un peu tard avec sa *Vieille Maîtresse*, dont le défaut est d'être trop distinguée pour les lecteurs habituels de cabinet de lecture. Grisettes, commis, laquais et cuisinières sont les fidèles qui contribuent à la fortune du petit temple noir, où la nourriture de l'âme se paye deux sous le volume crasseux.

« Je désirerais un ouvrage intéressant, dit une femme de chambre romanesque, qui entre timidement dans ce sanctuaire dont M. Dumas est le pape.

» — Je vous recommande ce livre, dit la dame du cabinet en présentant *Une Vieille Maîtresse*, il est fort bien écrit. »

Là-dessus la jeune femme de chambre s'en va le cœur palpitant des plaisirs de lecture qu'elle va se donner la nuit ; en chemin elle feuillette l'ouvrage et tombe sur le passage suivant :

« Madame de Mendoze avait cette lèvre roulée que la maison de Bourgogne apporta en dot, comme une grappe de rubis, à la maison d'Autriche. Issue d'une antique famille du Beaujolais, dans laquelle un des nombreux bâtards de Philippe le Bon était entré, on reconnaissait au liquide cinabre de sa bouche les ramifications lointaines de ce sang flamand, qui moula pour la volupté la lèvre impérieuse de la lymphatique race allemande, et qui, depuis, coula sur la palette de Rubens. Ce bouillonnement d'un sang qui arrosait si mystérieusement ce corps flave et qui trahissait tout à coup sa rutilance sous le tissu pénétré des lèvres; ce trait héréditaire et dépaysé dans ce suave et calme visage était le sceau de pourpre d'une destinée. » (T. I, p. 58.)

A la lecture de cette phrase, voilà une femme inquiète, qui croit d'abord s'être trompée, qui aura mal lu, sauté une ligne, que le bruit des voitures, le choc des passants auront troublée, et elle relit, surprise, se demandant quels singuliers personnages historiques sont-ce là qui apportent en dot une *lèvre roulée comme une grappe de rubis.*

Chaque mot est pour elle une source d'étonnement profond, *le liquide cinabre de la bouche,* le corps *flave,* le sang bouillonnant qui *trahit tout à coup sa rutilance* sous un *tissu pénétré,* la destinée couronnée d'un *sceau de pourpre,* plissent le front de la romanesque femme de chambre, qui sent qu'elle n'est pas digne de pénétrer dans les alcôves de la maison de Bourgogne où se fabriquent ces admirables lèvres *roulées* que la maison d'Autriche couvrira un jour de baisers.

Il n'y a que vous, monsieur, pour comprendre ces délicatesses, en sonder l'origine et deviner le mal qu'elles ont coûté à leur auteur. Balzac, quand il était quintessencié, M. Sainte-Beuve, quand il est naturel, pourraient servir de juges et de pairs à M. Barbey d'Aurevilly, dont la faute a été grande de s'adresser à la librairie de cabinet de lecture pour répandre son œuvre dans le public.

On dit que ce roman, mal compris dans l'origine, sera réimprimé prochainement par la maison Jacottet et Bourdillat dans le format à un franc. J'ai voulu m'associer aux efforts de ces courageux éditeurs et appeler l'attention du lecteur sur une œuvre rare, comme il s'en publie peu aujourd'hui.

Il y a beaucoup de portraits dans ce roman; l'auteur s'est complu à les fouiller et à en donner un masque saillant. Si ces personnages du grand monde parlent élégamment, M. d'Aurevilly, suivant les lois modernes du roman, leur a donné un corps et s'est ingénié à les rendre visibles. En cela il a raison : il est important de rendre des passions en même temps que l'enveloppe de ces passions; il est utile de montrer l'enveloppe de chair, mais aussi l'enveloppe de drap.

Les auteurs dramatiques du dix-huitième siècle avaient adopté, pour mieux faire comprendre leur œuvre, de donner un sommaire précieux pour l'acteur. Dès la première page d'une pièce de théâtre il était dit si Sainval était un baron et s'il portait des bottes à revers jaunes; avant d'étudier son rôle, l'actrice savait que miss Sydonie était une franche coquette, dont la taille était emprisonnée dans un spencer de velours noir.

Pour rendre ma critique intéressante, monsieur, je vais adopter ce système, qui, en quelques lignes extraites de l'auteur même, met à nu ses personnages et supplée aux efforts du critique qu'on peut accuser trop souvent d'analyse mensongère.

PERSONNAGES

VELLINI (*la vieille maîtresse*).

« Vellini était petite et maigre. Sa peau, qui manquait ordinaīrement de transparence, était d'un ton presque aussi foncé que le vin extrait du raisin brûlé de son pays. Son front, projeté durement en avant, paraissait d'autant plus bombé que le nez se creusait un peu à la racine; une bouche trop grande, estompée d'un duvet noir bleu, avec la poitrine extrêmement plate de la senora, lui donnait fort un air de garçon déguisé. » (T. I, p. 93.)

« Son nez, commencé par un peintre kalmouk, finissait en narines entr'ouvertes, fines, palpitantes, comme le ciseau grec en eût prêté à la statue du Désir. » (T. I, p. 95.)

Ceci, monsieur, n'est qu'un léger crayon de la Vellini; nous la retrouverons plus tard avec tous ses charmes; je vais, si vous le permettez, vous soumettre le profil de son amant.

Ryno de Marigny.

« Le voile diaphane et brun, délicatement lamé d'or de la moustache orientale qui lui retombait sur la bouche, cachait mal le dédain de ses lèvres. Ses cheveux, qu'il portait longs et qu'il soignait avec un culte indigne d'un homme d'esprit, répétaient gravement les caillettes, donnaient une expression trop théâtrale à cette figure où les clartés de l'intelligence se jouaient dans l'ombre creusée des méplats [1]. »

La marquise de Flers (*belle-mère future de Ryno de Marigny*).

« Malgré de nombreuses *fantaisies*, dont personne ne sut le chiffre exact, elle avait marché avec une précaution et une habileté si félines sur l'extrémité de ces choses qui tachent les pattes veloutées des femmes, qu'elle passa pour Hermine de fait et de nom. Elle s'appelait Hermine d'Arc, marquise de Flers. » (T. I, p. 57.)

Hermangarde de Polastron (*petite-fille de la marquise de Flers, plus tard femme de M. Ryno de Marigny*).

---

[1] Par une légèreté inconcevable, j'ai oublié de noter le volume et la page d'où est extrait ce portrait remarquable; mais j'en garantis l'exactitude.

Si sa grand'mère, — madame de Flers, — est « une éclatante blonde, piquante comme une brune, Hermangarde est blonde aussi, comme toutes les de Flers, mais d'un blond d'or fluide; elle avait un teint pétri de lait et de lumière. Dieu seul était assez grand coloriste pour étendre un vermillon sur cette blancheur, pour y broyer la rougeur sainte de la pudeur et de l'amour. »

Vicomte Eloy de Bourlande, Chastenay de Prosny (*ami de la marquise de Flers*).

Il était « de ces vieillards qui eussent regardé Suzanne par le trou de la serrure. » (T. I, p. 26.)

« La marquise de Flers comparait sa conversation à des œufs brouillés aux pointes d'asperges. » (T. II, p. 159.)

Dans les lettres du vicomte de Prosny, « le trait n'y manquait pas, mais il était noyé dans les flots troubles d'une albumineuse verbosité. » (T. II, p. 159.)

Madame Martyre de Mendoze (*ex-maîtresse de Ryno de Marigny*).

« Le cœur de feu de cette femme brûlait dans le corps vaporeusement opalisé d'un séraphin. » (T. I, p. 157.)

Oliva-la-Rousse (*femme de chambre de la Vellini*).

« Son ondoyante taille profilait d'alliciantes ombres sur les draperies qu'elle éclairait en passant [1]. »

Tels sont, monsieur, les premiers rôles de ce drame en

---

[1] Encore un oubli impardonnable du tome et de la page. Cette femme de chambre, « aux cheveux d'un rouge flamboyant, » m'a distrait par ses ombres *alliciantes*. N'étant pas éclairé par cet adjectif, j'ai dû me déranger de ma table, aller à ma bibliothèque, ouvrir un dictionnaire, lequel ne m'a donné aucun renseignement. Il m'a fallu sortir, courir la ville, acheter un dictionnaire de Bescherelle dont le prix est de cinquante francs. Voilà où mène la conscience littéraire ! L'auteur m'en saura-t-il quelque gré, surtout si j'ajoute que M. Bescherelle aîné garde le plus profond silence sur l'adjectif *alliciant*. L'année prochaine j'achèterai le nouveau dictionnaire de M. Poitevin, et, en 1858, celui de M. La Châtre.

trois volumes, dont l'action se passe dans les salons du faubourg Saint-Germain, et, plus tard, au bord de la mer, dans un château isolé de la Normandie.

Je pense que vous serez satisfait de n'avoir pas à lire ces études sur la petite bourgeoisie, qui, par ses passions médiocres, par son caractère étroit, ses habitudes rétrécies, offre peu d'intérêt aux gens de bon goût. Ici nous allons voir se dérouler une action en plein faubourg Saint-Germain, décrite par un homme qui y appartient. Aussi son style s'en ressent-il, il est au-dessus du commun, travaillé, ample, couvert de broderies ; ce n'est pas ce misérable et pauvre style bourgeois, sec, haché menu, dont la fatale tradition nous vient de Voltaire. Quand les passions sont nobles, le style doit l'être également; autrement il jurerait par sa simplicité et son naturel avec de grands personnages qui dédaignent les qualités bourgeoises.

Je vais essayer de ne pas trop m'intercaler entre vous et le roman, car je tiens à faire parler l'auteur le plus possible ; il y a tout à gagner à recueillir les perles et les bijoux qui sortent de cette plume aristocratique.

La marquise de Flers a pensé à donner sa fille en mariage à M. Ryno de Merigny, un roué dont la réputation est grande dans le faubourg Saint-Germain ; elle sait que Ryno est attaché à une vieille maîtresse : ces sortes d'attachement sont d'autant plus dangereux qu'ils sont souvent inexplicables, et elle consulte le vieux vicomte de Prosny, qui connaît la Vellini.

Madame de Flers est une de ces séduisantes créatures qui pouvait sous l'ancien régime « recevoir son amant dans des draps de satin noir; » avec elle il était permis de tout dire, elle comprenait la passion et l'excusait : ce n'étaient pas quelques amours de jeunesse de M. de Marigny qui pouvaient l'effrayer sur l'avenir conjugal de sa petite-fille. Dans la rue de Varennes, suivant M. Barbey d'Aurevilly, on n'a pas de ces préjugés :

« Quoi! s'écrie la vieille marquise, mon petit-fils de choix est un affreux monsieur Lovelace parce qu'il a *eu* quelques femmes qui vont à la messe à Saint-Thomas d'Aquin avec un paroissien de velours fermé d'or! » (T. I, p. 18.)

Par ce mot vous jugerez le caractère de la séduisante vieille femme qui, « mieux que Mirabeau, emporta en mourant les lambeaux de la monarchie. » (T. III, p. 319.) Vous approuverez certainement, monsieur, cette épigramme lancée en passant à un homme qui trahit la cause de la noblesse pour se ranger du côté des révolutionnaires. Mais je ne veux pas m'appesantir sur la politique, il faut décrire l'appartement de la marquise :

« C'était le *boudoir* d'une femme qui n'avait jamais *boudé* infiniment, mais qui ne *boudait* plus du tout. » (T. I, p. 6.)

Une femme, madame d'Artelles, que Ryno a *eue*, veut lui nuire dans l'esprit de la marquise ; mais

« Madame de Flers allongea sa main restée *belle* au bout d'un bras qui avait été *beau*, inclina la théière et versa le breuvage musqué dans la tasse de son amie, madame d'Artelles, comme pour lui faire *digérer*, — ce qu'évidemment elle ne *digérait* pas, — le mariage de la petite-fille et le calme de la grand'mère. » (T. I, p. 14.)

Car « la marquise de Flers était une femme de *sens* qui avait eu des *sens*. » (T. I, p. 56.)

La conversation de ces deux spirituels vieillards entraîne jusqu'à l'auteur lui-même, qui met dans la main du vicomte de Prosny « une *badine* qui survivait à tous les *badinages* de sa trop *badine* jeunesse. » (T. III, p. 323.)

Madame de Sévigné, dans ses badinages épistolaires, n'eût pas mieux dit.

Je regretterai seulement une légère faute de détail dans le portrait du vicomte. « Il avait pris en vieillissant, dit M. Barbey d'Aurevilly, la risible et déplorable habitude de répéter à chaque bout de phrase la locution *de manière que*. »

Le romancier, séduit par le réalisme, a placé à tout propos ce fameux *de manière que* dont l'effet insupportable n'est nullement comique pour le lecteur. Ce sont des mots qu'il faut laisser à M. Henry Monnier : un vicomte peut avoir cette déplorable habitude, mais il est mieux de la cacher, d'autant que par la nature grave et pompeuse son talent, M. Barbey d'Aurevilly ignore les lois du comique en littérature, et qu'il ne saurait placer à propos ces répétitions de mots, dont le secret est réservé aux vaudevillistes du Palais-Royal et aux romanciers de bas étage.

Je préfère le trait suivant : M. de Prosny, envoyé par la marquise de Flers chez Vellini pour la faire parler de Ryno, s'y rend après un dîner en ville; Vellini lui tend la main, mais le vieux vicomte, qui, à la page 92 du tome I,

« Venait de baiser celle de ses anciennes amours, et qui avait la lèvre humide encore de la liqueur des Iles de madame d'Artelles, serra cette main, mais n'osa l'embrasser. »

C'est bien là le type d'un vicomte qui se laisse aller à la vieillesse et qui oublie d'essuyer sa bouche après le repas ; mais il n'en avait pas moins « la finesse de l'ambre dont il était parfumé. » (T. I, p. 109.) Vellini n'a qu'à bien se tenir devant le vieux roué !

L'ameublement de la Vellini est sombre, en velours couleur froc de capucin, les ornements sont de bronze.

« On eût pu se croire chez un homme, dit M. Barbey d'Aurevilly, mais quel homme? Un homme d'action ou un *penseur*. » A son arrivée, le vicomte de Prosny la trouve couchée sur une magnifique peau de tigre. »

Ce tigre, monsieur, quoique empaillé, n'en joue pas moins un rôle considérable dans le roman. Vellini s'ennuyait, et, « pour passer le temps, elle eût jeté Prosny au tigre sur lequel elle était couchée, si l'animal avait vécu. » (T. I, p. 98.)

M. de Prosny lui annonce le futur mariage de Marigny.

« — Je le sais, reprit-elle en portant vivement à sa bouche la main qu'elle avait mise sous la griffe d'or de la peau du tigre. — La griffe acérée, trop durement appuyée par elle, avait trouvé le sang qui coulait et qu'elle suça tranquillement. » (T. I, p. 102.)

M. Ryno racontera plus tard à sa future belle-mère ses amours avec la vieille maîtresse; lui non plus n'oubliera pas le tigre.

« Quand Vellini entrait, elle bondissait dans mes bras, et c'était avec les mouvements des tigresses amoureuses qu'elle se roulait sur mes tapis en m'y entraînant avec elle. » (T. I, p. 274.)

Le vicomte ne comprend pas que la Vellini reste calme à la nouvelle du mariage de son amant : « Comment s'expliquer que la senora restera tranquillement sur sa peau de tigre, au lieu de devenir tigresse elle-même? » (T. I, p. 110.)

Je me reproche maintenant de ne pas avoir indiqué le tigre dans le nombre des personnages du roman; il m'était facile de le définir : Un tigre empaillé, personnage muet. Mais je répare mes torts, ce tigre me plaît et je veux en donner encore un dernier crayon.

Le feuillet 120 du tome I nous montre dans les bras l'un de l'autre Ryno et Vellini : « Couple étrange qui parlait ainsi, avec des lèvres qui venaient de se joindre, — plus fabuleux à ce qu'il semblait que le monstre sur le dos duquel il était assis. » Ai-je l'imagination libertine? mais ce couple étrange et *fabuleux* me remplit le cerveau d'images singulières et troublantes.

La vieille maîtresse, d'ailleurs, est-capable de tout, malgré son ameublement de *penseur* : « Sang mêlé de Goth et de Sarrasin, » née « dans les Al-cazars, » le vicomte de Prosny la trouve « digne de figurer au premier rang des impures de monseigneur le comte d'Artois. » (T. I, p. 71.)

A la page 28 du premier volume, la marquise de Flers s'écrie : « Laide ou non, cette femme serait le résumé de toutes les séductions des autres, enfin une espèce de *maîtresse-sérail*. » Même à la fin du livre (T. III, p. 263), Ryno déclare que « avec une inflexion de ses membres de *mollusque*, dont les articulations ont des mouvements de velours, la Vellini faisait tout à coup relever les désirs entortillés au fond de son âme. »

Le vicomte appelait aussi l'Espagnole « le flacon de poivre rouge de M. de Marigny » (t. I, p. 149); et, malgré cette piquante définition, M. de Prosny se demandait encore au second volume (p. 2) : « Sirène du diable, de quels œufs d'esturgeon salés as-tu donc nourri ton Marigny pendant tant d'années pour le faire revenir à toi? »

Ce flacon de poivre rouge, ces œufs d'esturgeon salés, cette conversation d'œufs brouillés aux pointes d'asperges ne sentent-ils pas trop la cuisine? Je demanderai à M. le docteur Véron ce qu'il en pense.

Le début est consacré à l'analyse de cette femme curieuse pour laquelle M. Barbey d'Aurevilly a épuisé toutes les touches d'un pinceau délicat, qui va même se tremper aux sources du musée secret du roi de Naples. Tout à l'heure, monsieur, nous verrons agir la vieille maîtresse; il en est encore temps, fermez cette brochure, car quoique exprimée en termes du meilleur ton, la peinture est vive, et je ne suis pas homme à glisser, à la place de l'*Imitation*, un volume des *Liaisons dangereuses*.

Maintenant que vous êtes prévenu, je continue mon analyse, la conscience en paix; vous ne m'accuserez pas de renouveler la scène du *Faust* où Méphistophélès, pour troubler les prières de Marguerite à l'église, remplace son livre de messe par un cahier de figures obscènes.

En entrant chez Vellini, le vicomte avait remarqué que « sa tête trop penchée, et qui semblait emporter le poids de son corps, lui donnait quelque chose d'oblique et de torve. » (T. I, p. 94.) Le *penseur torve* s'ennuyait, pour parler français; mais M. d'Aurevilly n'est pas de l'avis de Marc Aurèle, qui s'écrie dans son admirable *Traité de morale :* « Méprise l'élégance dans les pensées. »

Est-ce pour donner une idée de ses séductions que l'Espagnole tout à coup jette en l'air sa pantoufle? Monsieur, n'allez pas plus loin dans cette lecture, je vous en conjure; cette citation me fait frémir, et c'est encore une des plus chastes :

« Ce mouvement découvrit une jambe délicieuse de promesse et de perdition qui donna comme un soufflet du diable dans les yeux alléchés du vicomte de Prosny. C'était une de ces jambes tournées pour faire vibrer, dans les plus folles danses de l'amour, le carillon de tous les grelots de la Fantaisie, et autour desquelles l'imagination émoustillée s'enroule, frétille et se tord *en montant plus haut,* comme un pampre de flammes monte autour d'un thyrse. » (T. I, p. 105.)

Un regret étant donné au fâcheux emploi que l'auteur fait de sa plume, vous remarquerez avec moi, monsieur, combien M. Barbey d'Aurevilly est prodigue d'incidentes explicatives et déterminatives. Pour lui, une incidente, dont je ne conteste pas l'utilité grammaticale, est toujours grosse d'autres incidentes; elle en met au monde une immense quantité.

Érasme, si j'ai bonne mémoire, donnait un sage conseil à ses enfants, c'était de faire l'anatomie d'une phrase et d'en séparer les principaux membres un à un, afin d'en vérifier les véritables fonctions. Vous plairait-il, monsieur, de faire un peu d'anatomie pédante et d'enfoncer le scalpel dans ces incidentes?

« C'était une de ces jambes tournées pour faire vibrer, » (première incidente — *dans les folles danses de l'amour*), « le carillon de tous les grelots de la Fantaisie, » (seconde incidente — *et autour desquelles l'imagination émoustillée s'enroule, frétille et se tord*), (troisième incidente greffée sur la seconde — *en montant plus haut*), (quatrième incidente issue de la troisième génération — *comme un pampre de flammes monte autour d'un thyrse*).

A coup sûr Érasme eût conseillé de jeter au feu deux ou trois de ces belles incidentes, s'attachant seulement à l'harmonie de la phrase. Quant au sens de ce délicat *en montant plus haut,* jamais les enfants d'un tel homme n'eussent pensé à de telles gesticulations. Nous en verrons bien d'autres de cette personne dont M. d'Aurevilly a dit:

« Pour l'aimer, il fallait être un poëte ou un homme corrompu. »

Je laisse à penser si la marquise de Flers est effrayée d'un tel portrait de femme et si elle craint de donner en mariage sa petite-fille à un homme enchaîné par une imagination tellement émoustillée. Pour sortir d'embarras, la marquise fera appel à la sincérité de Ryno lui-même; d'après son récit, elle jugera de la force de son attachement.

C'est alors seulement qu'apparaît Ryno de Marigny, un mélange de don Juan, de Lovelace et de vicomte de Valmont.

Suivant madame d'Artelles qui le connaît bien (T. I, p. 21) :

« Ses passions sont des passions de maître. — D'un froncement de sourcils il fait obéir et trembler les femmes. — Il les magnétise avec des flatteries adorables ou des impertinences qu'il double de tendresses. — Il a des paroles obscures et chatoyantes qui font rêver. — Mais ces entortillements de serpent câlin aux pieds des femmes ne sont que l'expression de son orgueil et de son mépris pour elles. »

Quel homme! quel lion! quel tigre plutôt, car nous allons voir reparaître ce carnassier qui est décidément affectionné par M. d'Aurevilly. Pour lui, il définirait volontiers : le tigre, source de comparaisons pour les romanciers.

« Ses yeux avaient soif de la pensée des autres comme les yeux du tigre ont soif de sang. »

Les femmes aimaient « cet amoureux à *longue crinière* » (souligné par l'auteur). (T. I, p. 144.)

« Les femmes avaient vu tant de fois se tourner vers elles, humbles et caressantes, les dures prunelles fauves qui, dans leurs paupières sillonnées et lasses, avaient la lumière rigide et infinie du désert (où habite sans doute le tigre), dont le vent a ridé les sables. » (T. I, p. 145.)

C'est ici généralement que l'auteur se regarde dans son miroir à barbe : si j'ajoute que *l'ombre creusée* se joue dans les *méplats* de M. d'Aurevilly, je me trompe, de M. Ryno de Marigny, nous aurons un portrait de dandy assez remarquable. Je conseillerai à M. Barbey de ne plus se servir des *méplats*, on en a trop abusé : c'est un mot qui a roulé depuis longtemps les salles des commissaires-priseurs, où il a été adjugé pour une somme très-faible ; à peine l'auteur en tirerait-il quelques francs au marché du Temple.

J'allais oublier qu'à la page 202, tome II, on retrouve Marigny, « que ses amis de Paris appelaient le Fier Sicambre. » Ces amis-là n'étaient pas très-spirituels ; mais à la même page, pour donner une dernière touche à ce portrait que sans doute M. Barbey d'Aurevilly s'imagine faire suite à la collection d'eaux-fortes de Van Dyck, le romancier ajoute : Il était « léonin, diraient les écrivains de ce temps-ci. » C'est encore un souvenir du tigre dont le romancier affuble gratuitement les écrivains de ce temps-ci, qui n'ont pas tous ces préoccupations de jardin des Plantes.

Je suis fâché de contredire M. d'Aurevilly ; mais un écrivain de ce temps-ci, qui dirait d'un de ses héros : *il est léonin*, n'aurait pas fait preuve d'une imagination surprenante. Je laisse donc *léonin* à son compte ; M. Barbey et non pas un autre a trouvé l'adjectif *léonin*. Qu'il le garde dans ses cages !

Ryno de Marigny ne veut pas cacher à madame de Flers ses anciennes amours avec la Vellini, et il lui en fait un tel portrait, que j'ai dû classer les diverses épithètes l'une après l'autre, en manière de litanies ; car si je n'avais pas adopté une telle méthode, il me faudrait citer tout l'ouvrage.

VELLINI. « Au cœur aux battements incoercibles. » (T. I, p. 288.)

Id. « Au front couvert de vapeurs plus épaisses que tous les miasmes du lac de Camarina, remués par une foudre qui s'y serait éteinte. » Que d'incidentes ! (T. III, p. 262.)

Id. « Qui, suivant madame d'Artelles, *faisait rêver jusqu'aux vieillards.* » Les italiques sont de l'auteur. (T. II, p. 198.)

Id. « Aux sourcils presque barrés qui dansaient sur ses yeux une danse formidable. » (T. II, p. 277.)

Id. « La Mauricaude des rivières. » (T. III, p. 42.)

Id. « Louve amaigrie. » La ménagerie ! (T. III, p. 70.)

Id. « Au front méchant et bombé !

Id. « Aux regards qui contiendraient un lion. » Toujours la ménagerie ! (T. III, p. 118.)

Id. « A l'étrange œil noir, si profond qu'il semble doublé de deux prunelles. » (T. III, p. 237.)

Id. « Vieille aigle plumée par la vie. » Encore la ménagerie ! (T. III, p. 75.)

Id. « Capouanne de la vie parisienne. » (T. III, p. 96.)

Id. Petite femme jaune et maigre, « être sans rayons. » (T. I, p. 215.)

Id. « A l'œil noir et épais comme du bitume. » (T. I, p. 224.)

Id. « Aux yeux frangés d'airain. » (T. I, p. 239.)

Id. « Aux yeux vampires. » Que de mal se donne l'auteur pour les yeux ! (T. I, p. 264.)

Id. « Séduisante comme le démon, elle en avait le buste svelte et sans sexe, le visage ténébreux et ardent, et la laideur expressive, audacieuse et sombre. » (T. I, p. 212.)

Id. « Infernale Malagaise, démon immobile et nonchalant qui, le cigare allumé, semblait sucer du feu avec des lèvres incombustibles. » (T. I, p. 216.)

Id. « Altière, sourde-muette de cœur et d'esprit. » (T. I, p. 218.)

Id. « Aux deux yeux de tigre, faux et froids. »

J'avais cru noter tous les effets de ce tigre, il revient

encore. Cette persistance dans une même comparaison laisserait penser que M. d'Aurevilly a été directeur d'une ménagerie ambulante.

Après cette litanie, où les yeux tiennent tant de place, la marquise de Flers veut connaître encore les habitudes, les coutumes, les sens de cette *penseur*. Le vicomte de Prosny l'avait déjà montrée en « peignoir *souffre*[1], l'épaule couverte d'un duvet brun et pressé, — corps chétif qui force les meilleurs buscs d'acier. » (T. II, p. 179.) Ryno de Marigny dépeint sa maîtresse avec les « épaules bronzées d'une enfant qui n'est pas formée encore. » Sa robe de coupe étrangère était de satin sombre, à reflets verts, décolletée. Habituellement elle portait un grand éventail de satin noir sans paillettes. Les paillettes ne conviennent pas aux penseurs. « Elle avait les hanches plus élégantes que fortes, mais la chute audacieuse des reins accusait l'origine mauresque. » (T. I, p. 197.)

Ces hanches jouent un grand rôle dans le roman ; à un certain moment « deux éclairs, dit Ryno, partirent de cette épine dorsale qui vibrait en marchant comme celle d'une souple et nerveuse panthère. » (T. I, p. 198.) Nous avons déjà compté un tigre, une louve et un lion, nous lui joindrons encore cette panthère. La collection s'enrichit.

A une époque où l'instrumentation se faisait remarquer par une simplicité naïve, le chef d'orchestre se retournait

---

[1] *Souffre* pour soufre. M. Barbey a quelque prétention à changer l'orthographe. Il écrit également *alchool* au lieu d'alcool. Cette H qui s'élève fièrement au milieu du mot lui semble sans doute un arc de triomphe sous lequel passe plus aisément sa pensée triomphante. Les deux *ff* de soufre sont plus imitatives; elles font *f! f! f! f! f!* Vous soufflez dessus, il est impossible de les éteindre. *Soufre* avec une seule *f* est froid, banal, moins incandescent.

vers ses musiciens en leur criant : « Gare aux croches ! » Toutes les fois que je veux citer huit lignes de M. d'Aurevilly, je suis tenté de crier à mes lecteurs : « Gare aux incidentes ! »

« Vellini se renversait sur le dossier de son fauteuil avec des torsions enivrantes, et il n'y avait pas jusqu'à sa voix de contralto, — d'un sexe un peu indécis, tant elle était mâle ! — qui ne donnât aux imaginations des curiosités plus embrasées que les désirs, et ne réveillât dans les âmes l'instinct des voluptés coupables, — le rêve endormi des plaisirs fabuleux ! » (T. I, p. 200.)

J'ai renoncé à analyser de telles phrases, un mot de paysan pourra seul rendre cette manière d'écrire : « C'est vouloir boire du lait avec une fourchette ; » mais que cela se raconte à la marquise de Flers, voilà ce que je ne puis comprendre. Quelle est la mère assez dénaturée pour jeter sa fille dans les bras d'un homme qui peint sa dépravation en de telles phrases ?

Je sais que le romancier dit quelque part que Vellini « *tantalisait* l'esprit de la marquise » (p. 198, t. II) ; et j'ai presque envie de laisser à mes lecteurs le soin de deviner ce rébus. Ce *tantalisait* est d'un goût suprême ; mais M. Barbey ne recule devant aucune audace de mots pour étonner le public ; après M. Petrus Borel, de défunte mémoire, on ne trouverait pas un écrivain plus chercheur et plus excentrique. Malheureusement l'image ne vient jamais exacte dans son cerveau ; on dirait qu'il ne voit pas, qu'il n'a jamais regardé le côté matériel des objets qu'il emploie dans ses comparaisons. Exemple :

« Vellini frappa du fouet la crinière des deux chevaux de tête qui, sous le vent de flamme de cette *caresse mordante*, bondirent, se cabrèrent et, *s'encapuchonnant* dans les rênes tendues, frémirent d'être si bien contenus. » (T. II, p. 185.)

Un coup de fouet qui devient une *caresse mordante*, des rênes qui forment un *capuchon* à un cheval, semblent le dernier degré de la myopie. Un aveugle emploierait des comparaisons plus justes, car il se donnerait la peine de palper les rênes, et il reconnaîtrait au toucher que ce sont des bandes de cuir longues et étroites qui ne peuvent *encapuchonner* quoi que ce soit.

M. d'Aurevilly se dit un admirateur violent de M. de Maistre, dont, par parenthèse, il a donné une mauvaise étude dans ses *Prophètes du passé*. Avant tout, M. de Maistre est un écrivain; il doit sa vitalité actuelle à sa forme positive, brutale et nette. Comment se fait-il que M. d'Aurevilly, qui admire le *fond* de l'auteur des *Soirées de Saint-Pétersbourg*, n'ait pas fait attention à sa *forme*? Il aurait vu que l'image, chez M. de Maistre, est simple, concise, et va droit au but, sans les terribles *incidentes* dont j'ai déjà trop parlé.

M. de Maistre, dans une lettre à son fils : « Souvenez-vous que vous êtes devant mes yeux comme mes paupières. » Voilà la véritable image, de celles que M. d'Aurevilly trouverait à profusion dans la Bible, dans les poëmes indiens, dans toutes les littératures orientales, dans les grands poëmes nationaux du Nord, dans Shakspeare à foison. Que dit *Yago* dans *Othello*? « Mes idées tiennent au cerveau comme de la glu sur du drap ; je ne puis les en arracher sans emporter la pièce. » Mais quand je redoublerai mes citations, je désespère d'apprendre ce que c'est que l'*Image*, sa force et sa puissance, à un de ces esprits faux dont l'illustre Broussais a dit :

« Les phrénologistes ont remarqué que les hommes chez qui l'organe de la comparaison est excessif, deviennent inintelligibles pour beaucoup de lecteurs qui trouvent une grande difficulté à décomposer leurs métaphores et à les réduire à de simples comparaisons. Comme les comparaisons ne sont pas toujours justes, les hommes qui en font un grand usage doivent souvent se tromper ; et c'est ce qu'ont exprimé les mêmes phrénologistes, en disant que ces hommes sentencieux sont plus plausibles qu'exacts dans leurs inductions, et donnent souvent des coïncidences superficielles entre les choses pour des similitudes parfaites. »

Je ne connais pas M. d'Aurevilly, mais il doit avoir l'organe de la comparaison malheureusement très-développé.

Il faut revenir aux singulières confidences de M. de Marigny et parler des « premiers quinze jours, consacrés par les bouleversantes surprises d'une volupté torréfiante, par des découvertes dans les jouissances d'un amour qui *peut tout et veut tout.* » (T. I, p. 277.)

Je comprends maintenant l'utilité du langage entortillé : il y a là cinq petits mots d'une syllabe qui sont trop clairs cette fois et qui ne cachent rien[1]. Je renvoie mes lecteurs à la contemplation de certaines peintures antiques que les possesseurs couvrent habituellement d'un voile prudent.

« Le front de la Vellini, que léchaient en passant les flammes de la passion satisfaite, même quand sa bouche criait de plaisir, restait impénétrable. » (T. I, p. 280.)

Eh bien, le croira-t-on ? au milieu de ce fouillis malsain, il se dégage une certaine passion purement sen-

---

[1] Ces cinq mots nets et malheureusement trop clairs sont les seuls mots *courts* de roman. Ils me surprenaient : aussi ne suis-je pas surpris s'ils font tache au milieu de cette prose maniérée ; ces cinq mots sont de l'abbé Sieyès, qui a dit de Bonaparte, après le 18 brumaire : « Messieurs, nous avons un maître ; ce jeune homme sait tout, *peut tout et veut tout.* »

suelle, corrompue et corruptrice, qui fait oublier l'indigence de ce style si pompeux en apparence. Dans ces trois volumes, il y a un volume, le premier. Littérature de décadence, il est vrai, de piment, d'alchool (avec un *h*), littérature d'homme blasé qui a épuisé jusqu'à la dernière goutte toutes les recherches d'une ardente volupté, littérature bestiale de sang et de tigre que, pour l'honneur de M. d'Aurevilly, je veux bien croire une affectation, une sorte de dandysme.

Si Ryno est tellement attaché à la Vellini, c'est qu'il a bu de son sang.

« — J'ai donc bu de ton sang, dit-elle avec une inexprimable fierté de sensuelle tendresse. — Ils disent dans mon pays que c'est un charme... que quand on a bu du sang l'un de l'autre, rien ne peut plus séparer la vie, rompre la chaîne de l'amour. Aussi veux-je, Ryno, que tu boives de mon sang comme j'ai bu du tien... Tu en boiras, n'est-ce pas, mon amour?... » (T. I, p. 269.)

Ryno boit donc du sang de sa maîtresse :

« Il me semblait que c'était du feu liquide, ce que je buvais ! » (T. I, p. 271.)

C'est ce que l'auteur appelle, à la page 33 du deuxième volume : « Le talisman du sang bu ensemble. » Aussi la Vellini s'écrie : « Mon ami de sang ! » Il y a une prétention dans tous ces mots mal réussis qui, quelquefois, font songer au premier drame de M. Dumas : *Angèle*.

« — Oui, s'écria-t-elle avec un orgueil rayonnant, — je n'étais la maîtresse qu'ici ; à présent je la serai partout. J'étais la femme légitime d'un baronnet anglais, sir Réginald Annesley. Je ne suis plus que Vellini la Malagaise, la maîtresse publique de Ryno de Marigny. » (T. I, p. 282.)

Ne semble-t-il pas que madame Dorval eût bien dit

cette littérature ? Plus tard Vellini va accoucher au pied des Alpes :

« Je vis je ne sais quel effarement d'angoisse passer dans ses yeux noirs, qui pleuraient leur feu dans les miens et qui m'intercepiaient le ciel. » (T. I, p. 257.)

Des *yeux qui pleurent du feu* dans d'autres yeux. Pauvre langue française !

« Il y avait dans cette brune fille de Malaga, dernière palpitation peut-être de ce sang mauresque qui, en coulant pendant des siècles sur tous les bûchers de l'Espagne, les avait mieux allumés que les torches des bourreaux, une sensuelle ardeur irrésistible et qui se retrouvait encore dans les plus *chastes* instincts de son être. » (T. I, p. 300.)

On brûle l'enfant derrière Trieste, sur les bords de l'Adriatique.

« Vellini était plus maîtresse que mère. Elle était si complétement organisée pour la volupté, qu'il la lui fallait toujours, même le cœur brisé par l'angoisse. Elle s'y rejetait avec une avidité vorace et sombre, et comme toujours depuis que nous vivions ensemble, elle me la faisait partager. » (T. I, p. 308.)

Au moment de se séparer :

« Le vertige nous reprit, dit Ryno, nous roula aux bras l'un de l'autre, et le cœur plein de la ferme résolution de nous quitter, nous ressuscitâmes encore, sans l'amour, la plus folle des heures de notre amour... Au moment de nous séparer, nous jetâmes au passé cet adieu brûlant, nous bûmes en son honneur cette dernière coupe.

» Avec l'audace d'une vieille marquise d'esprit qui marcha sur un talon rouge, c'était le *coup de l'étrier*, dit madame de Flers. »

Le premier volume se termine sur ce joli mot.

Je ne sais ce que pense le faubourg Saint-Germain de ces peintures de marquise : aussi, après la confidence de la nuit, Marigny craint d'avoir trop parlé.

« Les yeux de lynx que M. de Marigny avait eu raison de ne pas craindre le regardèrent avec une finesse aimable et tendre, épithètes bien jeunes pour des yeux de soixante-quinze ans, mais justes pour cette femme, éternellement adorable d'esprit et de cœur, que les matérialistes de son temps, qui niaient l'immortalité de l'âme, — s'ils avaient vécu autant qu'elle, auraient considéré comme une très-forte objection. » (T. II, p. 42.)

Après cette phrase où les incidentes redoublées s'accumulent d'une façon abominable, madame de Flers pardonne à son gendre pour sa sincérité.

« — Une grand'mère, dit-elle, c'est deux mères l'une sur l'autre. (T. II, p. 252.)

Ce mot prétentieux aurait pu être écrit par madame Lafarge. Les *Heures de prison* sont de la même école : il y est souvent question de l'*Imitation*, mais dans le style sincère de M. d'Aurevilly.

Enfin, nous allons quitter la Vellini, cette « vieille aigle plumée par la vie » (toujours la littérature du jardin des Plantes), cette femme aux yeux vampires, etc., pour une jeune personne chaste dont la pureté a donné infiniment de tracas à la plume de l'auteur, mademoiselle Hermangarde de Polastron.

« Il y avait, capricieusement assise sur un coussin de divan, une jeune fille dont le profil, éclairé par l'écarlate reflet de la braise, ressemblait à la belle médaille grecque qui représente Syracuse, non sur du bronze alors, mais sur un fond d'or enflammé. » (T. I, p. 7.)

Ceux qui ne comprendraient pas sont priés de passer aux bureaux du *Pays*, *journal de l'Empire*, de deux à quatre heures; M. d'Aurevilly se fera un réel plaisir d'ouvrir la serrure de ses phrases :

« *Hermangarde* était digne de son nom carlovingien. » (T. I, p. 10.)

Polastron est-il carlovingien également ! Ne le retrouverait-on pas dans le répertoire d'Arnal ? Je m'explique maintenant pourquoi les amis de M. de Marigny l'appelaient « le fier Sicambre. » C'était pour faire pendant au prénom carlovingien d'Hermangarde et au nom mérovingien de Polastron.

« Depuis cinq minutes Ryno aimait, et pour la première fois, — sensation étrange et maudite ! — il tremblait de ne pas être aimé. »

Cette sensation *étrange et maudite* de la page 66 du premier volume n'est-elle pas tombée de la poche trouée du vieil *Antony* ?

Ryno triomphe de mademoiselle Hermangarde. En pouvait-il être autrement ?

« L'amour qu'il inspire, disait une femme, doit être de *l'émotion en permanence*. » (T. II, p. 98.)

M. de Marigny avait d'ailleurs pour se faire aimer des moyens tels qu'il est bon d'en donner la recette aux jeunes gens naïfs.

« Je crois avoir été éloquent cette nuit-là, dit Ryno. Je parlai à madame Annesley un langage qui sortit sans effort de mon âme combattue, et qui aurait donné à toutes les femmes ce double frisson de la fièvre du cœur. Ce fut comme un mélange d'adoration idolâtre et de détestation inouïe, de flatterie caressante et d'impertinence hautaine, d'assurance et de doute, de glace et de feu; une *espèce de bain russe intellectuel*, et dans lequel je plongeai, pour les assouplir, les nerfs de cette femme qui ne faiblirent pas une seule fois. » (T. I, p. 208.)

Ainsi il est entendu qu'avec des bains russes intellectuels dans lesquels on plonge les nerfs de femme, il est facile d'en triompher.

« Mademoiselle de Polastron n'avait pas le teint de brugnon mûr de la marquise sa grand'mère. » (T. I, p. 46.)

Mais

« Il y avait en elle quelque chose d'entr'ouvert et de caché, d'enroulé, de mi-clos, dont l'effet était irrésistible... Le contour visible plongeait dans l'infini du rêve. Accumulation de mystères! (s'écrie M. Barbey intrigué.) C'était par le mystère qu'elle prenait le cœur et la pensée. Espèce de sphinx sans raillerie,— à force de beauté pure, de calme, de pudique attitude. (T. I, p. 49.)

Nous n'avons pas fini avec mademoiselle de Polastron :

« Le vermillon de ses joues, aussi éclatant que la bande écarlate des lèvres, montrait assez que sous le marbre éblouissant de blancheur, il y avait un sang vivant qui ne demandait à couler que pour la gloire de l'amour. » (T. I, p. 151.)

M. Barbey a un faible pour l'apostrophe. Il y a dans son livre encore plus d'apostrophes que de tigres.

« Influence des sentiments les plus vainqueurs! Cette svelte fille, cette *belle guerrière*, comme dit Shakspeare de Desdémone, avait les mouvements appesantis des êtres qui succombent sous les plénitudes de leur propre cœur. » (T. I, p. 151.)

Mais c'est à la messe de mariage que mademoiselle de Polastron est précieuse, elle « qui avait la grave et romanesque grandeur de son nom et d'une figure d'histoire. » (T. II, p. 227.) « Elle dépassait les femmes de ce siècle et leurs morbidezzes. »

J'ai déjà averti M. d'Aurevilly de la vétusté des *méplats* dont on ne donnerait pas deux sous au Temple: *morbidesse* est aussi usé que *méplat*, il n'a plus cours; les bulletins commerciaux des journaux ont même supprimé de leurs colonnes ce mot *morbidesse* qui s'est tenu assez ferme il y a vingt ans. Malgré de généreux efforts pour rajeunir ce nom par l'adjonction de deux *z* à la place de deux *s*, ce mot a été reconnu sous son masque italien, et, dans un bal distingué, il serait jeté honteusement à la porte comme cacochyme et plein de catarrhes romantiques.

« A la messe de mariage, mademoiselle de Polastron portait son voile de malines (je supprime deux incidentes) de manière à justifier ce grand nom de la fille de Charlemagne qu'on avait osé lui donner. » (T. II, p. 53.)

Chacun surtout remarquait « ses bandeaux blonds et lisses comme de l'or en fusion coulant vers ses tempes. » (T. II, p. 227.)

Nécessairement, à cette cérémonie nuptiale, assistent toutes les femmes sacrifiées par M. de Marigny. L'auteur, qui a déjà donné tant d'épithètes à son « ancienne maîtresse, » en retrouve encore quelques-unes en ce moment solennel. Dans cette solennité, il abandonne les cages des animaux carnassiers et va étudier la montre des serpents : on sait qu'il est d'habitude aux noces de porter des habits neufs.

Madame de Mendoze rencontre, en prenant de l'eau bénite, le jour du mariage de Ryno, « une femme mince et cambrée qui, comme une vipère dressée sur sa queue, comme la guivre du blason des Sforza, lui lançait deux yeux d'escarboucles, opiniâtrément dévorants. » (T. II, p. 73.)

C'était Vellini habillée d'une robe de satin luisant recouvert de dentelles noires, une mantille sur la tête.

« Peut-être parmi ces femmes du monde qui baissaient alors leurs longues paupières hypocrites sur leurs missels, peut-être s'en trouvait-il plusieurs que M. de Marigny *avait eues*. (T. II, p. 64.)

Ce mot *avoir* en parlant d'une femme qu'on a possédée, l'auteur y tient beaucoup ; il le met dans la bouche de ses personnages, lui-même s'en sert avec une complaisance qui prouve le prix qu'il y attache.

Il faut que je sois profondément bourgeois, mais je ne puis supporter ce mot, et je ne l'ai jamais entendu dans la bouche d'hommes distingués, à plus forte raison dans leurs écrits. M. Barbey dira de moi ce qu'il a dit des journalistes : « Ce sont des champignons exquis quand ils ne sont pas empoisonnés [1]. »

Ce que Vellini avait prédit ne tarda pas à arriver. « — Tu passeras sur le cœur de la jeune fille que tu épouses pour me revenir. » (T. I, p. 122.) Après un certain séjour dans un vieux château de la Normandie, la Vellini reparaît, et Ryno retourne à elle.

Vellini demeure au hameau du Bas-Hamet, chez des pêcheurs, elle couche sur la paille :

« Ainsi des tuyaux luisants de blé égrené et de tiges de colza défleuries, voilà comme cette Capouanne de la vie parisienne avait remplacé le lit en satin et la peau de tigre aux griffes d'or. » (T. III, p. 96.)

De même que dans les symphonies de Mozart, où le motif principal reparaît dans mille endroits différents, le fameux tigre empaillé du *penseur* se montre encore une fois. L'auteur tient à ce qu'on ne l'oublie pas ; si un jour il faisait un drame avec son roman et que le parterre, dans un enthousiasme que je veux bien supposer, rappelât les acteurs : — *Tous ! tous !* suivant la mode du boulevard, M. Barbey exigerait que son tigre empaillé vînt recevoir, avec

---

[1] Je préfère laisser parler un ami de l'auteur, un homme distingué, M. de Custine :

« Le langage de l'intimité en bonne compagnie est quelquefois de si mauvais goût, que nous n'oserions risquer ici les propres expressions des personnages distingués que nous mettons en scène...

» Faire ressortir ce qu'il y a de mauvais dans le bon ton est une tâche très-délicate. »   (DE CUSTINE, *le Monde comme il est.*)

les principaux acteurs de sa pièce, les hommages du public.

Vellini, dans cette pauvre cabane, a apporté sa robe singulière de satin chamois avec des nœuds flottants de ruban noir ; mais le costume de Ryno !

« Un bonnet de martre, — poétique fantaisie d'Hermangarde, — et une redingote d'un vert sombre, serrée à la taille et bordée de martre comme le bonnet. La jupe de cette redingote, ondoyant comme la fustanelle d'un Grec, tombait au genou sur ses bottes à moitié plissées où reluisaient des éperons d'acier. Ainsi vêtu, il avait l'air de quelque mystérieux chasseur des Alpes ou d'un chevalier des temps anciens. » (T. III, p. 104.)

Ainsi vêtu, Ryno ressemble à un premier rôle de l'Ambigu-Comique. Du reste, je connais depuis longtemps cette redingote d'un vert sombre, serrée à la taille, qui a fait imprimer dans les petits journaux, à propos de M. d'Aurevilly : « Il a le style *corset*, » plaisanterie qui ne sera comprise que d'une vingtaine de personnes.

« Vellini me fixa (Ryno) avec ses yeux fascinateurs qui m'entrèrent dans le cœur comme deux épées torses. » (T. I, p. 210.)

« Déjà Ryno la regardait : il se perdait dans ses yeux agrandis, dont l'iris dilaté par la passion rallumée semblait avoir envahi, absorbé la cornée bleuâtre. » (T. III, p. 112.)

O cacophraste ! cacologue ! cacophile ! cacomane !

« Pour orner le français de nouvelles parures,
Je hasarde en mes vers d'insolentes figures, »

a dit le duc de Nevers dans ses poésies.

Mais n'est-ce pas assez de citations pour démontrer quel dévoiement de style, quelles prétentions, quel maniérisme, quelle volonté persistante, quel honteux abus de la langue président à cette composition, où les étoffes rouges, le sang, les pierres précieuses, les piments, les alcools et les paillons jouent un si grand rôle ?

Par la cuisine d'un homme, on peut connaître l'état de son corps. Ce sont les vieillards usés, les anciens viveurs, ceux qui ont abusé de la vie, qui remplissent leurs sauces de poivre, de piments destinés à réveiller leur palais fatigué. Cette littérature de décadence ressemble à la cuisine épicée des vieillards ; à qui peut-elle plaire ? Où se trouve le public dont M. Barbey croit être l'expression ? Heureusement il ne se trouve pas, car la France serait bien malade.

En sortant d'un tel livre, on éprouve le besoin de se retremper dans Rabelais, Montaigne, Molière, la Fontaine, Diderot, Jean-Jacques et Voltaire, que M. d'Aurevilly définissait quelque part : « ces *petits* grands hommes du dix-huitième siècle. »

— « Mais, disait un homme d'esprit, quand il s'agit des philosophes, M. Barbey aboie. »

On a le vertige ; cette langue *torve*, ce français *torse*, troublent les idées. Je me rappelle un singulier livre, *Madame Putiphar*, que j'essayai jadis de lire avec la curiosité de la jeunesse. M. Pétrus Borel y déclarait « qu'un honnête homme doit toujours avoir un volume du marquis de Sade dans sa poche. » C'étaient ainsi que prêchaient les néo-romantiques dans des orgies à froid.

Il y a la même débauche d'idées, de langue et de mots, dans M. d'Aurevilly que dans le *lycanthrope* disparu du monde littéraire. Un honnête esprit ne saurait garder la raison devant des pages où il est question :

1° De « *décloser* des âmes. » (T. II, p. 516.)
2° D'une « âme *nitide*. » (T. III, p. 3.)
3° D'une « *pénombre vermillonnée* par la flamme. » (T. III, p. 10.)

4° Des « dents *érubescentes* » de mademoiselle de Polastron. (T. III, p. 11.)
5° De « la Révolution de 1793, cette *Bourrèle* qui, etc. (T. III, p. 54.)
6° De « surfaces *marmorines* d'un corps. »
7° D' « *intangibles* caresses. »
8° De « muscles *lubréfiés* dans la mer. » (T. III, p. 93.)
9° De « lèvres *assoiffées.* »
10° D'un « matelot à la main *squammeuse.* » (T. III, p. 69.)
11° Enfin du nouvel adverbe « *sororalement* »

On ne trouverait ni chez les poëtes italiens les plus maniérés, ni chez les Espagnols, une pareille débauche de mots. M. Barbey aurait été à l'école chez *Gongora*, qu'il en serait sorti plus simple. Il y apporte une certaine vanité et une certitude pleine d'aplomb.

A la page 301 du tome III, le plus mauvais du roman, celui par conséquent où les étrangetés abondent, l'auteur s'écrie après avoir enfanté une monstruosité semblable aux onze citations précédentes :

« Mot digne de faire une entrée triomphale dans la langue, *si* la porte n'en était *si* basse et *si* étroite. »

Pour reprendre mon sang-froid après une telle lecture, j'ai ouvert un volume d'Henri Estienne, comme j'aurais bu une carafe d'eau si j'avais avalé de la poudre.

« Mon intention n'est pas de parler de ce langage françois bigarré, et qui change tous les jours de livrée selon que la fantaisie en prend à M. le Courtisan ou à M. du palais de l'accoustrer...

» De quel françois donc enten-je parler? Du pur et simple, n'ayant rien de fard ni d'affectation, lequel M. le Courtisan n'a point encores changé à sa guise; »

dit Henri Estienne en un passage sur lequel je tombai tout à coup. Le mot est trouvé : c'est de la littérature de *cour-*

tisan, de dandy, d'homme blasé, ennuyé, qui se jette un jour dans les lettres pour se distraire, et qui y apporte tous les vices d'une race éteinte.

Il traite le français comme les grandes dames d'autrefois l'orthographe; il ignore jusqu'aux lois de la ponctuation! Les règles si précises de la ponctuation lui apprendraient à dédoubler ses incidentes déterminatives et explicatives. Il invente à tout propos des mots plus compliqués que ceux du professeur Piorry, de Fourier, des savants et des utopistes, et il n'y a pas un de ces mots basé sur une langue connue; ils ne procèdent ni du grec ni du latin, ni de l'allemand, ni de l'italien, ni de l'espagnol, ni du français; ce ne sont que mots vagues, détournés de leur sens, tirés de la poétique maladive de *Joseph Delorme*.

M. d'Aurevilly ne serait pas complet s'il ne mélangeait le mysticisme à cette débauche; mais son mysticisme, ses aspirations catholiques, nous ont valu un des mots les plus comiques de ce temps-ci.

Rabelais en ses grotesques inventions ne m'a jamais diverti comme le mot de *criste marine*, employé par l'auteur d'*Une Vieille Maîtresse*. On sait que la criste marine est une plante qui pousse au bord de la mer; elle est connue en pharmacie, certains médecins la recommandent aux poitrinaires comme chargée d'iode.

Vous-même, monsieur, je vous engage à déboutonner quelque peu votre culotte avant que je vous dise quel sens M. d'Aurevilly a donné à cette pauvre herbe, car vous en rirez trop.

Il l'appelle *CHRIST-marine*, sans doute pour montrer qu'à travers la peinture des passions, il n'oublie pas la religion. J'ai été désarmé par le mot.

Aussi, monsieur, tout ce qui est clair et compréhensible dans une œuvre d'imagination, M. d'Aurevilly le dédaigne et le nie comme il repousse en masse toutes les intelligences du dix-huitième siècle.

Par ses idées politiques et littéraires, M. d'Aurevilly est du grand parti des Nicolardot et des Pontmartin. Votre réputation, votre brutalité dans le langage, votre affirmation, vos dédains profonds, qui ne s'arrêtent même pas à Molière, ont tenté une race de jeunes et de vieux dandys. MM. d'Aurevilly et de Pontmartin ne s'élèveront jamais au scandale de vos pamphlets littéraires, ils aspirent à devenir des Veuillot, et ne seront tout au plus que des *Veuilloculus*.

Que vous les encouragiez dans cette voie, je le comprends, mais vous en riez en vous-même, sachant qu'ils ne dépasseront jamais la qualité de porte-queues. Je ne voudrais pas tomber dans le pamphlet et je désire rester dans la littérature. Ce long article serait inutile s'il était dicté par la raillerie pure. Je me demande comment un homme qui se dit catholique fervent peut publier le roman : *Une Vieille Maîtresse?*

L'auteur aura-t-il l'hypocrisie de déclarer que la conclusion à en tirer est toute morale ? Rien n'indique qu'il ait eu un but en écrivant ce livre ; pas une ligne, pas un mot ne le laissent supposer. Si M. d'Aurevilly me répondait qu'il a voulu dégager de son livre l'idée qu'une passion coupable, basée sur la sensualité, entraîne le châtiment physique et moral des deux êtres qui s'y sont livrés, il me serait facile de lui démontrer que la complaisance avec laquelle il s'attache à rendre des plaisirs charnels, des situations de l...ar, rendent son livre plus dangereux que celui de *Mademoiselle de Maupin*.

M. Théophile Gautier est un poëte païen de l'école de ce Gœthe tranquille, qui composait les *Élégies romaines* « en comptant les pieds de ses hexamètres sur les épaules d'une belle fille dont les formes arrondies lui révélaient toutes les perfections des marbres antiques... »

M. Gautier est calme, presque chaste, ne prêche pas le catholicisme, n'est enthousiaste ni de M. de Maistre, ni de M. de Bonald ; ne se pose pas en romancier catholique, ne s'inquiète ni de la morale, ni du bien, ni du vrai, ni de l'état social, ni de la politique, ni de la guerre, ni de la paix, ni de la misère, ni des tortures du cœur, ni des passions, il ne connaît que le *Beau*, et n'admet pas la *souffrance*, qui est la base de toutes les grandes œuvres depuis le christianisme.

« — Un poëte, me disait-il un jour, ne doit pas *geindre* en public. »

C'est une singulière religion, mais elle a le mérite d'être franche. Au contraire, M. d'Aurevilly, étant sincère catholique, ment à ses croyances en publiant *Une Vieille Maîtresse*. Il connaît bien la morale quand il s'agit de la nier chez les autres. Voici ce qu'il dit d'un chef-d'œuvre dont le tort à ses yeux est sans doute d'avoir été écrit par un homme du dix-huitième siècle :

« Au dix-huitième siècle, le roman sans *couleur*, sans *profondeur* et sans *idéal* de l'abbé Prévost, dont le héros et un escroc et l'héroïne une fille de joie, n'a-t-il pas été vanté comme un modèle littéraire par l'immoralité renaissante d'une époque abominablement dégradée ? »

Or, je cherche dans mes souvenirs. J'ai beaucoup lu *Manon Lescaut*, qui est peut-être le plus beau roman français, le plus complet, et je n'y trouve aucune peinture sensuelle; à tout propos reparaît ce *Tiberge*, personnage plein de morale, qui montre aux deux amants la vraie route de la vie honnête. La peinture de ces deux jeunes gens si beaux et si jeunes, qui s'aiment, se trompent et sont châtiés par la société, suffirait à faire du livre de l'abbé Prévost un roman moral, même sans la présence du vertueux *Tiberge*. Voilà le livre que M. d'Aurevilly condamne, lui qui a écrit les phrases suivantes dans ce langage mystico-prétentieux dont il a le secret:

« Ce n'étaient plus les chastes poses de l'amour conjugal que Swedemborg a appelé le roi des amours et qu'il a symbolisé dans les cygnes, les oiseaux de paradis et les tourterelles. C'étaient des attitudes lasses, *déchevelées;* des reploiements de corps alourdis. La tête brune de Ryno était placée plus bas que le sein de l'Espagnole, qui jouait d'une main avec son miroir. Etait-ce le bras de cette femme qui liait ainsi le cou de Ryno, ou, car c'était bien blanc pour son bras, sa svelte jambe souplement passée au-dessus des épaules de son ancien amant, couché vers elle! »

Il ne suffit pas à M. Barbey d'avoir copié en prose les postures de Jules Romain, il faut préciser davantage par des points de suspension.

« Une gerbe d'étincelles rayonnait à l'extrémité de cette ligne indistincte......... Mais ne portait-elle pas aux chevilles comme aux poignets des cercles d'or, fermés de pierres précieuses? » (T. III, p. 120.)

Swedemborg ne sauve pas l'Arétin. L'abbé Prévost n'eût jamais décrit les titillations suivantes :

« Lui (Ryno), dont elle (la Vellini) formentait les blessures au cœur avec les *attouchements ailés* de ses mains *éparses et transformant à tous les réseaux des ses veines des flots de vivante électricité.* » (T. III, p. 203.)

Je m'arrête ici, monsieur, ces citations nombreuses

montrent l'auteur tel qu'il est. Le public sera juge de ces singuliers apôtres d'un catholicisme nouveau qui se jettent imprudemment dans le roman, avec la naïveté d'hommes qui ignorent que le roman est, de toutes les formes de la pensée, la moins hypocrite, celle où l'auteur, malgré toute sa diplomatie, ne saurait masquer son tempérament.

Quoi que fasse l'auteur, son roman est une confession.

M. d'Aurevilly n'a rien caché, il a tout dit; voilà pourquoi, malgré la difficulté qu'il a à s'exprimer, je l'ai laissé parler le plus longtemps possible.

Novembre 1856

FIN

Paris. — Imprimerie de Mme Ve Dondey-Dupré, rue Saint-Louis, 46, au Marais.